Die »Reihe Diakoniewissenschaft | Diakoniemanagement«

wird herausgegeben von

Prof. Dr. Matthias Benad, Bielefeld
Prof. Dr. Dr. Alexander Brink, Bayreuth
Prof. Dr. Martin Büscher, Bielefeld
Prof. Dr. Beate Hofmann, Bielefeld
Prof. Dr. Udo Krolzik, Bielefeld
Prof. Dr. Dierk Starnitzke, Bad Oeynhausen

Band 6

Jens Rannenberg

Diakonische Unternehmen als Gemeinde

Kriterien und Prozessgestaltung

Die Deutsche Nationalbibliothek verzeichnet diese Publikation in
der Deutschen Nationalbibliografie; detaillierte bibliografische
Daten sind im Internet über http://dnb.d-nb.de abrufbar.

Zugl.: Wuppertal/Bethel, Univ., Diss., 2015

ISBN 978-3-8487-2485-7 (Print)
ISBN 978-3-8452-6633-6 (ePDF)

1. Auflage 2016
© Nomos Verlagsgesellschaft, Baden-Baden 2016. Printed in Germany. Alle Rechte, auch
die des Nachdrucks von Auszügen, der fotomechanischen Wiedergabe und der Übersetzung, vorbehalten. Gedruckt auf alterungsbeständigem Papier.

»Denn ihr seid zur Freiheit berufen worden, Geschwister! Lasst nur die Freiheit nicht zur Gelegenheit für das Fleisch werden, sondern dient einander durch die Liebe! Denn das ganze Gesetz ist in dem einen Wort erfüllt, dem: `Du sollst deinen Nächsten lieben wie dich selbst!´ Wenn ihr euch aber gegenseitig beißt und fresst, dann gebt nur acht, dass ihr nicht einer vom anderen verschlungen werdet!« (Gal 5, 13-15) *(Bibelgesellschaft (1997))*

»Die Liebe tut dem Nächsten nichts Böses an; so ist die Liebe die Erfüllung des Gesetzes.« (Röm 13, 10) *(Bibelgesellschaft (1997))*

»Wir arbeiten in Strukturen von Gestern mit Methoden von Heute an Strategien für Morgen vorwiegend mit Menschen, die die Strukturen von Gestern geschaffen haben und das Übermorgen im Unternehmen nicht erleben werden.« *(Knut Bleicher (2005), 24)*

Für Claudia, Nicolai und meine Eltern

Vorwort

Christlicher Glaube geht davon aus, dass ein Mensch außerhalb der sichtbaren Kirche in irgendeiner Form der Verkündigung des Evangeliums begegnet und wie es Wolfgang Härle formulierte »in die Lebensbewegung des Glaubens an Jesus Christus gebracht wird ... Denn zum *Inhalt* des christlichen Glaubens gehört auch die Gewissheit, dass der göttliche Heilswillen universal ist, sich also nicht auf die Glieder der sichtbaren Kirche *beschränkt*.« Individuelle Glaubenserfahrung ist die Grundlage von unsichtbarer und sichtbarer Kirche. In unserer westlichen säkularisierten Welt machen aber immer weniger Menschen diese christliche Glaubenserfahrung bzw. wenden sich von ihr ab. Umso wichtiger ist es für die Kirche, auf diese Entwicklung zu reagieren und neue Antworten zu finden.

Eine wesentliche sichtbare Gestalt von evangelischer Kirche in Deutschland ist die Diakonie, die sich besonders stark in den letzten 200 Jahren zunehmen unabhängiger von den parochialen Gemeinden in vielfältiger Form in diakonischen Vereine, Stiftungen und gemeinnützigen Unternehmen organisiert hat und in starken Maß das Bild von evangelischer Kirche in unserer Gesellschaft prägt. Doch parochial geprägte, verfasste Kirche einerseits und diakonische Unternehmen andererseits entwickeln sich kulturell nebeneinander her und drohen sich voneinander zu entfernen. Eine Entwicklung, die evangelische Kirche insgesamt gesehen schwächt.

Vor diesem Hintergrund sollten die evangelischen Kirchen in Deutschland diakonische Unternehmen als eigenständige Gemeindeform „Diakoniegemeinde" anerkennen. Hiermit würden sie einen Beitrag zur Überwindung des historisch gewachsenen Nebeneinanders (`Bipolarität´) von diakonischen Unternehmen und kirchlich-verfassten Einrichtungen leisten und mittelbar die soziale Gestalt von Kirche in der gesellschaftlichen Wahrnehmung stärken.

Doch dies setzt auch eine Veränderungsbereitschaft auf Seiten der diakonischen Unternehmen voraus und eines Unternehmensverständnisses, dass seiner kirchlichen Basis bewusst ist. Die vorliegende Arbeit versucht im zweiten Kapitel, eine möglichst auf breiter Basis theologisch adaptionsfähige Begründung diakonisch unternehmerischer Tätigkeit zu geben. Diese Begründung ist die Grundlage für eine Theorie diakonischer (Sozial-) Unternehmen, zu dem die vorliegende Arbeit im vierten Kapitel einen

Beitrag leisten will. Ohne eine ausreichende empirische Grundlage kann es keine überzeugende Theorie geben. Im dritten Kapitel werden daher die aus zehn Experteninterviews gewonnenen Erkenntnisse dargelegt, die die Grundlage für die theoretische Entwicklung eines diakonischen Unternehmensverständnisses bilden.

Die vorliegende Arbeit ist die gekürzte Darstellung einer umfangreicheren Dissertation, die der Autor 2015 an der Kirchlichen Hochschule Wuppertal-Bethel abgelegt hat.

Herzlich danken möchte ich besonders meiner Lebenspartnerin Claudia, meinen Sohn Nicolai und meiner Familie, ohne deren Solidarität und Unterstützung diese Arbeit nicht erstellt hätte werden können. Herzlicher Dank gebührt meinen Gutachtern und Betreuern, den Professoren Dr. Büscher und Dr. Krolzik, die mir durch ihre kritischen Anmerkungen immer wieder neue Anregungen gegeben haben.

Besonderer Dank geht an das Hauptkomitee sowie besonders meinen ehemaligen Vorstandskollegen Hans-Peter Hoppe wie auch an Frau Völke aus den Diakonischen Heimen Kästorf (Gifhorn) und die heutige Dachstiftung Diakonie, der ich als kaufmännischer Vorstand dienen darf und die mein Dissertationsvorhaben aktiv unterstützt haben.

Zu guter Letzt möchte ich auch der Ev.-lutherischen Landeskirche Hannovers für die Gewährung eines Druckkostenzuschusses danken, der zu dieser Veröffentlichung beigetragen hat.

Gifhorn/Magdeburg im Oktober 2015   Jens Rannenberg

Inhaltsverzeichnis

Abkürzungsverzeichnis   13

Abbildungsverzeichnis   15

Tabellenverzeichnis   17

1. Einleitung   19

2. Zur theologischen Fundierung diakonischer Unternehmen als Diakoniegemeinde   36

2.1 Bipolare Struktur von verfasster Kirche und unternehmerischer Diakonie als historischer Prozess   36

2.2 Diakonische Unternehmen sind Diakoniegemeinde   41
    2.2.1 Zum methodischen Vorgehen   41
    2.2.2 Kennzeichen von Kirche, Gemeinde und diakonischen Handeln   42
    2.2.3 Diakonische Unternehmen als Kirche   55
    2.2.4 Bipolare kirchenrechtliche Struktur von parochialer Gemeinde und diakonischen Unternehmen   58
    2.2.5 Diakonische Unternehmen als eigenständige Gemeindeform »Diakoniegemeinde«   62
       2.2.5.1 Zur Sinnhaftigkeit einer engeren Verschmelzung von verfasster Kirche und Diakonie   62
       2.2.5.2 Zu den Kennzeichen einer Diakoniegemeinde: Diakoniegemeinde als Personal- oder Anstaltsgemeinde?   63
       2.2.5.3 Zur Ausgestaltung der eigenständigen Gemeindeform »Diakoniegemeinde«   68

2.3 Einordnung in die aktuelle theologische Diskussion   72

2.4 Zwischenergebnis: Diakonische Unternehmen sind Kirche und Diakoniegemeinde   73

Inhaltsverzeichnis

3. Unternehmerische Diakonie aus Sicht diakonischer Manager   76

3.1 Zur Grundlage und Methodik von Experteninterviews   76
    3.1.1 Ausgangsfragen und zum Verfahren von Experteninterviews   76
    3.1.2 Zum Expertenbegriff: Was macht einen Experten zum Experten?   79
    3.1.3 Zum Auswahlverfahren der interviewten Experten   81
    3.1.4 Das Experteninterview als qualitative empirische Methode   85

3.2 Zur Methodik und Durchführung der qualitativen Inhaltsanalyse   88
    3.2.1 Qualitative Inhaltsanalyse als Auswertungsmethode   88
    3.2.2 Durchführung der qualitativen Inhaltsanalyse   89

3.3 Unternehmerische Diakonie aus Sicht ihrer Führung: Ergebnisse der Experteninterviews   93
    3.3.1 Professionalisierung und Wettbewerb fördern die Bildung diakonischer Unternehmen   93
    3.3.2 Grundlage, Gegenstand und Ausgestaltung unternehmerischen diakonischen Handelns   100
    3.3.3 Kirche und unternehmerische Diakonie als Nebeneinander in gemeindlicher Form?   103
    3.3.4 Zur unternehmerischen diakonischen Identität   109
    3.3.5 Kennzeichen diakonischen Führungsverständnisses   117
    3.3.6 Organisations- als Kommunikationsprozesse in diakonischen Unternehmen   123
    3.3.7 Das Gemeinsame im Verschiedenen – Konzeptualisierung der Experteninterviewergebnisse   133
    3.3.8 Generalisierung der gefundenen Ergebnisse – Diakonische Unternehmen als kommunikatives Subsystem der sichtbaren evangelischen Kirche   142

3.4 Zwischenergebnis: Diakonische Unternehmen als kommunikatives prozessorganisiertes System und Subsystem der sichtbaren evangelischen Kirche   149

4. Diakonische Unternehmen als Diakoniegemeinde und kommunikatives System   151

4.1 Zu den Grenzen der Anwendbarkeit des betriebswirtschaftlichen Unternehmensbegriffs auf diakonische Unternehmen   151

Inhaltsverzeichnis

	4.1.1	Gibt es ein diakonisches Unternehmensverständnis?	151
	4.1.2	Grenzen des betriebswirtschaftlichen Unternehmensbegriffs	152
4.2	Diakonische Unternehmen als Assistent und Diakoniegemeinde		157
	4.2.1	Diakonisches Handeln: Der Hilfeprozess als Partizipation und Assistenz	157
	4.2.2	Diakonische Unternehmen als Diakoniegemeinde und Dienstgemeinschaft	164
4.3	Zum kommunikativen Dienstleistungsprozess in der Dienstgemeinschaft eines diakonischen Unternehmens		171
	4.3.1	Zum kommunikativen Dienstleistungsprozess in diakonischen Unternehmen	171
	4.3.2	Diakonisches Handeln und Führen in einer Dienstgemeinschaft	175
4.4	Diakonische Unternehmen als komplexe kommunikative Organisation		179
	4.4.1	Diakonische Unternehmen als komplexes kommunikatives System	179
	4.4.2	Diakonische Unternehmen als Organisation	183
4.5	Definition des diakonischen Unternehmensverständnisses		188
4.6	Prozessorganisation und –gestaltung in diakonischen Unternehmen		191
	4.6.1	Zum Führungs- und Managementprozess als Netzwerk	191
	4.6.2	Die theologische Achse als Prozessgestaltung des normativen Managements	195
4.7	Diakoniegemeindliches Unternehmensmanagementmodell		205
4.8	Diakonische Unternehmen als (Management-) Holding		211

5. Ergebnis und Ausblick: Perspektiven der unternehmerischen
   Diakoniegemeinde 226

Anhang 1: Auswertung der Evangelischen Kirchenverfassungen in
   Deutschland 229

Anhang 2: Holdingbildung der Dachstiftung Diakonie-Gruppe 237

Literaturverzeichnis 239

Abkürzungsverzeichnis

a.a.O.	am angegebenen Ort
Abb.	Abbildung
Abs.	Absatz
ABl.	Amtsblatt
Art.	Artikel
Aufl.	Auflage
Bd.	Band
BSC	Balanced Scorecard
bspw.	beispielsweise
bzw.	beziehungsweise
DD	Dachstiftung Diakonie
ders.	derselbe
DW	Diakonisches Werk/Diakonische Werke
ebd.	ebenda
EKD	Evangelische Kirche in Deutschland
Ev./ev.	Evangelisch/evangelisch
f.	folgende
ff.	fortfolgende
e.V.	eingetragener Verein
gem.	gemäß
ggf.	gegebenenfalls
GmbH	Gesellschaft mit beschränkter Haftung
GmbH & Co. KG	Kommanditgesellschaft, deren Komplementär haftender Gesellschafter einer GmbH ist
inkl.	inklusive
Jh.	Jahrhundert
KABl.	Kirchliches Amtsblatt
Kap.	Kapitel
KVP	kontinuierlicher Verbesserungsprozess
MAV	Mitarbeitervertretung
m.a.W.	mit anderen Worten
m. E.	meines Erachtens
n. Chr.	nach Christus

Abkürzungsverzeichnis

Nr.	Nummer
rd.	und
s.	siehe
S.	Seite
Stiftung DHK	Stiftung Diakonische Heime Kästorf
TRE	Theologische Realenzyklopädie
u.a.	unter anderem
usw.	und so weiter
vgl.	vergleiche
vs.	versus
Zit.	Zitat
z.B.	zum Beispiel
z.T.	zum Teil

Abbildungsverzeichnis

Abbildung 1: Vorgehen in einem leitfadenorientierten
Experteninterview als Entdeckungstour   89

Abbildung 2: Theologische Achse eines diakonischen
Unternehmens   170

Abbildung 3: Mögliche Netzwerkstruktur eines Unternehmens   194

Abbildung 4: Theologische Achse als prozessuales Netzwerk   200

Abbildung 5: Das Prozessethische Verfahren nach Krainer u.a.   204

Abbildung 6: Diakoniegemeindliches Unternehmensmanagementmodell   209

Tabellenverzeichnis

Tabelle 1: Diakonie und verfasste Kirche – Vergleich von jährlichen Umsatz bzw. Steuereinnahmen und Beschäftigten im Jahr 2010   23

Tabelle 2: Soziale Rechte hilfebedürftiger Menschen   158

Tabelle 3: Auswirkungen von Führungsstilen auf die Gemeinschaft eines Unternehmens   176

Tabelle 4: Systemtheoretische Betrachtungsebenen   183

Tabelle 5: Unterschiede zwischen privatwirtschaftlichen und und diakonischen Unternehmen   190

Tabelle 6: Typische mögliche Problemfelder einer Managementholding   223

1. Einleitung

Nirgendwo auf der Welt hat sich bisher eine so hoch entwickelte institutionalisierte Diakonie in einer evangelischen Kirche wie in Deutschland entwickelt. Wenn von Diakonie in Deutschland die Rede ist, muss zwischen zwei Erscheinungsformen unterschieden werden:

- einerseits die sogenannten verfasst-kirchlich gebundenen diakonischen Einrichtungen, die Teil der kirchlichen Körperschaft öffentlichen Rechts sind wie viele Kindergärten oder Beratungsstellen bzw. von der verfassten Kirche als Mehrheitsgesellschafter in der Rechtsform der GmbH bzw. in einem Verein dominiert werden;

- andererseits die sogenannte unternehmerische bzw. organisierte Diakonie, die als Stiftungen, GmbHs oder als Vereine selbstständig organisiert sind, in denen Vertreter der verfassten Kirchen als Aufsichtsgremiumsmitglieder bzw. als Mitglieder in der Leitung Einfluss ausüben und als Mitglied eines Diakonischen Werks in der Rechtsform eines Vereins einer evangelischen Landeskirche zugeordnet werden.

Beide Erscheinungsformen werden oft zusammengefasst als »Diakonie«, quasi synonym bezeichnet, was die Vielfältigkeit und gerade diesen fundamentalen Unterschied in den Erscheinungsformen eher verschleiert.[1]

Mit mehr als 15.400 Einrichtungen und rund 453.000 hauptberuflich tätigen Beschäftigten war die evangelische Diakonie als Branche gesehen 2010 in Deutschland einer der größten Arbeitgeber und beschäftigte damit - gemessen an der Zahl der Beschäftigten in Deutschland - weit mehr Menschen als das in 2010 größte deutsche Unternehmen Edeka mit 302.000 Beschäftigten.[2]

---

1 Im Nachfolgenden wird in diesem Fall der zusammenfassenden Begrifflichkeit dann von Diakonie als Branche gesprochen.
2 Evangelische Kirche in Deutschland (EKD) (2012), S. 22 f.. Die Zahl aller sozialversicherungspflichtig Beschäftigten, hierzu zählen auch Auszubildende, Teilnehmer/innen des Freiwilligen Sozialen Jahres, Zivildienstleistende u.a.m., lag schon 2002 in der Diakonie bei 732.355, in der Caritas bei 715.697 nach Meldungen der Berufsgenossenschaft Gesundheitsdienste und Wohlfahrtspflege, vgl. Frerk (2010), S. 219 f.

1. Einleitung

Daneben waren in den verfassten evangelischen Gliedkirchen 2010 rd. 138.000 Menschen mit einem Frauenanteil von rd. 70% angestellt, davon rd. 21.500 Theologinnen und Theologen.[3] Hinzu kommen rd. 1,1 Mio. Ehrenamtliche, die in den evangelischen Gliedkirchen, und rd. 550.000, die in der Diakonie aktiv sind.

Auch sind Diakonie und evangelische Kirche in wirtschaftlicher Hinsicht bedeutend: An Umsätzen wurden in der unternehmerischen Diakonie 2010 geschätzt rd. 24,0 Mrd. € erzielt.[4] Hinzugerechnet werden kann das Kirchensteueraufkommen, das 2009 bis 2011 in der Evangelischen Kirche rd. 4,3 Mrd. €/Jahr durchschnittlich betrug. Hinzukommen weitere Umsätze aus der kirchlich verfassten Diakonie, z.B. allein aus dem Kindertagesstätten rd. 1,8 Mrd. €/Jahr.[5]

Die Angaben zu den Unternehmen beziehen sich zum besseren Vergleich auf 2010: Edeka lag damit noch vor Unternehmen wie Bosch, Deutscher Bahn, Deutscher Post, Deutscher Telekom oder VW, vgl. http://www.t-online.de/ wirtschaft/jobs/id_53972734/das-sind-deutschlands-groesste-arbeitgeber.html (abgerufen 26. März 2013). 2013 beschäftigte die Diakonie insgesamt auch noch mehr Mitarbeiter als das zu diesem Zeitpunkt größte deutsche Unternehmen VW mit knapp 550.000 Beschäftigten in Deutschland, vgl. http://www.faz.net/aktuell/ wirtschaft/unternehmen/rangliste-die-groessten-unternehmen-2013-12267817.ht ml (abgerufen am 14.04.2014)

3   Insgesamt waren 223.000 Menschen 2010 in den verfassten evangelischen Kirchen beschäftigt, doch sind hiervon 85.000 Beschäftigte im diakonischen Bereich abzuziehen, die in Kindertagesstätten und Beratungsstellen tätig waren. Zu den Zahlenangaben vgl. Evangelische Kirche in Deutschland (EKD) (2012), 21 und 25; bei den Theologen lag der Frauenanteil 2010 bei 33,5%.
    Unter verfasster Kirche und ihren Einrichtungen sind hier wie in der folgenden Arbeit alle Einrichtungen und Verwaltungen gemeint, die der verfassten Kirche als Körperschaft des öffentlichen Rechts unmittelbar zugeordnet werden können.

4   Es handelt sich um eine Schätzung: 2010 wurden in der unternehmerischen Diakonie ein über alle Hilfefelder durchschnittlicher Umsatz von 53 T€ pro Mitarbeiter und Jahr unterstellt und typische kirchlich-verfasste Einrichtungen wie Kindertagesstätten und Beratungsstellen bei dieser Berechnung nicht berücksichtigt. C. Frerk schätzte den Umsatz der deutschen Diakonie und Caritas 2010 auf 45,0 Mrd. €, Frerk (2010), S. 241

5   Evangelische Kirche in Deutschland (EKD) (2012), S. 26; Die Höhe der hier offiziell veröffentlichen Ausgaben ist eher zu niedrig. Kalkuliert man die Umsätze pro Kopf von rd. 53 T€/Jahr, wie sie ungefähr in der unternehmerischen Diakonie 2010 in Norddeutschland erzielt wurden, ergäbe sich ein Umsatz von rd. 4,5 Mrd. Euro.
    Zum Vergleich: In der katholischen Kirche gab es 2011 in rund 25.000 Caritas-Einrichtungen für Gesundheits-, Jugend-, Familien-, Alten- und Behindertenhilfe sowie in den Einrichtungen für Hilfen in sozialen Notlagen, in den Helfer/-innengruppen und Selbsthilfegruppen und in der Aus- und Fortbildung rund

1. Einleitung

Doch trotz dieser Bedeutung ist es mehr als unwahrscheinlich, dass sich die deutsche Diakonie mit ihren Traditionen auf europäischer Ebene geschweige denn weltweit als Norm durchsetzen wird: Die zunehmende Säkularisierung führt zu einer Entfremdung von immer mehr Menschen von religiösen Bindungen. Die Kirchen verlieren immer mehr Mitglieder und ihre gesellschaftliche Bedeutung nimmt kontinuierlich in Deutschland ab: So sank die Mitgliederzahl der Ev. Kirche von 1950 bis 2011 von 25,9 Mio. auf 24,3 Mio., die der kath. Kirche nahm von 23,2 Mio. auf 24,7 Mio. absolut gesehen zu. Insgesamt nahm der Anteil der Mitglieder beider Kirchen an der Gesamtbevölkerung ab: im gleichen Zeitraum sank der Anteil der ev. Christen von 51,5% auf 30,3%, der der kath. Christen von 46,1% auf 30,8%, so dass 2011 nur noch 61,2% der deutschen Bevölkerung in den beiden Kirchen organisiert waren gegenüber 97,6% 1950 in Westdeutschland.[6] Die Mitgliederzahlen der beiden dominierenden Kirchen in Deutschland sind somit auf jeweils unter 31 % an der Gesamtbevölkerung gesunken mit weiter abnehmender Tendenz.[7]

560.000 hauptberufliche Mitarbeiter. Darüber hinaus engagierten sich weitere 500.000 Menschen ehrenamtlich in den Diensten und Einrichtungen der Caritas; vgl. Bischofskonferenz (2012), S. 38

In der katholischen Kirche betrugen die Steuereinnahmen 2009-2011 gut. 4,9 Mrd. €/Jahr, Angaben: http://www.kirchensteuern.de/Kirchenfinanzierung Gesamt2.htm (abgerufen 27. März .2013); vgl. Frerk (2010), S. 38 f.

6 Ähnlich die Entwicklung in Ostdeutschland von 1949 bis 1989: in diesem Zeitraum sank der konfessionell gebundene Bevölkerungsanteil von rd. 92% auf rd. 40%, vgl. zu den Zahlenangaben Forschungsgruppe Weltanschauungen in Deutschland (Forschungsgruppe) (2012). Die Volkszählung 2012/13 bestätigt die hier aufgezeigte Entwicklung: »66,8 Prozent der Einwohner der Bundesrepublik sind Christen. 10,5 Prozent gehören keiner Religion an. Im Osten Deutschlands liegt der Anteil der Konfessionslosen mit etwa 33 Prozent deutlich über dem im Westen (sechs Prozent). 24,7 Millionen Deutsche sind Mitglied der katholischen Kirche. 24,3 Millionen Menschen gehören der evangelischen Kirche an. Insgesamt fühlen sich 53,2 Millionen Deutsche dem Christentum zugehörig. 4,2 Millionen Bürger bekennen sich laut Zensus zu einer anderen Religion, Glaubensrichtung oder Weltanschauung. Die Zahl derjenigen, die keiner Religion angehören, wird mit 8,3 Millionen angegeben.« zit.: http://www.sueddeutsche .de/politik/zensus-aus-dem-inneren-der-republik-1.1685113-2 (abgerufen am 01.06.2013)

7 »Sowohl für die evangelische als auch für die römisch-katholische Kirche gilt, dass aktuell jeweils etwa 25 % der Geborenen evangelisch bzw. römisch-katholisch getauft werden. Beide Taufquoten weisen im Zeitverlauf einen eindeutigen linearen Rückgang auf. Aufgrund der allgemeinen demografischen Entwicklung in Deutschland ist eine Änderung dieses Trends nicht zu erwarten.«, zit. Eicken (2010), S. 586

1. Einleitung

In unserer Zeit zunehmender Säkularisierung ist christlicher Glaube ein Angebot neben vielen anderen religiösen Angeboten. In diesem Kontext können diakonische Unternehmen auch missionarisch wirken, wenn sie sich ihres Ursprungs und ihres Auftrags bewusst sind und ihre Arbeit entsprechend gestalten: Ihr Selbstverständnis basiert auf der Verkündigung Jesu Christi und ihr Dasein ist Ausfluss dieses Glaubens. Diakonische Arbeit steht angesichts der skizzierten Entwicklung besonders vor der Aufgabe, dass einerseits immer mehr Mitarbeiter und Fachkräfte eingestellt werden, die keine oder nur geringfügige kirchliche Bindungen mitbringen, andererseits aber christliche Kultur das alltägliche Handeln des Unternehmens prägt. Wie kann in diakonischen Unternehmen somit deren Alleinstellungsmerkmal gegenüber anderen Sozialunternehmen, nämlich ein diakonisches Unternehmen zu sein, zukünftig überhaupt noch gewährleistet werden, wenn deren interne »Träger« zunehmend eine geringe bzw. keine religiösen Bindungen mehr mitbringen? Und prägt christliche Glaubenskultur tatsächlich noch das alltägliche Handeln in diakonischen Unternehmen?

In den diakonischen Unternehmen ist oft zu beobachten, dass theologische Fragen immer mehr an den Rand gedrängt werden, weil ihre alltagstaugliche Relevanz nicht mehr verstanden wird bzw. die betriebswirtschaftlichen und organisatorischen Instrumentarien theologische bzw. spezifisch diakonische Inhalte wenig reflektieren.[8]

David Lohmann, der dies schon im Anschluss an Alfred Jäger 1998 festgestellt hat, ist gerade heute zuzustimmen, dass zentrale theologische Begriffe wie »Nachfolge«, »Dienst«, »Liebe« oder »Gemeinschaft«, die in der Diakonie einen prägenden Einfluss gehabt haben, von ihrem eigentlichen Bedeutungsgehalt her kaum noch allgemein verstanden werden.[9]

Zusammenfassend kann festgestellt werden: Die in Unternehmen bzw. freien Einrichtungen organisierte Diakonie hat 2010 schätzungsweise rd. 24 Mrd. Euro umgesetzt mit rd. 230.000 Beschäftigten und damit zumindest quantitativ im Hinblick auf Umsatz wie auch auf die Anzahl der Beschäftigten den kirchlich-verfassten Bereich einschließlich seiner diakonischen Einrichtungen übertroffen. Diakonie insgesamt gesehen ist somit die dominierende und wirtschaftlich starke sichtbare Kirche.

---

8 Siehe hier die Auswertung der Experteninterviews in Kapitel 3
9 Lohmann (2003), S. 174

Bereich	Beschäftigte	Ehrenamtlich Engagierte	Umsatz	Steuereinnahmen
Organisierte Diakonie	230.000		24 Mrd. €	
verfasst-kirchliche Diakonie	223.000		1,8 Mrd. €	
Diakonie gesamt als Branche	453.000	0,55 Mio.	25,8 Mrd. €	
Ev. Kirchen in Deutschland	138.000	1,1 Mio.		4,3 Mrd. €

Tabelle 1: Diakonie und verfasste Kirche - Vergleich von jährlichen Umsatz bzw. Steuereinnahmen und Beschäftigten im Jahr 2010

Diese relative Bedeutung wird zunehmen, gerade auch in finanzieller und wirtschaftlicher Hinsicht, berücksichtigt man die rückläufigen Kirchenmitgliederzahlen, die nach einer Prognose der Ev. Kirche aus dem Jahr 2006 von 26,2 Mio. Mitgliedern 2002 auf voraussichtlich rd. 17,6 Mio. Mitglieder 2030 schrumpfen werden, was zu einer Halbierung der Kirchensteuereinnahmen auf rd. 2 Mrd. €/Jahr gemessen am Geldwert von 2006 führt.[10]

---

10 Vgl. Rat der Evangelischen Kirche Deutschlands (Hg.) (2006), S. 22; Eicken (2010), 579, gehen davon aus, das der Verlust eines Kirchenmitgliedes - legt man den Zeitraum von 1990 bis 2008 zugrunde – durchschnittlich zu einem dauerhaften Einnahmeverlust an entrichteter Kirchensteuer je Mitglied und Jahr von 150,- Euro führt. - Im Zeitraum 1991 bis 2008 betrug der Mitgliederrückgang in der evangelischen Kirche durch Sterbefälle 6,7 Mio., durch Austritte 3,7 Mio. und durch Änderungen im kirchlichen Meldewesen (rechnerisch) rd. 0,8 Mio., insgesamt also rd. 11,2 Mio. Mitglieder. Diesem Mitgliederverlust standen 5,3 Mio. Taufen bzw. Aufnahmen und eine Zunahme evangelischer Einwohner/innen von 1,0 Mio. aufgrund des positiven Wanderungssaldos der BRD, also insgesamt ein Mitgliederzuwachs von 6,3 Mio. gegenüber. Somit ergibt sich ein Mitgliederverlust von 1991 bis 2008 in Höhe von 4,9 Mio., was einem Rückgang von rd. 1%/Jahr entspricht (Angaben: Eicken (2010), S. 383). Dies ergibt für diesen Zeitraum einen durch Mitgliederrückgang verursachten Einnahmeverlust von durchschnittlich nominal 735 Mio. €/Jahr. – Die Richtung der Kirchensteuereinnahmen

1. Einleitung

Heute werden vermutlich in der konkreten Arbeit der diakonischen Unternehmen bzw. Einrichtungen mehr hilfebedürftige Menschen als im sonntäglichen Gottesdienst, in Chören, Gruppen und kirchlich motivierten Kreisen u. ä. erreicht - unabhängig von deren konfessionellen Bindungen. Es scheint, dass besonders die unternehmerisch verfasste Diakonie in der Lage ist, die Erfordernisse von Professionalität im Sinne der Erbringung immer komplexer werdender gesetzlich normierter Anforderungen an Dienstleistungen einerseits mit den Anforderungen ökonomischer Rationalität, die an soziale Dienstleister jeglicher Art gestellt werden, andererseits sinnvoll erfüllen zu können.

Somit ist organisiertes kirchlich-diakonisches Handeln in Deutschland im Wesentlichen aufgrund der Professionalisierung von Dienstleistungen jeglicher Art einerseits und der marktwirtschaftlichen Durchdringung vieler Lebenswelten andererseits dominierend in diakonischen Unternehmen anzutreffen. Sie sind in Zeiten zunehmender Säkularisierung zur dominierenden Erscheinungs- und Organisationsform kirchlichen Handelns zumindest in der evangelischen Kirche geworden, gerade auch in Gebieten, in denen christliche Kirchen Minderheitenkirchen sind, wie z.B. in Ostdeutschland. So stellt sich die Frage der Verbindung zwischen Kirche und deren Unternehmen nochmals neu gerade auch vor dem Hintergrund, dass die Ev. Kirche von immer mehr Menschen über deren diakonisches Engagement bzw. Einrichtungen überhaupt erst wahrgenommen wird.[11] Dies

---

ist aufgezeigt – nämlich tendenziell fallend. Eine Anmerkung sei erlaubt: Da die Entwicklung sich analog für die katholische Kirche in Deutschland nachweisen lässt, ist hier ein weiterer Grund gegeben, warum sich die Kirchen in der Zuwanderungsfrage offen ausrichten sollten.

11 »Im Stern und im ZDF wurde vor kurzem eine Studie von McKinsey veröffentlicht, in der die Diakonie (neben der Caritas) als ´Schlafender Riese´ bezeichnet wird. Dieser Studie zufolge trägt sie ganz wesentlich zum positiven Image der Kirche in der Gesellschaft bei. Diakonie schneidet im Urteil der Bürger deutlich besser ab als die evangelische Kirche selbst. 26% der Gesamtbevölkerung bescheinigen der Diakonie eine gute Aufgabenerfüllung, nur 13% sehen dringenden Verbesserungsbedarf. Je mehr Kontakt die Bürger mit der Diakonie haben, desto positiver fällt die Bewertung aus: 61% derer, die mehr als sechsmal in den letzten drei Jahren Kontakt mit ihr hatten, bewerten die Aufgabenerfüllung der Diakonie als gut. Die Frage, ob die Diakonie vermehrt soziale Aufgaben übernehmen soll, bejahen 53% der Bevölkerung. Die durchweg positive Bewertung von McKinsey wird durch das Ergebnis der bundesweiten Telefonumfrage »Das Image der Diakonie«, die 2001 von Emnid durchgeführt worden ist, bestätigt. Bei der Beantwortung der Frage nach der Wichtigkeit diakonischer Einrichtungen wurden sehr hohe Werte genannt. Nahe 90 Prozent der Befragten (und darüber) halten die Al-

erfordert eine Neubestimmung der Selbstverständnisse und des Verhältnisses von Gemeinde und diakonischen, oft überörtlich tätigen Unternehmen.[12] Dies sollte sich dann auch im Selbstverständnis der Kirchen und damit in ihren Verfassungen widerspiegeln.

Wenn Kirche heute zunehmend mehr über ihre diakonischen und nicht allein über ihre gottesdienstlichen, seelsorgerlichen und bildungsmäßigen Angebote wahrgenommen wird und wenn die verfasste Kirche nicht in eine Ghettoisierung verfallen und noch weiter in eine Abseitsposition gedrängt werden will, dann stellt sich für sie wie auch für die unternehmerische Diakonie die Frage, ob sie ihr Verhältnis zueinander nicht neu bedenken und ordnen müssen:

- Zum einen organisatorisch: Die evangelischen Kirchen in Deutschland stehen heute offensichtlich vor der Frage, inwieweit sie ihre kirchlich verfasste, bestehenden diakonischen Angebote bzw. Einrichtungen, soweit sie operativ entgeltliche Angebote erbringen, nicht weitgehend in Unternehmen selbst zusammenfassen bzw. auf schon bestehende diakonische Unternehmen übertragen müssen.
- Zum anderen strukturell: Durch eine Neubestimmung des Verhältnisses der unternehmerischen Diakonie zur verfassten Kirche.

Vor diesem Hintergrund wird deutlich, welchen Stellenwert Fragestellungen zur Theorie, zur Organisation und dem Management diakonischer Unternehmen bzw. Einrichtungen haben: Welche theologischen, ökonomi-

---

tersheime, Diakoniestationen, Kindergärten, Beratungsstellen und Behinderteneinrichtungen der Diakonie für sehr wichtig.«, zit. Diakonisches Werk der Ev.-luth. Kirche Hannovers e.V. (DWH) (2003), 48 f.
Diese Aussage belegen auch die Mitgliederumfragen der EKD wie auch deren neueste Mitgliederbefragung: »Seit 1992 fanden in den gesamtdeutschen Umfragen Aussagen wie ʼArme, Kranke und Bedürftige betreuenʼ und ʼsich um Menschen in sozialen Notlagen kümmernʼ als mögliche Felder kirchlichen Handelns höchste Zustimmungsraten. Bei den Konfessionslosen sind sie 2012 zudem die einzigen mehrheitlich zustimmungsfähigen Aussagen hinsichtlich dessen, was die evangelische Kirche tun sollte.«, zit. Evangelische Kirche in Deutschland (EKD) (2014), S. 93

12 Alarmierend ist hier das Ergebnis der jüngsten Mitgliederumfrage der EKD: »Das bedeutet: Diakonische Einrichtungen werden von Evangelischen und Konfessionslosen gleichermaßen wenig als sozialer Beitrag der Kirche wahrgenommen. Das recht verbreitete Vertrauen in die Diakonie schlägt deshalb vor allem bei den Konfessionslosen nicht auf die der Kirche zugeschriebenen Kompetenz in sozialen Dingen durch.«, zit. Evangelische Kirche in Deutschland (EKD) (2014), S. 95

1. Einleitung

schen und sozialwissenschaftliche Fundierungen gibt es für die Tätigkeit diakonischer Unternehmen und wie kann eine derartige Neubestimmung vollzogen werden? Wie lässt sich das Verhältnis von Theologie und Ökonomie wie auch anderen wissenschaftlichen Disziplinen im Alltag diakonischer Unternehmen vor diesem Hintergrund prozessual ausgestalten? Wie sehen konkrete diakonische Managementmodelle aus, die eine hinreichende Verbindung zu verfasster Kirche und parochialen Gemeinden zulassen?

Für die diakonischen Unternehmen und Einrichtungen sind somit spezifische diakonische Management- und Organisationsmodelle notwendig, die

- das theologische Verständnis von Diakonie und damit das Verhältnis von Kirche und Diakonie neu klären,

- einen Diskurs zwischen Theologie und täglichem betriebswirtschaftlich geprägten Handeln in einem Unternehmen ermöglichen und

- in einem säkularen Umfeld das spezifisch christliche Gepräge eines diakonischen Unternehmens aufrechterhalten können.

Doch dies geht nicht ohne eine entsprechende theologische Fundierung: Die Magna Charta des lutherischen Verständnisses der Existenz des Christen –»Ein Christenmensch ist ein freier Herr über alle Dinge und niemand untertan. Ein Christenmensch ist ein dienstbarer Knecht aller Dinge und jedermann untertan.«[13] – hat sich immer wieder durchgesetzt – ecclesia semper reformanda. Gerade wegen dieser Offenheit und universellen Gestaltung kann (und wird) der diakonische Ansatz der Reformation sich entfalten.[14] Vor diesem Hintergrund wurde immer wieder die Frage nach dem

---

13 Luther (2006), S. 2
14 Der diakonische Ansatz der Reformation begründete sich aus der fundamental neuen Theologie Luthers zum Heilsverständnis: »Ohne dass Luther eine neue soziale Ordnung zum expliziten Ziel gehabt hätte, hat seine Einstellung einen wichtigen Beitrag geleistet zu den sozialpolitischen Veränderungen im 16. Jahrhundert. Denn die Versorgung der Armen sollte nun nicht mehr an die individuelle Barmherzigkeit geknüpft sein, die die Versorgung der Armen abhängig machte vom Wohlwollen der Reichen und in der noch das System des Lohngedankens durchschimmerte, sondern systematisch von den Städten durchgeführt werden...«, zit. Eurich (2014), S. 11 f.

Zusammenhang zwischen der Botschaft der Versöhnung und der Aufgabe der Diakonie, zwischen der Martyria, der Leiturgia und der `Diakonia tes Katalages´, den wichtigsten Lebensweisen der christlichen Kirchen, gestellt:[15] Alle haben ihren Grund in dem lebendigem Christus als dem Beauftragten Gottes im Dienst an der von der Zerstörung bedrohten Welt, als Zeichen davon, dass Gott die Menschen und die Welt nicht aufgegeben hat. Ihr Unterschied liegt darin, dass die Verkündigung das Versöhnungsgeschehen immer wieder neu in den je gegebenen historischen Lebensbezügen artikuliert, während die Diakonie aufgrund des Versöhnungsgeschehens durch konkretes Handeln an leidenden und hilfebedürftigen Menschen die Versöhnung zur lebendigen Liebestat werden lässt. Beides gehört zusammen: »Die christliche Gemeinde braucht die Diakonie, damit die Verkündigung zum konkreten Handeln führt. Die christliche Gemeinde braucht die Verkündigung, damit ihre diakonische Tat nicht abstirbt. «[16]

Geschichtlich gesehen hat sich dieses Verständnis, dass von einer Einheit von Kirche und Diakonie geprägt ist, so nicht durchgesetzt: Konnte innerhalb der pietistischen Bewegung im Gegensatz zu einem weitgehend obrigkeitsverbundenen Luthertum im 17. bis 18. Jahrhundert noch teilweise eine engere Verbindung von verfasster Kirche und (deren) diakonischen Engagement erreicht werden, entstand spätestens mit J.H.Wichern im 19. Jahrhundert ein Nebeneinander von Kirche und »ihrer« im Zeitablauf größer werdenden unternehmerischen Diakonie.[17] Das 20. Jahrhundert ist

---

15   Stählin (Stuttgart), S. 283; Hans-Christoph Schmidt-Lauber führt aus, dass die Formel Martyria-Leiturgia-Diakonia auf Oskar Planck, einem der Stifter der Ev. Michaelsbruderschaft, zurückgeht und zudem auch bei der Gründung der beiden 1948 zum Ökumenischen Rat der Kirchen vereinigten Bewegungen Glauben und Kirchenverfassung (Faith and Order: Verkündigung und Gottesdienst) und Praktisches Christentum (Life and Work: Diakonie) sich niedergeschlagen hat, vgl. Schmidt-Lauber (1981), S. 160 f.
16   Strohm (1993), S. 36
17   Zum Pietismus vgl. Brecht (1993), S. 495 ff.; Dieses hier konstatierte Nebeneinander steht nicht im Gegensatz zu der Aussage von Wolfgang Gern u.a., die feststellen, dass das Bündnis von `Thron und Altar´ im Preußen und anschl. im Deutschen Reich des 19. Jahrhunderts einerseits zwar zu Recht kritisiert worden, andererseits sozialpolitisch sehr erfolgreich gewesen ist, denn es hat dazu geführt, dass sich der deutsche Staat nicht nur als Macht- und Rechtsstaat, sondern auch als Sozialstaat herausgebildet hat mit einer »... aktive(n), gestaltende(n) Sozialpolitik mit ordnungspolitischen Vorstellungen eines sozial eingehegten Kapitalismus, die allen Bürgerinnen und Bürgern immer auch soziale Rechte zuerkennt.«, zit. Gern, Wolfgang u.a. in Dungs (2006), S. 143

1. Einleitung

durch eine Annäherung von Kirche und Diakonie gekennzeichnet, wie es sich in der Formulierung, dass Kirche und Diakonie als »zwei Seiten einer Medaille« verstanden wurden, ausdrückt.[18] Gleichwohl ist ein Nebeneinander geblieben.

Wie dieses Nebeneinander historisch entstanden ist, wird in Kap. 2.1 nachgegangen und lässt sich auch empirisch in der Wahrnehmung von diakonischen Unternehmensvorständen feststellen (vgl. Kap. 3.3). Eine Überwindung dieses Nebeneinanders ist dringend erforderlich: Es ist feststellbar, dass verfasste Kirche und unternehmerische Diakonie heute an einem Wendepunkt stehen. Gelingt es beiden Seiten, das geschichtlich gewachsene Nebeneinander aufzulösen oder trennen sich beide Seiten dauerhaft mehr und mehr voneinander? Aus Sicht des Verfassers bedarf es einer Neubestimmung des Verhältnisses von verfasster Kirche und Diakonie, um eine weitere Spaltung und damit einhergehend auch eine weitere Schwächung der evangelischen Kirche in Deutschland zu verhindern. Ein Beitrag zu dieser grundlegenden theologisch fundierten Neubestimmung des Verhältnisses von verfasster Kirche einerseits und diakonischen Unternehmen bzw. Einrichtungen andererseits zu leisten ist ein Ziel dieser Arbeit.

Eine Neubestimmung könnte darüber erfolgen, dass seitens der verfassten Kirchen diakonische Unternehmen bzw. Einrichtungen als eigenständige Diakoniegemeinden neben den parochialen Gemeinden formell anerkannt werden, da hiermit eine engere organisatorische Verknüpfung möglich wird.[19] Dies bedarf einer theologischen Begründung, wie diakonische Arbeit insgesamt - auch in diakonischen Unternehmen bzw. Einrichtungen gestaltete Diakonie - letztlich nur theologisch begründet werden kann. Daher wird in Kapitel 2.2 eine theologische Begründung zu diesem Verständnis christlichen Glaubens und Handelns und der Tätigkeit diakonischer Unternehmen gegeben und untersucht, unter welchen Maßgaben auf

---

18 Dieses Verständnis prägt auch noch die Diskussion in den 1990er Jahren: »Wir sind Kirche. Diakonie erfahren heißt erkennen: Die Kirche lebt! Diakonie ist Christsein in der Öffentlichkeit. Sie ist Wesens- und Lebensäußerung der evangelischen Kirchen. Diakonie geht aus vom Gottesdienst der Gemeinde. Sie ist gelebter Glaube, präsente Liebe, wirksame Hoffnung. Diakonie macht sich stark für andere. «, zit. Diakonisches Werk der Ev. Kirche in Deutschland e.V. (DWEKD) (1997), S. 7

19 Ob dies in praxi dann tatsächlich gelingt, wird sich im Zeitablauf erweisen müssen.

der Grundlage der herrschenden Kirchenordnungen Diakoniegemeinden ausgestaltet und anerkannt werden können.

Doch um das skizzierte Nebeneinander tatsächlich überwinden zu können, bedarf es auf Seiten der diakonischen Unternehmen bzw. Einrichtungen auch einer Neubestimmung der eigenen Arbeit und Organisation. Wie diese sich gestalten sollte, ist Gegenstand der Kapitel 3 und 4.

Um den Alltag und die aktuelle Situation in größeren diakonischen Einrichtungen zu vorgenannten und weitergehenden Fragestellungen besser im Hinblick auf ihre Relevanz und Aktualität hin prüfen zu können, wurden vom Verfasser im Jahr 2012 zehn Experteninterviews mit Vorstandsvorsitzenden bzw. Vorstandsmitgliedern aus zehn meist größeren diakonischen Unternehmen geführt.[20] Eine Auswertung der Interviews erfolgt in Kapitel 3: Auf der empirischen Grundlage der Interviews werden die Grundlagen und Eckpunkte für ein diakonisches Unternehmensverständnis entwickelt, die den Ausgangspunkt für die theoretische theologisch-ökonomische Fundierung eines diakonischen Unternehmensverständnisses bzw. -begriffs als Diakoniegemeinde und prozessuale Ausgestaltung bilden.[21]

Das in dieser Arbeit in Kapitel 4 entwickelte spezifische diakonische Unternehmensverständnis sowie die prozessuale Ausgestaltung diakonischer Unternehmen als Diakoniegemeinde bzgl. ihrer Organisation und ihres Managements sind auf folgendem gesamtgesellschaftlichen und auch spezifisch diakonischen Hintergrund zu sehen:

Mit der Einführung der Pflegeversicherung und der Neufassung des § 93 BSHG in den neunziger Jahren des letzten Jahrhunderts ist die Vorrangstellung der Wohlfahrtsverbände vor den privatrechtlichen Anbietern in Deutschland aufgehoben worden.[22] Diese Entwicklung kommt nicht von ungefähr und ist im Zusammenhang der Durchsetzung einer einheitlichen europäischen Wirtschafts- und Währungsunion zu sehen, wie sie im

---

20 Die Interviews wie auch der Interviewleitfragen sind aus Gründen der Übersichtlichkeit und aus Dokumentationszwecken im Anhang aufgenommen worden.
21 Die geführten qualitativen Interviews wurden zwar durch einen Interviewleitfaden strukturiert und damit vergleichbar gestaltet. Doch hat dieses offene Erhebungsverfahren auch zur Folge, dass teilweise Zwischenergebnisse entstanden sind, die nicht unmittelbar mit der eigenen Fragestellung zusammengehen. Als Grundlage für ggf. weitergehende Forschung sind diese Ergebnisse aber festgehalten und als solche von Verfasser entsprechend gekennzeichnet worden.
22 BSHG = Bundessozialhilfegesetz, vgl. http://www.gesetzesweb.de/BSHG.html (abgerufen am 02.05.2014)

1. Einleitung

EU-Vertrag von Maastricht vereinbart wurde.[23] Damit ist die Richtung angezeigt, in der sich das europäische Sozialrecht voraussichtlich entwickeln wird: Das kontinentale Sozialstaatsmodell bzw. die soziale Marktwirtschaft, wie es in unterschiedlicher Ausprägung in Ländern wie Deutschland, den Beneluxstaaten, Frankreich, Italien, Dänemark und den nordischen Ländern anzutreffen ist, wird durch das angelsächsische Modell (England, Polen, baltische Staaten) mehr oder minder verdrängt. Die Erwerbsarbeitsbezogenheit des kontinentalen Sozialstaatsmodell bzw. des genossenschaftlich orientierten französischen Modells wie auch deren ausgeprägte Ehezentrierung nicht nur hinsichtlich des Steuer-, sondern auch des Sozialversicherungssystems und die starke Ausrichtung der Sozialversicherungsleistungen auf die Sicherung des Lebensstandards löst sich damit immer mehr auf zugunsten einer vergleichsweise eingeschränkten staatlichen Verantwortung für das Soziale, die eher auf Bedarfs-, und nicht mehr auf Bedürfnisdeckung abzielt, wobei auch die Ehezentrierung zunehmend aufgegeben wird. Aktuell vollzieht sich diese Diskussion in Deutschland z.B. um die Frage der Einführung einer Grundsicherung, der schrittweisen Gleichstellung gleichgeschlechtlicher Lebensgemeinschaften mit der Ehe wie auch in der Steuerpolitik. Für diakonische Unternehmen in Deutschland wird dies gravierende Auswirkungen haben: Die Ausrichtung der Arbeit an vom Staat bzw. dessen Kostenträgern vorgegebenen und finanzierten Leistungen allein wird nicht hinreichend sein und muss über die Schaffung von sozialen und bürgerschaftlichen Netzwerken ergänzt werden, die bereit sind, Hilfen außerhalb der staatlichen Vermittlung zu finanzieren und zu organisieren. Zudem muss durch die Erschließung eigener marktorientierter Wertschöpfungsketten eine finanziell gesehen breitere Basis für die Unabhängigkeit von staatlich mehr oder minder induzierten Finanzierungssystemen erreicht werden. Diakonische Managementmodelle müssen entsprechend offen hinsichtlich der regionalen Orientierung einerseits und der am Menschen und Sozialraum orientierten Dienstleistungserbringung andererseits sein und Stakeholder in den Leistungserbringungsprozess einbeziehen.

Von der öffentlichen Hand gesetzlich vorzuhaltende Dienstleistungen werden in Deutschland und den europäischen Ländern insgesamt immer mehr ausgeschrieben und an den Leistungsanbieter übertragen und be-

---

23 Vertrag über die europäische Union, Amtsblatt Nr. C 191 vom 29. Juli 1992, zit. http://eur-lex.europa.eu/de/treaties/dat/11992M/htm/11992M.html, (abgerufen am 16.09.2013)

zahlt, der das qualitativ beste und wirtschaftlichste Angebot unterbreitet, z.B. die Ausschreibungspraxis der Arbeitsverwaltung oder die Diagnosis Related Groups [DRG] im Gesundheitswesen. Bei alldem ist der Hilfeempfänger durch Eigenbeteiligung nicht nur zum (Mit-)Finanzierer seiner Situation, sondern auch zu dem die Leistungserbringung kontrollierenden Kunden im Markt geworden, wie z.B. durch die Einführung des persönlichen Budgets in der Eingliederungshilfe. Damit steht die Mittelbeschaffung und eigenständige Finanzierung – auch über Banken und Spenden – und somit das Eigenkapital diakonischer Unternehmen im Mittelpunkt. Durch Basel II sind die Banken wiederum zu einem Rating verpflichtet, das nicht nur das Eigenkapital, sondern auch die Ertragskraft inklusive verdienter Abschreibungen, angebotener Sicherheiten und schließlich auch das Management der Unternehmen bewertet.[24] Ein diakonisches Management muss auch diesen Anforderungen gerecht werden.

Viele diakonische Unternehmen bzw. Einrichtungen droht in Deutschland die Unterkapitalisierung.[25] Sie haben somit nicht das Eigenkapital, um künftige Risiken und ggf. zeitweise anfallende Verluste aus eigener

---

24 Basel II ist eine internationale Vereinbarung: »Die bis Ende 2006 einschlägige Eigenkapitalvereinbarung von 1988 (Basel I) konzentrierte sich allein auf das Mindestkapital für Banken als die entscheidende Größe für die Begrenzung der Risiken und damit der Verluste im Falle der Insolvenz eines Institutes … Auf Basel I aufbauend zielt die neue Baseler Rahmenvereinbarung über die Eigenkapitalempfehlung für Kreditinstitute (Basel II) auf eine Stärkung der Sicherheit und Solidität des Finanzsystems ab. Wesentliches Ziel der neuen Eigenkapitalregelung ist es, die Kapitalanforderungen an Banken stärker als bisher vom eingegangenen Risiko abhängig zu machen sowie neuere Entwicklungen an den Finanzmärkten und im Risikomanagement der Institute zu berücksichtigen. Weitere Schwerpunkte liegen in der Vorgabe von Grundprinzipien für die qualitative Bankenaufsicht sowie einer Erweiterung der Offenlegungspflichten zur Stärkung der Marktdisziplin. «, zit. http://www.bundesbank.de/Navigation/DE/Aufgaben/ Bankenaufsicht/Basel2/ basel2.html (abgerufen am 02.05.2014)
25 Schon 2004 warnte das Diakonische Werk der Ev.-luth. Landeskirche Hannovers e.V. angesichts der dramatisch niedrigen Pflegesätze in Niedersachsen vor einer Unterkapitalisierung der diakonischen Altenpflegeeinrichtungen, vgl. http://www.landes kirche-hannovers.de/evlka-de/presse-und-medien/nachrichten/2004/10/08-2145 (abgerufen am 12.05.2013). Bis 2012 hat sich an dieser Situation nichts verändert, sondern sie dürfte sich zugespitzt haben. Einzelne diakonische Einrichtungen mussten in den vergangenen Jahren Insolvenz anmelden bzw. waren zu Fusionen gezwungen, um diese abzuwenden (z.B. drei niedersächsische aktuelle Fälle: Übernahme des Birkenhof e.V. durch die Bethel-Gruppe 2009, Fusion Diakonische Heime Kästorf e.V. mit dem Stephansstift Hannover zur Dachstiftung Diakonie-Gruppe 2011, Übernahme der ProDiako-Gruppe mit Sitz in Hannover durch Agaplesion 2012 usw.).

1. Einleitung

Kraft schultern zu können.[26] Die Unternehmen müssen aber im Schnitt eine jährliche Umsatzrendite von mind. 3-5% zur Substanzerhaltung des eigenen Unternehmens erwirtschaften. Viele, insbesondere kleine diakonische Einrichtungen gerade im Bereich der kirchlich verfassten Diakonie werden in den kommenden Jahren im Wettbewerb nicht bestehen können (unzureichende Unternehmensführung, ungünstige Kostenstrukturen, zurückgehende Subventionen aus dem kirchlichen Bereich); doch jede Schließung einer Einrichtung wirkt auf das Ansehen der Ev. Kirche und der Diakonie insgesamt zurück. Dieser absehbaren Entwicklung müssen die diakonischen Unternehmen bzw. Einrichtungen auch in ihrem Management entsprechen können: Waren Fusionen, Übernahmen, Verbands- und Kettenbildungen wie auch Liquidationen früher die Ausnahme, werden sie zunehmend alltäglich.[27] Diakonisches Management muss sich auch diesen Anforderungen stellen und organisatorisch in der Lage sein, selbst Fusionen, Übernahmen und Kooperationen ausgestalten zu können.

Die Einnahmeentwicklung der evangelischen Kirchen in Deutschland insgesamt ist aufgrund der Mitgliederentwicklung tendenziell fallend. Die Ev. Kirche ist eine Minderheitenkirche in Deutschland geworden. Dies

---

26 I.d.R. ist das Anlagevermögen im Vergleich zu eigen- bzw. langfristigen Fremdkapital zu groß. Es droht Illiquidität, vgl. Gabler-Verlag (1993), S. 3396; Es gibt unterschiedliche Arten der Unterkapitalisierung und daraus abgeleiteter Haftungsformen. Der BGH hat in seinem Trihotel-Urteil (vgl. BGHZ 173, 246; http://juris.bundesgerichtshof.de/cgi-bin/rechtsprechung/ document.py?Gericht =bgh&Art=en&nr=41025&pos=0&anz=1 (abgerufen am 12.05.2013) ausgeführt, dass es im Rahmen von § 826 BGB auf eine schadensstiftende Verletzung von Pflichten ankommt, die den Gesellschaftern gegenüber ihrer Gesellschaft obliegen. In Analogie zu dieser Auslegung, die die Existenzvernichtungshaftung betrifft, sieht das Konzept der Binnenhaftung wegen quotaler Unterkapitalisierung in der Unterkapitalisierung eine solche Pflichtverletzung. Unterkapitalisierung ist im Einzelfall aber schwer zu ermitteln, da sie von einer Vielzahl von Faktoren abhängt. Die größte Bedeutung kommt letztlich der Bilanz zu. Um das Vorliegen von Unterkapitalisierung zweifelsfrei messbar zu machen, arbeitet das Konzept der Binnenhaftung wegen quotaler Unterkapitalisierung mit einer nach vergleichbaren, international verbreiteten Zahlen ermittelten Quote: Mindestens 16 % der Bilanzsumme müssen aus Gesellschafterhand (Eigenkapital oder Fremdkapital) stammen. Wenn dieser Wert unterschritten wird, ist im Regelfall Unterkapitalisierung gegeben. Nur wenn eine einzelfallbezogene Betrachtung von Cashflow, Schuldentilgungsdauer, Buchwert, Risikovorsorge, Ertragskraft usw. ergibt, dass das Geschäftsmodell gesund ist, ist keine Unterkapitalisierung gegeben, vgl. Stegner (2007)
27 Seit 2010 sind vermehrt Zusammenschlüsse im diakonischen Bereich zu beobachten.

lässt ein Nebeneinander konkurrierender diakonischer Angebote von kirchlich verfasster und freier Diakonie allein schon aus finanzieller Sicht mittelfristig nicht mehr zu. Die verfassten Kirchen sollten angesichts der Ausgangslage die direkte diakonische Arbeit wie Kindertagesstätten und Beratungsstellen soweit möglich auf diakonische Unternehmen übertragen und sich auf gemeindlicher Ebene enger mit ihnen vernetzen. Die Unternehmen wiederum müssen hierzu auch bereit sein: organisatorisch, finanziell und spirituell. Dies stellt neue Herausforderungen an diakonische Unternehmen und deren Management.

In der vorliegenden Arbeit kann diesen allgemeinen Entwicklungen nicht im Einzelnen weiter nachgegangen werden. Vielmehr wird sich auf die Fragestellung konzentriert, wie sich diakonische Unternehmen prozessual als Diakoniegemeinde aufstellen sollten, um in diesem gesellschaftlichen Kontext als Teil von evangelischer Kirche bestehen zu können. Wollen sich diakonische Unternehmen im europäischen Kontext entwickeln und als solche von anderen Anbietern der freien Wohlfahrtspflege bzw. privaten Anbietern unterscheiden, sollten sie die Frage nach ihrer »Sinnmitte« als Alleinstellungsmerkmal beantworten können. Dies ist auch erforderlich, um den Anforderungen der verfassten Kirche an eine Diakoniegemeinde gerecht werden zu können.

Einen Betrag zu einem neu akzentuierten Unternehmensverständnis zu leisten ist ein zentrales Anliegen dieser Arbeit und schließt damit an D.Lohmann mit seinem Bielefelder Management-Modell an, der aufbauend auf den Vorarbeiten seines Lehrers Alfred Jäger in den 1990ziger Jahren einen integrierten diakonischen Managementansatz vorgelegt hat, der hier im Hinblick auf eine Fundierung eines diakonischen Unternehmensverständnisses weiterentwickelt wird.[28]

Hanns-Stephan Haas weist zu Recht darauf hin, dass mit der allmählichen Durchsetzung des systemisch-konstruktivistischen Ansatzes sich eine neue Denkweise Bahn gebrochen hat, die »… nicht nur die Differenz von Planung und »Wirklichkeit« völlig anders zu verstehen erlaubt und nötigt, sondern auch zu veränderten Schwerpunktsetzungen in Theorie und Praxis von Management führt.«[29] Rein theoretisch-schematische Abbildungen von Organisationswirklichkeit und die Vorstellung der einfachen, linearen Umsetzung von Managementmodellen sind hiernach nicht mehr möglich, da die Wirklichkeit in diesem Verständnis die Grundlage für Konstruktio-

---

28 Lohmann (2003); vgl. auch die Kap. 2 und 4
29 Haas (2006), S. 7

1. Einleitung

nen bildet.[30] Haas stellt hiergegen den offenen konstruktivistischen Diskurs zwischen Ökonomie und Theologie mit dem Ziel einer »Partnerschaft auf Augenhöhe«.

Dies hätte als Konsequenz, dass integrierte Managementmodelle, wie sie Management- bzw. Unternehmensmodellen z.B. von Jäger und Lohmann zugrunde liegen, in dieser Form nicht mehr gedacht werden können: Theologie und Ökonomie integrierende Unternehmensmanagementmodelle sind dann durch diskursive, offene Unternehmensmanagementverständnisse, die Unternehmen als offene, prozessdurchwirkte Organisationen verstehen, zu ersetzen.

Haas bevorzugt das »Neue St. Gallener Management-Modell« (NSGMM) in Verbindung mit dem strategischen Managementansatz des St. Galler Management Navigators (GMN$^{©}$) von G. Müller-Stewens/Chr. Lechner als das für die Diakonie am ehesten in Frage kommende ökonomische Managementmodell.[31] Er lässt die Fragen unbeantwortet, wie dieses Modell dann zu einem spezifisch diakonischen Managementverständnis umgesetzt und in die kirchlich-verfassten Strukturen integriert gedacht werden kann.[32] Die vorliegende Arbeit soll ein Beitrag sein, diese Lücke zu schließen.

Theologische Grundlage für ein solches Modell kann und sollte keine einzelne theologische Schule bzw. Dogmatik sein angesichts der Notwendigkeit, dass ein allgemeines diakonisches Unternehmensverständnis im Licht des konstruktivistischen Paradigmas wie auch im ökumenischen Sinne nur offen ausgestaltet denkbar ist. Daher soll im Anschluss an Luther und die Confessio Augustana (CA) als allgemein anerkannte Bekenntnisschrift in den Evangelischen Kirchen in Verbindung mit dem Kirchen- und Gemeindeverständnis Dietrich Bonhoeffers und des von Uta Pohl-Patalong formulierten Kirchenverständnisses ein theologisches Selbstverständnis für diakonische Unternehmen entwickelt werden (Kapitel 2).[33]

Aufbauend auf einer durch Experteninterviews gewonnenen empirischen Grundlage (Kapitel 3) wird im Anschluss an die Arbeiten besonders von Luhmann und Haas durch die Beschreibung von theologischen Prin-

---

30 Haas (2006), S. 116
31 Dübs (2004), Bd. 1, S. 65 ff.
32 Haas betont dies selbst, wenn er feststellt, dass es in seiner Arbeit um eine »Verhältnisbestimmung von Theologie und Ökonomie« und weniger um ein Modell geht; Haas (2006), S. 15
33 Vgl. Pohl-Patalong (2004)

zipien und den sich daraus ableitenden Diskurs, Zeitverständnis und Leitvorstellungen menschlichen Miteinanders ein diakonisches Unternehmensverständnis und dessen prozessuale Ausgestaltung entwickelt.[34] Das diakonische Unternehmensverständnis ist anschlussfähig in zweierlei Hinsicht: auf die verfassten Kirchen und ihre parochialen Gemeinden einerseits ebenso wie auf die diakonischen Unternehmen und deren Lebenswirklichkeit andererseits (Kapitel 4). Hierbei werden exemplarisch Beispiele aus dem Unternehmensverbund herangezogen, in dessen Vorstand der Verfasser tätig ist.[35]

Bestehende normativ ausgerichtete Managementmodelle wie das NSGMM haben bewusst keinen expliziten diakonischen Bezug, aber einen allgemein ethischen als »wechselseitige Achtung und Anerkennung der Menschen als Wesen gleicher Würde, also auf die normative Logik der Zwischenmenschlichkeit (P. Ulrich 2001, 23 ff.). «[36] Diese allgemeine ethische Ausrichtung muss in diakonischen Unternehmen als Diakoniegemeinde ausgestaltet und diskursiv erweitert werden.[37]

Mit dieser Arbeit soll eine bestehende Lücke in der diakoniewissenschaftlichen Forschung geschlossen werden: Was sind diakonische Unternehmen, wie können sie definiert werden und wie gestaltet sich ihre »theologische Achse« prozessual im Unternehmen?[38] Dieser Fragestellung und ihrer ökonomisch-sozialwissenschaftlichen Begründung wird in Kapitel 4 nachgegangen, um einen Beitrag zu einem allgemeinen diakonischen Unternehmensverständnis zu liefern.

---

34 Für die hier vorliegende Veröffentlichung wurde diese Dissertation erheblich gekürzt: Es wurde aus Umfangsgründen auf die gesamte Dokumentation der zehn Experteninterviews im Umfang von rd. 390 Seiten verzichtet. Im Kapitel 3 beziehen sich die Zitate auf diese in der Dissertation in einem Anhang dokumentierten Interviews.
35 Dachstiftung Diakonie-Gruppe mit rd. 2.800 Mitarbeiter/innen und drei zur Gruppe hinzuzuzählender (Förder-)Stiftungen: Stiftung Diakonische Heime Kästorf, Stiftung Wohnen und Beraten und das Stephansstift (Stand: 2014); vgl. http://www.dachstiftung-diakonie.de (abgerufen am 01.05.2014)
36 Zit. Bleicher (7. Auflage 2004), S. 169
37 Die konkrete theologisch-ethische Ausgestaltung ist nicht Gegenstand dieser Arbeit, sondern die Prozessgestaltung für diesen Diskurs in einem diakonischen Unternehmen.
38 Der Begriff der »theologischen Achse« stammt von Alfred Jäger, Jäger (1984)

2. Zur theologischen Fundierung diakonischer Unternehmen als Diakoniegemeinde

2.1 Bipolare Struktur von verfasster Kirche und unternehmerischer Diakonie als historischer Prozess

Geschichte und historische Gestalt der Diakonie ist immer auch Ergebnis und Ausdruck theologischer Auseinandersetzungen innerhalb der Kirchen gewesen. Luther verstand Gemeinde als Glaubensgemeinschaft und Bruderschaft, in der diakonische Tätigkeit selbstverständlich ist. Im ausgehenden Mittelalter und dieserart befördert durch die Reformation wurde aus der Privatangelegenheit von Betteln und Almosen eine soziale Angelegenheit.[39] Doch schon im Lauf der Reformation zu Zeiten Luthers und in der Zeit danach ging dieses Selbstverständnis zusehend verloren und es bildete sich eine bipolare Struktur heraus: Auf der einen Seite das Predigtamt der Kirche, das Nächstenliebe wecken sollte durch Predigt und Sakramentsverwaltung, auf der anderen Seite die Armenfürsorge als Aufgabe der Obrigkeit.[40]

Mit dem Aufkommen des Absolutismus und dem aufgeklärten Staat im 17 Jahrhundert, spätestens gemeinsam mit Johann Hinrich Wichern, gingen viele im 19. Jahrhundert davon aus, dass eine Erneuerung der Evangelischen verfassten sichtbaren Kirchen nur in einer Organisation der Diakonie außerhalb der Organisation der (verfassten) Kirche, besonders in Ver-

---

39 Vgl. Sachße (1998, 2. verbesserte Auflage), S. 29 ff., der darauf hinweist, dass die im 15. Jahrhundert entstehenden städtischen Bettelordnungen schon auf Vorläufer im Mittelalter zurückgreifen konnten. Mit der Reformation wird Armut als *soziales* Problem erstmals wahrgenommen, was auch auf die allgemeinen sozioökonomischen Bedingungen der Zeit zurückgeführt werden kann. Vgl. auch Rannenberg (1996), S. 29 f., weitere Belege, Ders., a.a.O.

40 Diese Entwicklung ist vor dem Hintergrund der allgemeinen sozioökonomischen Entwicklung zu sehen: Signifikantes Bevölkerungswachstum, stagnierende Produktivkraftentwicklung, Teuerungskrisen und insgesamt eine allgemeine Teuerung und in ihrem Gefolge Hungerkrisen prägen das 16. Jahrhundert und führten zu einer merklichen Verschlechterung der Lebenssituation der Bevölkerung, denen auch die Städte trotz Bettel- und Armenordnungen nicht Herr werden konnten. Luther ermahnte noch trotz eigener misslicher Erfahrungen mit armen Menschen zur freigiebigen Gabe; vgl. Sachße (1998, 2. verbesserte Auflage), S. 39 ff. bzw. Ders., a.a.O., S. 50

2. Zur theologischen Fundierung diakonischer Unternehmen als Diakoniegemeinde

einen, möglich und die Innere Mission von dort aus zu entwickeln sei. Ziel von Wichern war es, nicht nur über das Amt, sondern über die »Dienstwilligkeit der einzelnen gläubigen Christen, mit denen, die das Recht und die Pflicht des allgemeinen Priestertums aller Gläubigen ausübten«, die Kraft der Inneren Mission mit den vielfältigen »charismatischen Begabungen« in der Gesellschaft für die Kirche und die Innere Mission gegen die Missstände seiner Zeit zu gewinnen.[41] Daher setzte er auch auf die Aufwertung des Amtes des Diakons neben dem Predigtamt. Die Vorstellungen Johann Hinrich Wicherns, die zur Gründung des ˋCentralausschusses für die Innere Mission der deutschen evangelischen Kircheˊ, der Vorläuferorganisation der späteren Diakonischen Werke, auf dem ersten Wittenberger Kirchentag 1848 führten, sind geprägt von seiner Wahrnehmung der damaligen sozialen und politischen Lage und den Auswirkungen der deutschen Märzrevolution: »Der Wendepunkt der Weltgeschichte, in welchem wir uns gegenwärtig befinden, muss auch ein Wendepunkt in der Geschichte der christlichen und speziell der deutsch-evangelischen Kirche werden, sofern dieselbe in eine neue Stellung zum Volk eintreten muss."[42] Die Märzrevolution 1848 ist spätestens der Zeitpunkt für Wichern, in dem die Kirche anerkennen muss, eine diakonische Volkskirche zu werden. Eine Vielzahl damals schon vorhandener, vielfach evangelischer Initiativen, die sich der massiven sozialen Not in Rahmen von Vereinen angenommen hatten, fehlte es an einer zusammenfassenden Organisationsform.[43] Für Wichern war klar, dass »... schon der Erfolg der revolutionären Bestrebungen zeige, wie alle die bisherige Arbeit noch nichts gewirkt habe für das Ganze. Hätte man schon früher auf alle diese Gedanken eingehen wollen, hätte die protestantische Kirche als Volkskirche sich ausgeboren nach ihrer ethischen Seite, so wäre gegen den gewaltsamen Umsturz eine unüberwindliche Macht aufgerichtet gewesen.«[44] Inwieweit dies tatsächlich der Fall gewesen wäre, mag hier dahingestellt sein. Klar war Wichern, dass, um die kommunistischen und damit »kirchenzersetzenden Kräfte« künftig verhindern zu können, die Kirche mit der Gründung der Inneren Mission den Blick und das Wirken »... erweitere ins staatliche und politi-

---

41 Wichern selbst artikulierte diese Auffassung in seiner berühmten Wittenberger Rede, zit. in: Rannenberg (1996), 36 f.; vgl. Wichern (1902); Philippi (1981)
42 Wichern (1902), S. 234
43 Ders., a.a.O., S. 257
44 Ders., a.a.O., S. 244

sche Leben. Der Staat erfordere diese Arbeit ebenso sehr wie die Kirche.«[45]

Vor diesem Hintergrund forderte Wichern neben der schon bestehenden Äußeren Mission die Gründung der Inneren Mission als Teil der von ihm so verstandenen Volkskirche: »Den Beruf, in diesen und allen verwandten Fällen zu helfen, habe unstreitig die christliche Kirche, und zwar wesentlich durch Entfaltung der Tätigkeit der *Inneren Mission*. Wie diese sich gestalte, das hängt von der *Verschiedenheit des Bedürfnisses* ab. Vor allem aber dieses muss erkannt und anerkannt werden: `Die Liebe hat das scharfe Auge, alles zu sehen.´«[46]

Das allgemeine Liebesgebot gebietet für Wichern der Kirche, der Not im Land mit Liebesdiensten zu begegnen. Allein mit den herkömmlichen Mitteln der Verkündigung ist die Kirche nicht in der Lage, einen Beitrag zur Beseitigung der sozialen Missstände zu leisten, geschweige denn der »kirchlichen Verwilderung« zu begegnen. Hierzu bedarf es der »rettenden Liebe« in der christlichen Tat: »Die rettende Liebe muss ihr das große Werkzeug, womit sie die Tatsache des Glaubens erweist, werden. Diese Liebe muss in der Kirche als die helle Gottesfackel flammen, die kund macht, dass Christus eine Gestalt in seinem Volke gewonnen hat. Wie der ganze Christus im lebendigen Gottes*worte* sich offenbart, so muss er auch in den Gottes*taten* sich predigen, und die höchste, reinste, kirchlichste dieser Taten ist die rettende Liebe. Wird in diesem Sinne das Wort der Inneren Mission aufgenommen, so bricht in unsrer Kirche jener Tag ihrer neuen Zukunft an.«[47] Wicherns Absicht war somit auch die Wiedererweckung der kirchlich-gemeindlichen Diakonie, die er mit der Forderung der Wiedereinführung des Diakonats verband: Die Diakone sollten auf der Gemeindeebene die verbindliche soziale Verantwortung der Gemeinde sicherstellen. Diese Vorstellungen konnte Wichern bekanntlich nicht durchsetzen.[48]

---

45 Um dies u.a. zu verdeutlichen, zitiert Wichern einen Fluch aus einer Hamburger Handwerkerversammlung: »Fluch dem Gott, dem Blinden, dem Tauben, Zu dem wir vergebens gebetet im Glauben, Auf den wir vergeblich gehofft und geharrt, Er hat uns gefoppt und hat uns genarrt.«, in: Ders., a.a.O., S. 239 und 241. Allein hier wie auch an anderen Stellen z.B. der Wittenberger Rede wird deutlich, dass der Behauptung David Lohmanns, das die Innere Mission für Wichern »... keinerlei politische Wirkung« in sich trägt, so nicht zugestimmt werden kann, zit. Lohmann (2003), S. 23
46 Johann Hinrich Wichern, a.a.O., S. 242 (Hervorhebungen im Original)
47 Ders., a.a.O., S. 249 (Hervorhebungen im Original)
48 Schäfer (2004), S. 409

2. Zur theologischen Fundierung diakonischer Unternehmen als Diakoniegemeinde

Seit dieser Zeit kann besonders in Deutschland innerhalb der Kirchen eine zunehmende Spaltung zwischen der `organisierten´ Diakonie bzw. diakonischen Einrichtungen und Unternehmen einerseits und den verfassten Kirchen andererseits festgestellt werden, auch wenn sich der Grad dieser Entwicklung in den einzelnen Landeskirchen unterschiedlich darstellt. Gleichwohl wurde innerhalb der verfassten Kirche und auch seitens der diakonischen Einrichtungen immer wieder der Versuch bis in die heutige Zeit unternommen, die Gemeindediakonie innerhalb der verfassten Kirche als konstitutiven Teil der Kirche zu etablieren und hierüber mit der `organisierten´ - meist unternehmerischen - Diakonie zu verbinden: Seien es beispielsweise die von Otte Ohl inspirierten `Evangelischen Gemeindedienste´ nach 1918 oder das von Eugen Gerstenmaier mitbegründete `Hilfswerk´ nach 1945.[49] Hierzu trugen auch der sogenannte DEVA-Heimskandal Anfang der 1930er Jahre wie auch die Erfahrungen des Nationalsozialismus bei.[50] Paul Philippi weist zu Recht darauf hin, dass mit der Gründung des Hilfswerkes die Evangelischen Kirchen in Deutschland »... erstmalig auch juristisch anerkannt (hatte), dass die `diakonisch-missionarischen Werke Wesens- und Lebensäußerungen der Kirche´ sind (Grundordnung der EKD, Art. 15).«[51]

Der Ökumenische Rat der Kirche entwickelte in bewusster Rezeption von D. Bonhoeffers »Kirche für andere« in den 1960ziger Jahren das Konzept »Kirche für die Welt«, wobei hierbei das Einwandern in die Welt im Vordergrund stand und gerade nicht die Eigengestalt von Gemeinde als Modell von Sozialität.[52] Philippi schloss mit seinen Gedanken zur Gemeindediakonie, die er in den 1970ziger Jahren christologisch begründete, wiederum an Wichern an und nahm demgegenüber eine ekklesiologische Verengung vor: Seinem Konzept lag die Vorstellung zugrunde, dass durch den Einbau der Diakonie als soziales Handeln die Parochie überhaupt erst zur Gemeinde wird.[53] Dem Konzept »Kirche für andere« wurde missverständlich vorgeworfen, eine Reduktion des christlichen Glaubens auf die Ethik zu vollziehen bzw. die Zuwendung des Christen zu Hilfebedürftigen aus einer Haltung des überlegenen christlichen Helfers zu bedeuten. Seit

---

49 Philippi (1981), S. 641
50 Vgl. Kaiser (Stuttgart), 18 ff., Meyer-Najda (2012), 126 f., Rannenberg (1996), S. 45 ff.
51 Philippi (1981), S. 641
52 Vgl. »Kirche für andere« Bonhoeffer (1977) und Honecker (1989); »Kirche für die Welt« vgl. Ökumenischer Rat der Kirchen (1967)
53 Philippi (1979, 2. Aufl.), S. 205 ff.

den 1980ziger Jahren sind wiederum Ansätze zu beobachten, die die Aufgabe der Evangelisation zum Kern gemeindlicher Arbeit machten oder den Gemeindeaufbau vom Gottesdienst her entwickelten.[54] G. Schäfer ist zuzustimmen, wenn er feststellt: »In beiden Fällen blieb die Diakonie der Gemeinde nachrangig bzw. relativ konturlos.«[55]

In dieser Tradition der Evangelisation scheint sich auch der Ökumenische Rat der Kirchen (ÖRK) in seinem ekklesiologischen Grundverständnis in seiner jüngsten Vollversammlung, die in Busan stattfand, zu sehen.[56] Gleichwohl schließt der ÖRK an das Konzept der »Kirche für die Welt« an, ohne dieses ausdrücklich zu nennen, wenn festgestellt wird, dass die Kirche das Los derer zu teilen hat, die leiden, bedürftig und ausgegrenzt sind.[57]

In der nationalen wie der internationalen Diskussion ist es bis heute nicht gelungen, eine Verständigung über die Diakonie als integraler Bestandteil der Gemeindepraxis zu erreichen. Wenn, wird das Nebeneinander von unternehmerischer Diakonie und Gemeinde auch heute noch fortgeschrieben und findet sich als solches in vielen Darstellungen über Diakonie und Kirche.[58] In diesem Kirchenverständnis dominiert die räumlich-parochiale Gemeinde als Strukturelement; diakonische Unternehmen stehen quasi neben diesen Gemeinden.

---

54 Schäfer (2004), S. 411 f.
55 A.a.O., S. 411
56 Vgl. Ökumenischer Rat der Kirchen (2013); vgl. auch http://www.oikoumene.org/de/ resources/documents/wcc-commissions/faith-and-order-commission/i-unity-the-church-and-its-mission/the-church-towards-a-common-vision?set_ language=de (abgerufen am 10.01.2014)
57 Ausführlicher: »Die Kirche umfasst alle sozialwirtschaftlichen Klassen; sowohl Reiche als auch Arme brauchen die Erlösung, die nur Gott geben kann. Nach dem Beispiel Jesu ist die Kirche dazu berufen und auf besondere Weise dazu ermächtigt, das Los derer zu teilen, die leiden, und für die Bedürftigen und Ausgegrenzten zu sorgen. Die Kirche verkündet die Worte der Hoffnung und des Trostes, die das Evangelium bietet, sie beteiligt sich an Werken des Mitgefühls und der Barmherzigkeit (vgl. Lk 4,18-19) und ist damit beauftragt, zerbrochene menschliche Beziehungen zu heilen und zu versöhnen und Gott dadurch zu dienen, dass sie diejenigen miteinander versöhnt, die durch Hass oder Entfremdung getrennt sind (vgl. 2. Kor 5,18-21). Gemeinsam mit allen Menschen guten Willens bemüht sich die Kirche um die Sorge für die Schöpfung, die sehnsüchtig danach verlangt, an der Freiheit der Kinder Gottes teilzuhaben (vgl. Röm 8,20-22) und stellt sich deshalb dem Missbrauch und der Zerstörung der Erde entgegen und beteiligt sich an Gottes Heilung der zerbrochenen Beziehungen zwischen Schöpfung und Menschheit.«, zit. a.a.O., S. 32
58 Vgl. Kaiser, a.a.O.; Schäfer (2004), S. 412

2. Zur theologischen Fundierung diakonischer Unternehmen als Diakoniegemeinde

Ist dieses Selbstverständnis noch zeitgemäß? Das Impulspapier des Rates der EKD »Kirche der Freiheit« weist in eine andere Richtung, wenn dort im Jahr 2006 als Ziel für den Zeitraum bis 2030 formuliert wird: »Alle diakonischen Einrichtungen und Dienste stehen im Jahr 2030 in einer definierten Kooperations- bzw. Partnerschaftsbeziehung zu den Kirchengemeinden bzw. Kirchenbezirken ihrer Region.«[59] Doch auch hier wird von einer Kooperation bzw. Partnerschaft gesprochen, die ein Nebeneinander von Gemeinde und diakonischen Einrichtungen voraussetzt. Erst zu einem späteren Zeitpunkt der Schrift plädiert der Rat der EKD für einen »weiten Gemeindebegriff«, ohne diesen dann aber weiter zu konkretisieren.[60]

Es ist deutlich geworden, dass das Nebeneinander von verfasster Kirche und unternehmerischer Diakonie historisch gewachsen ist und die aktuelle Diskussion zwischen beiden Seiten erschwert: Die verfasste Kirche nimmt diakonische Unternehmen als solche nicht wahr und grenzt sie aus, indem sie die Parochie als mehr oder minder allgemeine Gemeindeform ansieht. Diakonische Unternehmen wiederum sehen sich als Gegenüber zu eben dieser verfassten Kirche, wiewohl sie sich selbst als Teil von Kirche begreifen.[61] Wie kann hier eine Lösung aussehen?

2.2 Diakonische Unternehmen sind Diakoniegemeinde

2.2.1 Zum methodischen Vorgehen

Theologisch gesehen kann jedes diakonische Unternehmen, sofern es bestimmte spezifische Charakteristika aufweist, eigenständige Gemeinde und Kirche zugleich sein.[62]

---

59 Rat der Evangelischen Kirche Deutschlands (Hg.) (2006), S. 83
60 Vgl. Kap. 2.2.3, S. 55
61 Vgl. auch die dies beschreibenden Aussagen der Experten in Kap 3.3.2.2, S. 102 ff.
62 Gemeinde ist erst einmal ein Organisationsbegriff: πάροχος *párochos* = »darreichend, gebend«, also der Bereich, in dem ein Mensch anderen die Sakramente austeilt. Darüber hinaus bezeichnet »Gemeinde« auch die Gemeinschaft von Menschen, die im katholischen Verständnis das Sakrament teilen oder im evangelischen Verständnis gemeinsam unter dem Wort stehen. In diesem Verständnis ist Gemeinde immer ein Teil des umfassenderen Begriffs der sichtbaren und unsichtbaren Kirche.

2. Zur theologischen Fundierung diakonischer Unternehmen als Diakoniegemeinde

Um diese These zu untermauern, soll im folgenden Kapitel versucht werden, wesentliche Kennzeichen von Kirche und Gemeinde herauszuarbeiten. Kirche bezeichnet zuerst das im Heiligen Geist versammelte Volk Gottes und nicht ein Gebäude oder nur eine Versammlung.[63] Wie noch herauszuarbeiten ist, ist die Wortverkündigung daher eines der Zeichen, an denen man sichtbare Kirche erkennen kann. Das geistliche Wesen der Kirche ist unsichtbar, wobei dieser Aspekt im Hinblick auf die Fragestellung nicht vertiefend verfolgt werden soll, da unterstellt wird, dass da, wo sichtbare Kirche ist, auch unsichtbare Kirche gegeben sein kann.[64] Das lutherische Kirchenverständnis wird im Folgenden mit dem von Dietrich Bonhoeffer verbunden unter besonderer Berücksichtigung des Gemeindeverständnisses. Nachfolgend werden die gefundenen Kennzeichen sichtbarer Kirche bzw. Gemeinde auf diakonische Unternehmen angewendet. Wenn diakonische Unternehmen Diakoniegemeinden sind, stellt sich auch die Frage, inwieweit sie in die heutigen Kirchenverfassungen in Deutschland integriert sind bzw. werden können. Nach dem Vorbild von Personalgemeinden, die mancherorts schon anerkannt sind, könnten zukünftig auch Diakoniegemeinden kirchenrechtlich sinnvoll integriert werden. Dieser Fragestellung wie auch sich hieraus ergebende mögliche Konfliktfelder soll abschließend in diesem Kapitel nachgegangen werden.

2.2.2 Kennzeichen von Kirche, Gemeinde und diakonischen Handeln

Christliche Kirche ist überall dort, wo gemeinsamer Glaube von Menschen an Christus und Gott gelebt und verkündigt wird. Im dritten Artikel des Glaubensbekenntnisses beten gläubige Christinnen und Christen: »Ich glaube an den Heiligen Geist, eine heilige christliche Kirche, Gemeinschaft der Heiligen, Vergebung der Sünden, Auferstehung der Toten und das ewige Leben.«[65] In den von Melanchthon formulierten Augsburger

---

63 Kühn (1989), S. 262
64 »Diese (wahre) Kirche steht allerdings im ständigen Kampf mit der falschen Kirche, deren Exponent für Luther die Papstkirche ist, ist unter dieser verborgen (zweite Weise von Verborgenheit), stellt aber - als aus dem Evangelium und den Sakramenten lebend - die »rechte alte« Kirche in der Kontinuität durch die Zeiten hindurch dar (was Luther der Papstkirche bestreitet).«, Kühn, U., a.a.O., 263; vgl. im Übrigen Kapitel »2.2.2 Kennzeichen von Kirche, Gemeinde und diakonischen Handeln«, S. 44
65 Luther (2010), XII

2. Zur theologischen Fundierung diakonischer Unternehmen als Diakoniegemeinde

Bekenntnis (CA) wurde das Kirchenverständnis in Art. 7 konkretisiert: »Es wird auch gelehrt, dass alle Zeit eine heilige christliche Kirche sein und bleiben muss, die die Versammlung aller Gläubigen ist, bei denen das Evangelium rein gepredigt und die heiligen Sakramente laut dem Evangelium gereicht werden. «[66] Somit sind die wesentlichen Elemente der sichtbaren Kirche: heilig, christlich, alle Zeit bleibend, bestehend aus Heiligen (das sind die Gläubigen im neutestamentlichen Sinn), die sich in Gemeinden versammeln, denen das Evangelium gepredigt und die Sakramente gemäß dem Evangelium gereicht werden. Nach W. Härle sind die Verkündigung und die Feier der Sakramente im Geist des Evangeliums die notwendigen und hinreichenden Kennzeichen der sichtbaren Kirche.[67]

Das Evangelium und die Sakramente sind unterschiedliche Formen des Wortes Gottes.[68] In Luthers Verständnis schafft der Heilige Geist Gottes überhaupt erst die »Gemeinde der Heiligen oder christliche Kirche, Vergebung der Sünden und das ewige Leben (…) dass er uns erstlich in seine heilige Gemeinde führt und in der Kirchen Schoß legt, durch die er uns predigt und zu Christus bringet.«[69] Erst durch die Verkündigung des Wortes können wir den Glauben an Gott gewinnen, den Christus durch sein Leiden, Sterben und Auferstehen für uns erworben und gewonnen hat:

---

66 Zit. Der kleine Katechismus Dr. Martin Luthers, in: Vereinigte Evangelisch-lutherische Kirche Deutschlands (Hg.), a.a.O., XLI; Die Auseinandersetzung um das Augsburger Bekenntnis besonders hinsichtlich der Frage, ob es »katholische Kirche« oder »christliche Kirche« heißen soll ist hinreichend diskutiert worden. Luther setzte katholisch im Sinne einer ganzheitlichen christlichen Gemeinde gleich: »… daß daselbst gewißlich eine rechte `Ecclesia sancta catholica´ sein muß, ein christliches heiliges Volk (1. Petr. 2, 9)…« Luther (2003), 22. Zu Recht weist Herbert Goltzen darauf hin, das »*Kath' hólou* meint bei Platon, Aristoteles und in der antiken Literatur: »im Ganzen" - im Unterschied von *katà méros*, dem »Teilweisen. «; doch hat sich der Inhalt in der geschichtlichen Entwicklung immer mehr als Bezeichnung für eine Konfession – nämlich die römisch-katholische Kirche – verändert, zit. (Goltzen, 1972), S. 147-158
67 Härle (2007), S. 576
68 Sakramente (Taufe, Abendmahl und Beichte) werden hier verstanden als ein Ritus, der als sichtbare Handlung eine unsichtbare Wirklichkeit Gottes vergegenwärtigt und an ihr teilhaben lässt. Nach lutherischer Auffassung sind die Sakramente »Zeichen und Zeugnis« des göttlichen Willens, durch die der Glaube einerseits geweckt, andererseits auch gestärkt wird. Gleichzeitig fordern die Sakramente auch den Glauben, da nur der Glaube das Heil im Sakrament ergreifen kann und insoweit sind sie als zeichenhafte Formen des Wortes Gottes zu verstehen, vgl. Augsburger Bekenntnis Art. 13 in: Vereinigte Evangelisch-Lutherische Kirche Deutschlands (VELKD) (2012), XLIII
69 Luther (2003), S. 1840

2. Zur theologischen Fundierung diakonischer Unternehmen als Diakoniegemeinde

»Denn wo man nicht von Christus predigt, da ist kein heiliger Geist, welcher die christliche Kirche machet ...«[70] Oder noch kürzer in Luthers Worten formuliert: »Ubi est verbum, ibi est ecclesia.« (»Wo das Wort ist, da ist die Gemeinde.«).[71] Heilig heißt demnach: Die Gläubigen sind vom Heiligen Geist erfüllt allein durch das Wort Gottes und nicht durch äußere Taten, Gewänder oder dergleichen:[72] »Denn Gottes Wort ist heilig und heiligt alles, was es anrührt. Ja, es ist Gottes Heiligkeit selbst, Röm 1, 16: `Es ist eine Kraft Gottes, die da selig macht alle, die daran glauben´; und 1 Tim 4, 5: `Es wird geheiligt durch das Wort Gottes und Gebet´. Denn der Heilige Geist führt es selbst und salbt oder heiligt die Kirche, das ist das christliche heilige Volk.«[73]

Gottes Wort ist die vertikale Dimension, das in die menschliche Versammlung hinein, in die Gemeinde, gesprochen wird. Die Gemeinde ist die horizontale Dimension, in der Gottes Wort gehört wird und durch den Heiligen Geist wirkt. Beide Dimensionen sind für Luther voneinander nicht zu trennen: »Denn Gottes Wort kann nicht ohne Gottes Volk sein, und umgekehrt kann Gottes Volk nicht ohne Gottes Wort sein. Wer wollte sonst predigen oder predigen hören, wo kein Volk Gottes da wäre? Und was könnte oder wollte Gottes Volk glauben, wo Gottes Wort nicht da wäre?« Christen sind verbunden durch den Heiligen Geist, der Gottes und Christus Wirken in der Welt ist.[74] »Der Herr ist der Geist«, sagt Paulus (2 Kor 3,17). An der Pfingst-Erzählung fällt auf, dass dort nicht der Einzelne, sondern eine größere Menschenmenge vom Geist erfasst und zu-

---

70 Luther (2003), S. 88
71 Luther (1987), S. 176
72 Nur durch die Verkündigung und das daraus resultierende Handeln sowie die Sakramentsverwaltung und nicht Taten allein konstituieren Gemeinde und den gläubigen Christen: »Außerhalb der Christenheit aber, da das Evangelium nicht ist, ist auch keine Vergebung, wie auch keine Heiligkeit da sein kann. Darum haben sich alle selbst herausgeworfen und abgesondert, die nicht durchs Evangelium und Vergebung der Sünde, sondern durch ihre Werke Heiligkeit suchen und verdienen wollen.« Luther (2003), 90 f.; bes. Confessio Augustana, Art. VII, 3 und Apologie der CA, VII, S. 33, a.a.O., nach der die Versammlung aller Gläubigen christliche Kirche ist, in der das Evangelium rein gepredigt und die heiligen Sakramente laut dem Evangelium gereicht werden, vgl. Ev. Kirche in Deutschland (Hg.) (1998), S. 33 ff. und 141 ff. bzw. Amt der Vereinigten Evangelisch-Lutherischen Kirchen Deutschlands (VELKD) (Hg.) (2013, 6. Aufl.), S. 50; zum historischen Kontext Wenz (1996), S. 389 ff.
73 Luther (2003), S. 3742
74 Luther, Von den Konzilen und der Kirche (1539), S. 23, in: Digitale Bibliothek Band 63: Martin Luther (vgl. Luther-W Bd. 6, 35), Göttingen 2003, S. 3744

2. Zur theologischen Fundierung diakonischer Unternehmen als Diakoniegemeinde

sammengeschlossen wird. Es entsteht Freiheit: »Wo der Geist des Herrn (Christi) ist, da ist Freiheit«, so fährt Paulus in 2 Kor 3,17 fort.[75] Nachösterlich leben die Christen aus dem Geist Jesu, was vorösterlich noch seine Nachfolge war.[76]

Das Wort kommt in der vertikalen Dimension in die Gemeinde durch Jesus Christus als »fleischgewordenes« Wort, durch die Bibel und durch das zeichenhafte Wort der Sakramente.[77] Die durch den Glauben verbundenen Christen bilden eine Glaubensgemeinschaft und sind damit Teil der unsichtbaren Kirche (ecclesia invisibilis).[78] Diese unsichtbare Kirche konstituiert sich allein durch Glauben (sola fides), selbst die Sakramente und das Amt des Predigers sind letztlich verzichtbar, worauf G. Ebeling zu Recht hinweist: »Die ´Unsichtbarkeit´ wird nicht eingeschränkt, sondern begründet, wenn auf die methodische Leitfrage: ´Was macht die Kirche zur Kirche?´ das leibliche Wortgeschehen als Erkennungszeichen der Kirche angegeben wird.«[79] In Luthers Worten: »Aufs erste: wenn er an einem Ort ist, wo keine Christen sind, da bedarf er keiner andern Berufung, als dass er ein Christ ist, inwendig von Gott berufen und gesalbt. Da ist er schuldig, den irrenden Heiden oder Nichtchristen zu predigen und sie das Evangelium aus Pflicht brüderlicher Liebe zu lehren, ob ihn schon kein Mensch dazu beruft. So tat Stephanus, Apg. Kap. 6 und 7, dem doch kein Amt von den Aposteln zu predigen befohlen war, und predigte doch und

---

75 Unger (2009), S. 112
76 Unger verweist darauf, dass hinter dem im Glaubensbekenntnis verwendeten Wort »heilig« die alttestamentliche Vorstellung von dem erwählten Gottesvolk, dem Gott *geheiligten* Volk steht, a.a.O., S. 113
77 Dies ist nicht nur im lutherischen Verständnis so; analog Calvin (2008), 247, der Jesus als Mittler Gottes zum Menschen sieht; analog auch die katholische Sicht: Ratzinger (2006), S. 73: »Was hat er gebracht? Die Antwort lautet ganz einfach: Gott. Er hat Gott gebracht.«
78 In den urchristlichen Gemeinden war dies durchaus aggressiv gegen die Juden als Ursprung gerichtet zu verstehen: »Die Exklusivität der Erwählung, die für Israel galt, war nun aufgebrochen und ausgeweitet – und eben dies entsprach dem Denken Jesu. Vorösterlich war bei Jesu nicht mehr die traditionelle Rechtschaffenheit und Zugehörigkeit zur Frömmigkeitselite Bedingung, ...(sondern man) wirkt darauf hin, dass das neue Gottesvolk aus Juden und Griechen besteht, alten Gottgläubigen und neu Gewonnenen, Israeliten und Heiden, Monotheisten und ehemaligen Götzendienern – eine unglaubliche, beinahe unvorstellbare Kombination.« (Günter 2009), S. 114
79 (Gerhard Ebeling), Einführung: Theologie, 32, in: Digitale Bibliothek Band 63: Martin Luther, a.a.O., S. 166 (vgl. RGG Bd. 4, S. 505). Härle schließt sich dieser Auffassung an, vergl. Härle (2007), S. 585 f.

tat große Zeichen im Volk. Ferner tat ebenso auch Philippus, der Diakon, des Stephanus Gefährte, Apg. 8, 5, dem auch das Predigtamt nicht befohlen war. Ebenso tat Apollos, Apg. 18, 24. Denn in einem solchen Fall sieht ein Christ aus brüderlicher Liebe die Not der armen gefährdeten Seelen an, und wartet nicht, ob ihm Befehl oder Briefe von Fürsten oder Bischöfen gegeben werden. Denn Not bricht alle Gesetze und hat kein Gesetz. So ist die Liebe schuldig zu helfen, wo sonst niemand ist, der hilft oder helfen sollte. «[80] Hier liegt auch die entscheidende Differenz zum katholischen Kirchenverständnis: »Während die römisch-katholische Ekklesiologie die unsichtbare Kirche, den mystischen Leib Christi, als `Ursakrament´ an die sichtbare Kirche als Mittlerin der Heilsfülle bindet und den Papst als Stellvertreter Christi auf Erden betrachtet, ist für die Reformatoren eine solche Identifizierung unmöglich. «[81]

Luther begründet das Priestertum aller Gläubigen und sagt konsequent über das Amt des Prediger bzw. Pfarrers: »Drum sollte ein Priesterstand in der Christenheit nicht anders sein als ein Amtmann: dieweil er im Amt ist, geht er vor; wo er abgesetzt ist, ist er ein Bauer oder Bürger wie die andern. Ebenso wahrhaftig ist ein Priester nicht mehr Priester, wenn er abgesetzt wird. Aber nun haben sie characteres indelebiles erdichtet und schwätzen, dass ein abgesetzter Priester dennoch etwas anderes sei als ein schlichter Laie. Ja, ihnen träumet, es könne ein Priester nimmermehr anderes als ein Priester, oder ein Laie werden; das sind alles von Menschen erdichtete Reden und Gesetze.«[82]

Das Amt des Pfarrers, der gemäß seiner individuellen Fähigkeiten das Wort verständlicher verkünden kann als andere, somit zu dieser Aufgabe im Weberschen Sinne »berufen« ist, ist für den frühen Luther sinnvoll, aber nicht theologisch zwingend notwendig – heute würden wir das als Notwendigkeit zur Professionalisierung aus pragmatischen Gründen be-

---

80 Martin Luther, Dass eine christliche Versammlung oder Gemeinde Recht und Macht habe (1523), 10, in: Digitale Bibliothek Band 63: Martin Luther, S. 3784 (vgl. Luther-W. Bd. 6, 52). Es wird hier auch deutlich, dass es für Luther selbstverständlich war, dass der Glauben sich im Handeln des Gläubigen verkörpert, somit Glaube und Diakonie eins sind, worauf in Kap. 2.2.2, 57 ff. besonders eingegangen wird.
81 L. Gassmann, Reformatorisches Kirchenverständnis, http://www.bibleonly.org/german/handbuch /Reformatorisches_Kirchenverstaendnis.html (abgerufen am 13.Januar 2013)
82 Martin Luther: An den christlichen Adel deutscher Nation von des christlichen Standes Besserung (1520), 9, in: Digitale Bibliothek Band 63: Martin Luther, S. 1332 (vgl. Luther-W Bd. 2, 161-162)

schreiben:[83] »So folgt aus diesem, dass Laien, Priester, Bischöfe und, wie sie sagen, ˋGeistliche´ und ˋWeltliche´ im Grunde wahrlich keinen anderen Unterschied haben als des Amtes oder Werkes halber und nicht des Standes halber. Denn sie sind alle geistlichen Standes, wahrhaftige Priester, Bischöfe und Päpste, aber nicht gleichen... einerlei Werkes, gleichwie auch unter den Priestern und Mönchen nicht ein jeglicher dasselbe Werk hat.«[84] Gleichwohl bedarf die Kirche als einem indirektem Kennzeichen berufener Pfarrer bzw. Prediger bzw. Ämter, die diese bestellen sollen: »Denn die Gemeinde im ganzen kann solches nicht tun, sondern sie muss sie einem befehlen oder befohlen sein lassen. Was wollte sonst werden, wenn ein jeglicher reden oder reichen, und keiner dem andern weichen wolle? Es muss einem allein befohlen werden, und ihn allein (muss man) predigen, taufen, absolvieren und Sakramente reichen lassen; die andern alle (müssen) damit zufrieden sein und darein willigen.«[85]

Durch die Verkündigung des Wortes, durch gewonnenen Glauben, die Sakramentsverwaltung und das Handeln der Gläubigen entsteht aus der von Gott gegebenen unsichtbaren Kirche die sichtbare Kirche und Gemeinde.[86] Für Luther steht das ganze Leben und Wesen der Kirche im Worte Gottes, das in Jesus Christus Mensch geworden ist.

Verkündigung des Wortes und Bekenntnis sind eins: »Auch reden wir von solchem mündlichen Wort, wo es mit Ernst geglaubt und öffentlich vor der Welt bekannt wird, wie er sagt (Math. 10, 32 f.): ˋWer nun mich bekennet vor den Menschen, den will ich auch bekennen vor meinem himmlischen Vater´ und seinen Engeln. Denn viele sind, die es wohl heimlich wissen, wollens aber nicht bekennen. Viele habens, die aber

---

83   »Die in der Ordination vorausgesetzte (nicht verliehene!) Eignung hat einerseits den Charakter von Gott verliehener Gaben (Charismen).« zit.: Härle (2007), S. 586

84   Martin Luther: An den christlichen Adel deutscher Nation von des christlichen Standes Besserung (1520), S. 8, in: Digitale Bibliothek Band 63: Martin Luther, S. 1331 (vgl. Luther-W Bd. 2, Göttingen 2003, 161)

85   Martin Luther: Von den Konzilen und der Kirche (1539), a.a.O., S. 27; für Luther ging es in dieser Phase seines Lebens auch darum, die evangelische Kirche zu sichern und hierzu bedurfte es wohl auch der Pfarrer.

86   »Deswegen (und in dieser Indirektheit) gehören die Ämter zu den Kennzeichen rechter sichtbarer Kirche. Übertragen wird das ordinierte Amt von der *Gemeinde* in ihrer Gesamtheit... Das ordinierte Amt ist damit ein von der Gemeinde *verliehenes* Amt ... mit der Ordination erkennt die Gemeinde (freilich auf irrtumsfähige Weise) die vorhandene geistliche und theologische Eignung zur öffentlichen Amtsübung an...«, zit.: Härle (2007), S. 586

2. Zur theologischen Fundierung diakonischer Unternehmen als Diakoniegemeinde

nicht daran glauben noch danach tun. Denn wenige sind ihrer, die daran glauben und danach tun,...«[87] Dietrich Bonhoeffer weist in diesem Zusammenhang konkretisierend zu Recht darauf hin, dass die Erscheinungsform der sichtbaren Kirche als Glaubensgemeinschaft nicht mit dem Wesen der unsichtbaren Kirche als Reich Gottes verwechselt werden darf: »...die Wirklichkeit der Kirche, die geschichtliche Gemeinschaft und gottgesetzt zugleich ist (...) *Die Realität der Kirche ist eine Offenbarungsrealität, zu deren Wesen* es gehört, entweder geglaubt oder geleugnet zu werden. (...) *Nur aus dem Offenbarungsbegriff kommt man zum christlichen Kirchenbegriff.*«[88] Jeder einzelne Mensch muss sich also zu seinem Glauben entscheiden (oder nicht). Da das Wort im Neuen wie im Alten Testament allen offen steht, bedarf es in letzter Konsequenz noch nicht einmal der Verkündigung durch einen Menschen, sondern allein der erlebten individuellen Glaubensoffenbarung bzw. der Erfahrung des Glaubens durch das Lesen des Evangeliums.[89] Erst durch gemeinsamen Glauben entsteht sichtbare Kirche und kann daher nur in ihrer sozialen Gestalt und Ausformung gelebt und begriffen werden.[90] Der Glaube allein führt demnach zur Erkenntnis der von Gott gesetzten Gemeinschaft der Gläubigen und damit des Wesens der unsichtbaren Kirche.[91] Die Notwendigkeit der sichtbaren Kirche kann nicht bewiesen werden, sondern sie existiert durch den Glauben an die Offenbarung und kann nach D. Bonhoeffer konsequenter Weise »Nur aus der Wirklichkeit ... geschlossen werden.«[92]

Sichtbare Kirche ist in diesem Verständnis Glaubens- und Bekenntnisgemeinschaft. Die sichtbare Kirche hat als ein Kennzeichen berufene Pfarrer bzw. Prediger bzw. Ämter für die öffentliche Verkündigung des Wortes, für die Sakramentsverwaltung und als Träger für den entspre-

---

87 Martin Luther: Von den Konzilen und der Kirche (1539), S. 22, in: Digitale Bibliothek Band 63: Martin Luther, 3743 (vgl. Luther-W Bd. 6, Göttingen 2003, 35)
88 Bonhoeffer (2006), S. 32 ff. (Hervorhebungen im Original)
89 Es verwundert nicht, dass die Reformatoren daher der allgemeinen schulischen Bildung einen prioritären Platz einräumten, denn mit dem Lesen der Bibel wird eigene Glaubenserkenntnis dann erst für jeden Einzelnen überhaupt möglich.
90 Der Einzelne erlebt sich selbst als Gläubigen in der Gemeinde und vermittelt dadurch Kirche.
91 Erkenntnis heißt hier nicht vollständige Erkenntnis, denn die gottgesetzte Gemeinde kann der einzelne Mensch allein nicht erfassen, sie bleibt letztlich unanschaulich: »Die Geisteinheit der Gemeinde ist gottgewollte ursprüngliche Synthesis, sie ist nicht herzustellende, sondern gesetzte Beziehung (iustitia passive!), die im Unanschaulichen bleibt.«, (Bonhoeffer 2006), a.a.O., S. 41
92 Zit. (Bonhoeffer 2006), S. 35

2. Zur theologischen Fundierung diakonischer Unternehmen als Diakoniegemeinde

chenden Diskurs. Zu Recht stellt sich die Frage, wie denn nun dieser Glaube (soziale) Gestalt annimmt und was christliche sichtbare Kirche und Gemeinde in ihrem öffentlichen Bekenntnis an konkreten sozialen Ausdrucksformen kennzeichnet:[93]

Paulus unterscheidet terminologisch nicht zwischen Einzel- und Gesamtgemeinde, sondern für ihn repräsentiert die Einzelgemeinde die Gesamtgemeinde, die als Gemeinde Gottes an verschiedenen Orten gegenwärtig ist. Gesamt-, Lokal- und Hausgemeinden verkörpern jeweils als unterschiedliche Erscheinungsformen die `ecclesia visibilis´, während nach paulinischem Verständnis die `ecclesia invisibliis´ Gegenstand des Glaubens und nicht des Schauens ist, wie der pluralistische Gebrauch des Begriffs Einzelgemeinde [z.B. 1 Kor 11,16 oder 1 Thess 2,14] verdeutlicht.[94]

In seiner Schrift »Von den Konzilen und der Kirche« (1539) beschreibt der späte Luther neben den genannten Kennzeichen des gegebenen Wortes Gottes und dessen Verkündigung und Handeln im Glauben, die Taufe und das Abendmahl als prioritäre Kennzeichen christlicher Kirche (notae ecclesiae). Daneben als weitere Kennzeichen (notae externae): das Amt der Schlüssel (Beichte und Absolution), das Gebet und das Kreuz als Leidensnachfolge Christi. Neben dem Wort sind Taufe und Brot (Abendmahl) Wahrzeichen, Marke und Kennzeichen (symbola, tesserae et characteres) der Christen: »... wo Gottes Wort ist, da muss die Kirche sein, ebenso auch, wo die Taufe und das Sakrament (des Abendmahls) sind, da muss Gottes Volk sein, und umgekehrt. Denn solche Heiligungsmittel hat, gibt, übt, braucht, bekennt niemand als allein Gottes Volk, ob auch gleich etliche falsche und ungläubige Christen verborgen darunter sind. Aber diese entheiligen das Volk Gottes nicht, ...«[95]

Die sichtbare Kirche wird hier als »corpus mixtum«, als Gemeinde von Glaubenden und Heuchlern gesehen, doch wird für Luther die Gemeinde dadurch nicht entheiligt, da Gottes Wort durch den heiligen Geist wirkt.

---

93 Gemeinde ist hier und im Folgenden wie folgt definiert: »Die Gemeinde (im Verbund mit anderen Gemeinden) ist die unterste »selbstständige«, d.h. in sich voll funktionsfähige Einheit in der christlichen Kirche.« zit.: Härle (2007), 593; somit ist prinzipiell auch denkbar, dass eine Gemeinde keinerlei Binnendifferenzierung besitzt, sondern alle Funktionen gemeinsam und einheitlich wahrnimmt wie Gottesdienst, Unterweisung, Seelsorge, Diakonie und Wahrnehmung der gesellschaftspolitischen Verantwortung, vgl. a.a.O., S. 593
94 Diese Auslegung folgt Georg Strecker: Strecker (1995), S. 194
95 Martin Luther: Von den Konzilen und der Kirche (1539), S. 25, in: Digitale Bibliothek Band 63: Martin Luther, S. 3746 (vgl. Luther-W Bd. 6, Göttingen 2003, S. 36 f.)

2. Zur theologischen Fundierung diakonischer Unternehmen als Diakoniegemeinde

Zudem kann der Mensch nicht erkennen, wer wahrhaftig glaubt oder nicht, sondern allein aus dem verkündeten Wort wird nach Luther Glaube geschöpft und die sichtbare Kirche schafft einen Rahmen zur Glaubensausübung.[96] Die Taufe wie auch das Abendmahl sind in diesem Verständnis Kennzeichen der sichtbaren Kirche, *begründen* diese aber nicht, da nach Luthers Verständnis nur der Glaube allein sichtbare Kirche begründet.[97]

Ganz in diesem Sinne bestimmt Wolfgang Härle die verborgene Kirche, wenn er formuliert: »Die verborgene Kirche, also die Gemeinschaft der Glaubenden, ist *eine*, so wahr sie durch das *eine* geistgewirkte Wort Gottes, das in Jesus Christus Mensch geworden ist, konstituiert wird.«[98]. Demnach sind alle Menschen, die an Jesus Christus glauben, Teil einer Gemeinschaft, die hinsichtlich dessen, was sie konstituiert, unteilbar ist. »Diejenigen, die zur Gemeinschaft der Glaubenden gehören, gehören dadurch *Gott*... Alles, was Gott gehört, und nur das, was Gott gehört, ist heilig. Deswegen *ist* die Gemeinschaft der Glaubenden *heilig*..., die Gemeinschaft der Heiligen.«[99] Gottes Wort ist unbegrenzt und gilt allen Menschen und somit ist die Gemeinschaft der Glaubenden allumfassend, universal und in diesem Sinne *katholisch*. Und die verborgene Kirche ist apostolisch, da sie sich konstituiert auf dem »Fundament des apostoli-

---

96 Bei den Reformatoren Melanchthon und zugespitzt dann bei Calvin bekommt zusätzlich der Erziehungsaspekt eine entscheidende Rolle. »Der Erziehungsgedanke mit dem Ziel der Heiligung der Christen und der Vollkommenheit ihrer Gemeinschaft ist grundlegend für Calvins Kirchenverständnis.«, Kühn (1990), S. S60

97 Beispielhaft für andere zeigt sich dieses Verständnis als kirchliche Übung und rechtliche Zuordnung auch im Taufgesetz der Ev.-lutherischen Landeskirche Hannovers: Durch die Taufe wird der Täufling in die Landeskirche aufgenommen bzw. erwirbt der nach dem Konfirmationsalter Getaufte mit der Taufe die Zulassung zum Abendmahl und das Patenrecht, vgl. § 7 Kirchengesetz über die Taufe vom 5. März 1971 (KABl.1971, 60), zuletzt geändert durch das Kirchengesetz vom 13. Dezember 2006, KABl. 2006, S. 43, vgl. http://www.kirchenrecht-evlka.de/showdocument/id/21019 (abgerufen am 16.04.2014)

98 Härle (1989), S. 290; W. Härle spricht m.E. zu Recht lieber von der *verborgenen* Kirche wie es auch Luther tat, denn von der *unsichtbaren* Kirche, da diese Begrifflichkeit eine Verhältnisbestimmung zur sichtbaren Kirche aufbaut, die die sichtbare Kirche allein reduziert auf das corpus permixtum und damit als etwas rein Negatives. Die positive Bedeutung der äußerlich-sichtbaren Kirche gerät damit aus dem Blick – die Bereitstellung der äußerlichen Bedingungen, die für die Entstehung und Erhaltung der Gemeinschaft der Glaubenden notwendig (aber nicht hinreichend) sind: Wortverkündigung, Sakrament und das Lebenszeugnis, das Glauben erwecken will, vgl. a.a.O., S. 287 f.

99 W. Härle, a.a.O., S. 290

2. Zur theologischen Fundierung diakonischer Unternehmen als Diakoniegemeinde

schen Christuszeugnisses.«.[100] In diesem Sinne ist Kirche »Kirche für Andere« als Stellvertretung der Glaubenden (und Getauften) für die Nicht-Glaubenden bzw. Nicht-Getauften.

Für die rechte sichtbare Kirche sind Gemeinde und das einzelne Gemeindeglied somit »gottgesetzte(s) strukturelles Miteinander« und durch das tätige Füreinander der Glieder, das Prinzip der Stellvertretung und durch Offenheit für andere Menschen nach D. Bonhoeffer charakterisiert.[101] Das Füreinander der Glieder aktualisiert sich in der Tat der Liebe, die drei »große positive Möglichkeiten des Füreinanderwirkens in der Gemeinschaft der Heiligen« hat: die entsagungsvolle, tätige Arbeit für den Nächsten, das Fürbittengebet und das gegenseitige Spenden der Sündenvergebung im Namen Gottes.[102] Dieses Kirchenverständnis grenzt sich durch seine Betonung der Untrennbarkeit von Gottes Wort und der sozialen Gestalt des Glaubens der Glaubenden klar ab von anderen Kirchenverständnissen, die allein »… die reine Evangeliumspredigt und die evangeliumsgemäße Darreichung der Sakramente (als *die* fundamentalen Kennzeichen der rechten (sichtbaren) Kirche« und alle anderen Kennzeichen wie Amt, Taten der Liebe usw. als nachrangige Kennzeichen sehen.[103]

Entsagungsvolle, tätige Arbeit für den Nächsten ist biblisch klar definiert: »In einem jeden offenbart sich der Geist zum Nutzen aller. « (1 Kor 12,7)[104] D. Bonhoeffer sieht die Begabung eines jeden Einzelnen materieller, geistiger oder geistlicher Art ihrem Zweck nach erst erfüllt in der Gemeinde.[105] In diesen sozialen Kontext ordnet er auch das Fürbittengebet und das Beten schlechthin ein, denn nur in der Gemeinde und damit sichtbaren Kirche als Geisteinheit entfaltet sich das Gebet – »Das Blut (…) der

---

100 W. Härle, a.a.O., S. 290
101 Zit. Bonhoeffer (2006), 36, vgl. auch Härle (2007), S. 585 ff.. Ich folge in diesem Absatz im Wesentlichen Bonhoeffer (2006), 36 ff. Siehe auch die eindrucksvolle Auseinandersetzung D. Bonhoeffers mit den Deutschen Christen anlässlich der Einführung des sogenannten Arierparagrafen in das kirchliche Beamtenrecht: »Kirche ist die Gemeinde der Berufenen, in der das Evangelium recht gepredigt und die Sakramente recht verwaltet werden, *die kein Gesetz für die Zugehörigkeit zu ihr errichtet.*« (Hervorhebung durch J.R.) Bonhoeffer (2006a), S. 84; Bonhoeffer geht bzgl. der Offenheit von Kirche an dieser Stelle über den ansonsten klar Luther folgenden Kirchenbegriff hinaus.
102 Ders., a.a.O., S. 37
103 Zit. Härle (1989), 291; vgl. auch Kühn (1989), S. 1076 f.
104 Bibel (1997)
105 Bonhoeffer (2006), S. 36

2. Zur theologischen Fundierung diakonischer Unternehmen als Diakoniegemeinde

Kirche ist das Gebet füreinander.«[106] Und die Vergebung der Sünden, die jeder für den anderen in pfarrerlicher Vollmacht vollziehen kann, kann dementsprechend nur vollzogen werden in der Gemeinschaft der Heiligen, in der Kirche, auf die allein sich die Verheißung Christus gegenüber seinen Jüngern bezieht. Sünden vergeben kann nur derjenige, der sie selbst auf sich nimmt, trägt und tilgt und das ist Christus. Hier ist die Gemeinschaft Christi, die für den Einzelnen nur Kraft seiner Mitgliedschaft in dieser Gemeinde und Kirche erlebbar wird: »Welchen ihr die Sünden erlasst, denen sind sie erlassen; und welchen ihr sie behaltet, denen sind sie behalten. (Joh 20, 23)«.[107]

Luther drückt dieses Verständnis von Kirche auch in seinen weiteren Kennzeichen der Kirche aus:

- der Beichte bzw. Absolution: »Wo du nun siehst, dass man Sünde vergibt oder zurechtweist an etlichen Personen, es sei öffentlich oder verborgen, da wisse, dass Gottes Volk da sei ... wo die Absolution nicht ist, da ist Gottes Volk nicht. Denn Christus hat sie deshalb hinterlassen, damit ein öffentliches Zeichen und Heiligtum sein sollte, durch das der heilige Geist (aus Christi Sterben erworben) die gefallenen Sünder wieder heiligt und mit dem die Christen bekennen, dass sie ein heiliges Volk unter Christus in dieser Welt sind.«[108]
- dem Gebet: »Denn das Gebet ist auch eins der teuren Heiligungsmittel durch das alles heilig wird, wie Paulus sagt (1. Tim 4, 5). So sind die Psalmen auch lauter Gebete, darin man Gott lobt, dankt und ehrt. Und das Glaubensbekenntnis und die zehn Gebote sind auch Gottes Wort und alles lauter Heiligungsmittel, durch die der heilige Geist das heilige Volk Christi heiligt.«[109]
- und dem Kreuz und der Auferstehung: »... dass es alles Unglück und Verfolgung, allerlei Anfechtung und Übel (wie das Vaterunser betet) vom Teufel, von Welt und Fleisch (inwendig: trauern, verzagt sein, erschrecken, auswendig: arm, verachtet, krank, schwach sein) leiden muss, damit es seinem Haupte, Christus, gleich werde. Und die Ursache dafür soll auch allein diese sein, dass es fest an Christus und Got-

---

106 Bonhoeffer (2006), S. 38
107 Bonhoeffer (2006), S. 40
108 Martin Luther: Von den Konzilen und der Kirche (1539), a.a.O., S. 26
109 Martin Luther: Von den Konzilen und der Kirche (1539), a.a.O., S. 28; Bonhoeffer erweitert dieses Verständnis des Gebetes mit seiner Formulierung als »Blut der Kirche« um die soziale Dimension des Erlebens des Füreinander durch Vergebung, vgl. Fußnote 106

2. Zur theologischen Fundierung diakonischer Unternehmen als Diakoniegemeinde

tes Wort hält und so um Christi Willen leide...«[110] Das Kreuz und die Auferstehung sind die Zeichen der Einsicht in die Grenzen menschlichen Tuns und die mit diesem Tun immer verbundene Fehlerhaftigkeit und damit Sündhaftigkeit menschlichen Daseins. Selbst wenn sich der Mensch an Christus und Gottes Wort hält, kann er nur an der Begrenztheit und Schuldhaftigkeit menschlichen Tuns um Christi Willen leiden. In den Worten D. Bonhoeffers: »... denn die Anfechtung liegt begründet in der Erkenntnis der eigenen Schuld an der Weltschuld, oder was dasselbe ist, der eigenen Schuld am Tode Christi.«[111] Doch durch seinen Tod am Kreuz übernimmt Christus die Leiden der Welt und überwindet die Herrschaft des Todes durch seine Auferstehung und durch die Verheißung des Reiches Gottes auf Erden im Jüngsten Gericht.

D. Bonhoeffer versteht Luther entsprechend: Gott offenbart sich »in der Kirche als Person.« Die Gemeinde ist in diesem Verständnis »... die letzte Offenbarung Gottes als 'Christus als Gemeinde existierend', verordnet für die Endzeit der Welt bis zur Wiederkunft Christi.« Kirche ist somit eine von Christus geschaffene, in ihm begründete Gemeinde, in der sich Christus »als die neue Menschheit selbst offenbart.«[112] Gemeinde ist die Gemeinschaft der Heiligen, ist nach reformatorischen Selbstverständnis also überall dort, wo gepredigt und die Sakramente rein verwaltet werden und folglich gläubige Christen im Namen Jesus Christus zusammenkommen, vermittelt durch den Heiligen Geist, und tätige Nächstenliebe leben. Der Einzelne ist durch seinen Glauben und sein Tun Teil dieser Gemeinschaft.[113] Kirche hat somit eine universale Dimension als ecclesia universalis, die sich in der Gemeinde konkretisiert und aktualisiert.

Im geschichtlichen Kontext der heutigen Zeit erschließt sich christlicher Glauben »durch die gegenwärtigen Erscheinungsformen christlichen Glaubens als dem Ort, an dem jede theologische Besinnung auf das Wesen des christlichen Glaubens stattfindet.«[114] Am Anfang steht das Wort, über das der einzelne Mensch Glauben gewinnen kann. Dabei besteht ein enger Zusammenhang zwischen dem Hören des Evangeliums und dem neuen Gehorsam, der sich im Tun des Gläubigen äußert - eine Glaubenserfah-

---

110 Martin Luther: Von den Konzilen und der Kirche (1539), a.a.O., S. 28 f.
111 Bonhoeffer (2006), S. 38
112 Bonhoeffer (2006), S. 65 f.
113 »Denn wo zwei oder drei versammelt sind in meinem Namen, da bin ich mitten unter ihnen.« (Mt.18, 20), Bibel (1997)
114 Härle (2007), S. 79

rung, die sich nicht zufällig in der Abfolge der entsprechenden Artikel des Augsburger Bekenntnisses (CA) widerspiegelt: Artikel 5 spricht vom Hören des Wortes durch das Predigtamt, das eingesetzt ist, »um den Glauben zu erlangen.«[115] Artikel 6 versteht unter dem »neuen Gehorsam«, dass der durch das Wort vermittelte und damit erfahrbare Glaube »gute Früchte und Werke hervorbringen soll und dass man gute Werke tun muss ... doch ... nicht ... um dadurch Gnade vor Gott zu verdienen.«[116] Der gläubige Mensch ist aus seinem Glaubens- und damit Menschenverständnis her zu einem spezifischen Tun gegenüber allen anderen Menschen angehalten, da er sich in der Nachfolge Jesu Christi begreift, das zu einem bestimmten Handeln gegenüber anderen Menschen führt.[117] Erst danach spricht Artikel 7 von der Kirche als der Gemeinschaft der Gläubigen, die dann nicht ausschließlich verstanden werden darf als Gottesdienst feiernde Gemeinde, sondern als diejenige, die hört, im Nächsten Christus erkennt und dies in ihrem Tun ausdrückt. Die in diesem gläubigen Selbstverständnis handelnden Christen bilden somit eine diakonisch tätige Gemeinde und einen alltäglichen Ort der Gottesbegegnung.[118] Mit diesem Selbstverständnis wird es für die Kirche möglich, »... den Übertritt aus dem Genus der Rede in das Genus diakonisch-korporativen Seins und Tuns zu vollziehen.«[119]

Kennzeichen sichtbarer Kirche ist somit neben der Verkündigung und der Verwaltung der Sakramente auch diakonisch gemeindliches Handeln. Dieses Handeln ist nicht nur als ethisches Gebot für individuelles Handeln gegenüber allen Menschen zu verstehen, sondern auch im ökumenischen Sinn als offene Gemeinde verbunden mit der Aufforderung zum Disput über den eigenen Glauben mit anderen Menschen: Christlicher Glaube geht davon aus, dass ein Mensch außerhalb der sichtbaren Kirche in irgendeiner Form der Verkündigung des Evangeliums begegnet und »in die

---

115 Vereinigte Evangelisch-Lutherische Kirche Deutschlands (VELKD) (2012), XL; so auch Christoph Künkel, Direktor des Diakonischen Werks der Ev.-lutherischen Landeskirche Hannovers im November 2012 in einem Vortrag vor der Synode der Ev.-luth. Kirche Hannovers (unveröffentlicht);
116 Vereinigte Evangelisch-Lutherische Kirche Deutschlands (VELKD) (2012), XL
117 »Diakonie und Gemeinde sind gleichzeitig; und deshalb kann die eine nicht ohne die andere sein – und umgekehrt. - Deshalb ist es angemessener, statt von Lebensäußerung lieber von Diakonie als unverzichtbarer Lebensfunktion zu sprechen.« Haas (2004), 53 – Glaube und Handeln lassen sich in ihrer Sozialgestalt nicht voneinander trennen, auch wenn es keine Werk-gerechtigkeit gibt.
118 Christlicher Glaube ist in diesem Verständnis in seiner Sozialgestalt immer auch diakonisch.
119 Philippi (1981), S. 633

2. Zur theologischen Fundierung diakonischer Unternehmen als Diakoniegemeinde

Lebensbewegung des Glaubens an Jesus Christus gebracht wird ... Denn zum *Inhalt* des christlichen Glaubens gehört auch die Gewissheit, dass der göttliche Heilswillen universal ist, sich also nicht auf die Glieder der sichtbaren Kirche *beschränkt*.«[120] Nur so kann sich im Bonhoefferschen Sinne auch Glauben offenbaren.[121]

Doch finden sich diese Kennzeichen sichtbarer Kirche bzw. Gemeinde und diakonischen Handelns auch in diakonischen Unternehmen?

2.2.3 Diakonische Unternehmen als Kirche

Ein diakonisches Unternehmen weist im Allgemeinen alle Kennzeichen von sichtbarer Kirche und Gemeinde auf: In ihm arbeiten gläubige Christinnen und Christen in tätiger Nächstenliebe, die die Kultur eines Unternehmens maßgeblich prägen und eine Gemeinde gemeinsam mit den ihnen Anempfohlenen bilden.[122] Alle wesentlichen Kennzeichen sichtbarer Kirche und Gemeinde sind in einem diakonischen Unternehmen gegeben: Die Verkündigung des Wortes und die Sakramentsverwaltung - auch durch entsprechend ausgebildete Pastor/innen bzw. Diakon/innen -, die u.a. in vielen Unternehmen auch im Vorstand vertreten sind, findet dort

---

120 Härle (2007), S. 576 (Hervorhebung im Originaltext)
121 Dieses Gemeindeverständnis würde eine ACK-Klausel auch überflüssig machen: Die sogenannte ACK-Klausel entsprechend der Loyalitätsrichtlinie der EKD (vgl. Ev. Kirche in Deutschland (EKD) (2005)), nach der diakonische Unternehmen nur Mitarbeiterinnen und Mitarbeiter beschäftigen dürfen, die einer Kirche des Arbeitskreises christlicher Kirchen angehören, und die z.B. in Niedersachsen weitgehend konsequent in den diakonischen Einrichtungen umgesetzt wird, kann in Gebieten wie Ostdeutschland, in der die große Mehrheit der Bevölkerung aufgrund der geschichtlichen Entwicklung schon in der zweiten bis dritten Generation nicht mehr einer Kirche angehören, so nicht funktionieren: Es wird von den Betroffenen ein Bekenntnis zu einem Glauben gefordert, dass sie – wenn überhaupt – erst nach längerer Auseinandersetzung abgeben können – anders als in Gebieten, in denen wie in Westdeutschland der christliche Glauben noch die Mehrheitsgesellschaft prägt und ein Kirchen(wieder)eintritt weniger ein Bekenntnis denn einer Zuordnung gleich kommt. Zur Auseinandersetzung mit der ACK-Klausel s. Kap. 4.2.2 Diakonische Unternehmen als Diakoniegemeinde und Dienstgemeinschaft, S. 165 ff.
122 Es findet hier ein bewusster Perspektivwechsel statt: die parochiale Sichtweise wird durch eine diakonische Sichtweise ergänzt, ganz im Sinne von MK 10, 35-45. Haas hat schon darauf hingewiesen, dass die diakonische Gestalt »keine Frage der *Ethik*, sondern eine Frage der *Identität* der christlichen Gemeinde (ist).« Haas (2004), S. 52

2. Zur theologischen Fundierung diakonischer Unternehmen als Diakoniegemeinde

ebenso statt wie die »entsagungsvolle, tätige Arbeit für den Nächsten« und die Fürbitte im Sinne Bonhoeffers als Handeln aus christlichem Glauben heraus. Damit kann ein diakonisch tätiges Unternehmen für sich allein schon Gemeinde und sichtbare Kirche sein. Sie ist somit nicht nur »Lebens- und Wesensäußerung« der Kirche, denn auch in dieser Form von Diakoniegemeinde konkretisiert und aktualisiert sich Kirche.

Die Suche nach der von A. Jäger geforderten »theologischen Achse« eines diakonischen Unternehmens muss somit neben der spezifischen Ausgestaltung der Organisation des Unternehmens über den Gemeindebegriff und eine entsprechende Integration in die gesamte verfasste Kirche erfolgen:[123] Gemeinde als diakonisches Unternehmen, Diakonisches Unternehmen als Gemeinde. - Ein diakonisches Unternehmen ist Diakoniegemeinde.

Ganz im lutherischen und bonhoefferischen Selbstverständnis müssen in diesem Unternehmen auch nicht ausschließlich gläubige Christinnen und Christen tätig sein: Wie in einer territorial begrenzten Parochie immer auch nicht getaufte Menschen bzw. nicht gläubige Menschen als »ecclesia permixtum« zusammenleben, ist dies auch in der »Diakoniegemeinde« bzw. der »Diakonischen Unternehmensgemeinde" möglich. Theologisch entscheidend ist, dass Gottesdienste abgehalten und die Sakramentsverwaltung gewährleistet ist und somit christlicher Glaube die Kultur, das alltägliche Handeln und das Selbstverständnis des Unternehmens prägen, von den Mitarbeitenden mitgetragen und - hoffentlich - mit den Hilfesuchenden bzw. Nächsten ein Diskurs hierüber stattfindet bzw. selbst von diesen gesucht wird.[124] Mit dem Beitritt zum Unternehmen über einen Arbeitsvertrag erklärt ein Mitarbeiter seinen Beitritt zur Diakoniegemeinde und erkennt somit diese christliche Prägung und Ausrichtung an.

Von dieser maßgeblichen Prägung geht z.B. auch die Zuordnungsrichtlinie der Ev. Kirche in Deutschland (EKD) aus, wenn sie für Mischträgerschaften diakonischer Einrichtungen in § 5 festlegt: »... bei der Beteiligung ökumenischer oder nichtkirchlicher Partner an der Trägerschaft einer (diakonischen) Einrichtung ist diese der evangelischen Kirche gemäß § 3 zuordnungsfähig, wenn die in §§ 2 und 4 genannten Voraussetzungen vor-

---

123 Hier findet eine bewusste Neuformulierung der von Jäger formulieren »theologischen Achse« statt, vgl. Jäger (1984), S. 64 ff.
124 Hierneben gibt es weitere kirchenrechtliche Anforderungen an Gemeinde, denen in dem folgenden Kapitel nachgegangen wird. Zum Begriff des Nächsten vgl. Kap. 4.2.1 Diakonisches Handeln: Der Hilfeprozess als Partizipation und Assistenz, S. 157 ff.

2. Zur theologischen Fundierung diakonischer Unternehmen als Diakoniegemeinde

liegen und der diakonische Partner in allen Fragen, die die Zuordnung zur Kirche betreffen, entscheidenden Einfluss ausüben kann.«[125]
Aus theologischer Sicht müssen somit diakonische Unternehmen zur Verkündigung des Wortes und zur Sakramentsverwaltung befähigt sein - u.a. durch entsprechend ausgebildetes Personal (Pastor/inn/en bzw. Diakon/inn/en) - und die »Kirchlichkeit« muss sich in ihren alltäglichen Prozessen wie auch in ihren Führungsstrukturen widerspiegeln, um eine

---

125 Zit. (EKD, 2007), 405; »§ 2 Grundlagen - Grundlegende Kennzeichen diakonischer Werke und Einrichtungen als Wesens- und Lebensäußerungen der Kirche sind die Erfüllung eines kirchlichen Auftrags im Einklang mit dem Selbstverständnis der Kirche sowie die kontinuierliche Verbindung zur Kirche. Die Erfüllung des Auftrags vollzieht sich in der Dienstgemeinschaft aller Mitarbeitenden in beruflicher und ehrenamtlicher Tätigkeit. ...§ 4 Zuordnungsvoraussetzungen - (1) Diakonische Einrichtungen erfüllen die kirchlich-diakonischen Zwecke und Aufgaben, die jeweils in der Satzung verankert sind. Sie ermöglichen eine seelsorgliche Begleitung derjenigen, denen der diakonische Dienst gilt, und der Mitarbeitenden. (2) Die kontinuierliche Verbindung von diakonischer Einrichtung und Kirche wird gewährleistet durch Personen, die aufgrund eines kirchlichen Auftrags in der Einrichtung als geborene oder gewählte Organmitglieder mitwirken, Mitwirkung des Diakonischen Werkes der EKD bzw. des Landesverbandes der Diakonie oder der Kirche bei Satzungsänderungen und die erklärte Bereitschaft, das einschlägige kirchliche Recht anzuwenden. (3) Die Gemeinwohlorientierung diakonischer Einrichtungen wird sichergestellt. Gewinne werden für diakonische Zwecke verwendet. Unverhältnismäßige Gehälter und unverhältnismäßige sonstige Zahlungen werden ausgeschlossen. Für den Fall der Auflösung oder Aufhebung einer Einrichtung wird eine gemeinwohlorientierte Anfallsberechtigung in der Regel zugunsten von Trägern kirchlich-diakonischer Arbeit in der Satzung oder sonstigen konstituierenden Ordnung vorgesehen. (4) Die Erfüllung eines kirchlichen Auftrags im Einklang mit dem Selbstverständnis der Kirche kann insbesondere erkennbar werden durch die Entwicklung eines Leitbildes und Gestaltung der Außendarstellung, die Mitwirkung von Ehrenamtlichen, die den kirchlich-diakonischen Auftrag mittragen, die Qualifizierung und Förderung der Mitarbeitenden im Blick auf die geistliche Dimension von Leben und Arbeit, das Vorhalten von Räumlichkeiten für Gottesdienste, Andachten, seelsorgliche Gespräche oder die persönliche Besinnung, die Feier von Gottesdiensten oder Andachten, vor allem bei der Einführung von Mitarbeitenden. (5) Die institutionelle Verbindung von diakonischer Einrichtung und Kirche kann insbesondere erkennbar werden durch Visitationen und Besuche durch Funktionsträger der Kirche oder des Diakonischen Werkes und regelmäßige Berichte über die Arbeit der Einrichtung, Mitwirkung des Landesverbandes der Diakonie oder der Kirche bei Bestellung und Abberufung von Organmitgliedern, die Gewinnung ehrenamtlich Mitarbeitender aus den Kirchengemeinden, die Finanzierung der Arbeit u. a. aus kirchlichen Kollekten, Zuschüssen und Sammlungen, über deren zweckentsprechende Verwendung Rechenschaft abzulegen ist, gemeinsame Projekte.«, a.a.O.

2. Zur theologischen Fundierung diakonischer Unternehmen als Diakoniegemeinde

(dauerhafte) diakonische Prägung der Unternehmenskultur zu gewährleisten.[126] Die Prozesse in der Diakoniegemeinde müssen so ausgestaltet sein, dass sie ein Hören und Handeln im Sinne der Verkündigung möglich machen.

Was spezifische Charakteristika dieser Unternehmen sind und wie Diakoniegemeinde sich in der Organisationsform und im Management widerspiegeln sollten, wird in Kapitel 4 zu erörtern sein.

Doch wie werden diakonischen Unternehmen, die theologisch gesehen eigenständige Gemeinden sind, in die kirchlich-verfassten Strukturen in Deutschland integriert?

2.2.4 Bipolare kirchenrechtliche Struktur von parochialer Gemeinde und diakonischen Unternehmen

Heute sind diakonische Unternehmen in der Mehrheit übergemeindlich tätig. Wie schon in Kapitel »2.1 Bipolare Struktur von verfasster Kirche und unternehmerischer Diakonie als historischer Prozess« dargestellt, sind diakonische Unternehmen neben der verfassten Kirche aufgebaut worden. Im Regelfall verstanden sie sich historisch als besonderer Teil der verfassten Kirche und sahen sich oft bewusst neben den bestehenden Gemeinden stehend und diese ergänzend.

Eine »Auflösung« dieses Nebeneinanders wurde in der Vergangenheit seitens der verfassten Kirchen durch die Einrichtung von Anstalts- bzw. Personalgemeinden gesucht: Diese Gemeindeformen haben keinen festgelegten geografischen Pfarrbezirk (Parochie) und ihre Mitgliedschaft entsteht durch freiwilligen erklärten Beitritt aus einem gemeinsamen Interesse oder einer gemeinsamen Zielsetzung heraus. Sie sind in Deutschland im 19. Jahrhundert im Zuge der Erweckungsbewegung und der Diakonie ent-

---

126 Inwieweit sich Kirchlichkeit auch in den Führungsstrukturen eines diakonischen Unternehmens widerspiegeln muss, ist umstritten (vgl. Kap. 3): Muss ein Theologe z.B. im Vorstand eines entsprechenden Unternehmens tatsächlich vertreten sein, um kirchliche Praxis in einem diakonischen Unternehmen zu gewährleisten? Nach Meinung des Autors sollte dies der Fall sein, da ein Unternehmen als hierarchische Organisation auch durch die im Vorstand vertretenen Professionen geprägt wird, auch wenn die Ausprägung stark abhängig ist von der personalen Autorität.

2. Zur theologischen Fundierung diakonischer Unternehmen als Diakoniegemeinde

standen, um eine seelsorgerliche Betreuung der Mitglieder der Einrichtungen und diakonisches Handeln sicherstellen zu können.[127] Des Weiteren wurde im 20. Jahrhundert in der Zeit des Nationalsozialismus durch Diakonische Werke eine weitere Anbindung an kirchlich verfasste Strukturen gesucht, so dass heute diakonische Unternehmen in die kirchlich verfassten Strukturen bzw. Organisation vermittels der Zuordnung über die Mitgliedschaft in einem Diakonischen Werk oder durch ihre Anerkennung als kirchliche Stiftung bzw. Einrichtung Teil der Kirche sind.[128] Abgesichert wurde dies in jüngerer Zeit über eine sogenannte Zuordnungsrichtlinie.[129] Damit ist kirchenrechtlich das historisch gewachsene Nebeneinander der diakonischen Einrichtungen und der verfassten Gemeinden festgeschrieben worden.

Jede evangelische Landeskirche in Deutschland, sei sie nun lutherisch, reformiert oder uniert, basiert nach ihrem Selbstverständnis auf der örtlichen Gemeinde nach dem Territorialprinzip, wobei der Wohnsitz des Kirchenmitglieds im Regelfall Grundlage der Zuordnung ist.[130] Der Gemeinde wird ein Pfarramt entsprechend zugeordnet. Dies zeigt eine kurze Auswertung der zwanzig Verfassungen bzw. Grundordnungen der evangelischen Kirchen in Deutschland, die als Gliedkirchen die Evangelische Kirche in Deutschland (EKD) bilden.[131]

Siebzehn von zwanzig Verfassungen – die Ausnahmen sind die oldenburgische, die schaumburg-lippische und die pfälzische Grundordnung bzw. Verfassung – lassen die Einrichtung von Personal- bzw. Anstaltsgemeinden zu. Darüber hinaus können in der Mehrheit der Landeskirchen

---

127 Geiss (1998), S. 839 ff.
128 Vgl. Ev: Kirche in Deutschland (EKD) (2005); Diakonische Werke haben alle Gliedkirchen der EKD eingerichtet ausnahmslos in der Rechtsform eines Vereins; ein Zugang auf jede Internetseite der jeweiligen Landeskirchen findet sich über http://www.ekd.de/ekd_kirchen/gliedkirchen_adressen.html (abgerufen am 20. April 2013); siehe im Übrigen zur Frage der rechtlichen Zuordnung Fußnote 497
129 Rat der Ev. Kirche in Deutschland (EKD) (2007)
130 Viele Verfassungen der Gliedkirchen der EKD lassen bzgl. des Wohnsitzes und der Zuordnung des Gemeindemitglieds aber – je spezifische – Ausnahmen zu, die in der im Anhang 1 erfolgten Ergebniszusammenfassung der Verfassungen bzw. Grundordnungen zwecks Übersichtlichkeit nicht im Einzelnen dargestellt werden. - Neben der Ortsgebundenheit zu einer Gemeinde begründet daneben Taufe und Bekenntnis die Mitgliedschaft verstanden als kirchliche Übung, vgl. Kap. 2.2.2 Kennzeichen von Kirche, Gemeinde und diakonischen Handeln, S. 44 ff.
131 Vgl. »Anhang 1: Auswertung der Evangelischen Kirchenverfassungen in Deutschland« (s. S. 231 ff)

2. Zur theologischen Fundierung diakonischer Unternehmen als Diakoniegemeinde

auch weitere (neue) Gemeindeformen rechtlich zugelassen werden. Einzelne Landeskirchenverfassungen lassen daneben explizit die Bildung von Gemeinden in diakonischen Einrichtungen zu wie bspw. die rheinische Kirche in Art. 12 Abs. 2 ihrer Kirchenordnung.[132] Viele - auch größere diakonische Unternehmen - sind zumindest in Teilen als Anstaltsgemeinden von den Kirchen, in denen sie ihren Sitz haben, zwar anerkannt, doch bezieht sich diese Anerkennung im Regelfall auf einen Ort und nicht auf die Gesamteinrichtungen.[133] Auch die Personalgemeinden sind im Regelfall an eine örtliche Gemeinde und ein entsprechendes Pfarramt gebunden.[134]

Da sich die evangelischen Gliedkirchen als territorial tätige Kirchen verstehen, liegt es nahe, dass die Verbindung diakonischer Unternehmen räumlich im Kern auch nur über die örtliche Gemeinde und das Pfarramt erfolgt. Doch entspricht dies oft nicht mehr der parochialen gemeindlichen Praxis, wie auch der Rat der EKD in seinem EKD-Papier »Kirche der Freiheit« formuliert: »Die unmittelbare Verantwortung für die kirchlichen Handlungsfelder liegt in aller Regel bei den Gemeinden, wobei der Gemeindebegriff weit gedacht werden muss. Er umfasst alle Orte, an denen sich Menschen um das Evangelium versammeln. Auch die vielfältigen, oft locker strukturierten Formen kirchlichen Wirkens gehören dazu. Zielgruppenarbeit, gemeindeüberschreitende Verbände und Gemeinschaften, punk-

---

132 Germann (2012), S. 507
133 Pars pro toto - Es wird immer auf die räumliche Abgrenzbarkeit abgehoben: So heißt es in § 3 (1) des Kirchengesetzes über die Anstaltskirchengemeinden und die Zusammenarbeit zwischen Kirchengemeinden und selbstständigen diakonischen Einrichtungen (Anstaltskirchengemeindegesetz) vom 11. Januar 1985 der rheinischen Kirche: »Bei einer selbstständigen diakonischen Einrichtung kann eine Anstaltskirchengemeinde errichtet werden, wenn Aufgaben einer Kirchengemeinde auf Dauer wahrgenommen werden und die Größe der Einrichtung, ihre räumliche Geschlossenheit sowie die Zahl der Gemeindeglieder dies rechtfertigen.«, in: E. Kirche im Rheinland (1985), 21, zuletzt geändert 2004, a.a.O., 112; auch das Kirchliche Gesetz über besondere Gemeindeformen und anerkannte Gemeinschaften (Personalgemeindegesetz - PersGG) vom 25. Oktober 2007 der Badischen Kirche ist entsprechend gefasst, Badische Kirche (2007), 188; analog ließe sich dies für die anderen Landeskirchen nachweisen.
134 Hier sei an das Anstaltskirchengemeindegesetz der rheinischen Kirche beispielhaft verwiesen, wo die Personalgemeinde gemäß § 2 (2) nur in den Grenzen einer örtlichen Kirchengemeinde tätig sein darf: »Dabei können der Inhaberin oder dem Inhaber einer Gemeindepfarrstelle Verkündigung und Seelsorge und Unterricht und Konfirmandenarbeit in der Einrichtung als selbstständig zu verwaltender Pfarrbezirk (Artikel 55 der Kirchenordnung) oder als personaler Seelsorgebereich (Art. 12 Abs. 3 der Kirchenordnung) in den Grenzen der Kirchengemeinde zugewiesen werden.«, Ev. Kirche im Rheinland (1985), S. 21

2. Zur theologischen Fundierung diakonischer Unternehmen als Diakoniegemeinde

tuelle Verbindungen zur Kirche in Schulen, Krankenhäusern oder Akademien, der Deutsche Evangelische Kirchentag, die `Fernsehgottesdienstgemeinde´, die `Kirchenmusikgemeinde´, viele Felder der Diakonie und viele Anknüpfungspunkte zur Gemeinschaftsbildung im Zusammenhang der funktionalen Dienste sind in diesem Sinne Gemeinde.«[135]

Wiewohl der Rat der EKD erkennt, dass es vielfältige Formen der Gemeinde gibt und diese weiter entwickelt werden sollten, bleibt die parochiale Ortsgemeinde die beherrschende Form kirchlichen Lebens, die auf immer mehr Handlungsfeldern auf von diakonischen Unternehmen mitgestaltete Handlungsfelder trifft und sich mit diesen überschneidet. Das Nebeneinander der Organisationsformen parochiale Gemeinde und diakonisches Unternehmen wird zwar in beredter Sprache durch Diakoniegesetze und personelle Verzahnungen einander näher gebracht, doch es fehlt die Konsequenz in organisationaler und kirchenverfassungsrechtlicher Hinsicht: Diakonische Unternehmen sollten neben der Parochie als eigenständige Gemeindeform »Diakoniegemeinde« selbstverständlicher Teil der Kirche werden.

---

135 Und fährt fort: »Hier liegt der Zielpunkt aller anderen Verantwortlichkeiten, denn auf dieser Handlungsebene wird der kirchliche Kernauftrag erfüllt und die geistliche Grundversorgung geleistet. Die Gemeinden in der Vielfalt ihrer Formen sind die Orte gelebten Glaubens und der Erfahrungsraum von Zugehörigkeit und Vertrautheit. Hier ist das Gesicht der evangelischen Kirche erkennbar, in Gottesdiensten am Sonntag und aus besonderen Anlässen, in der Begleitung der Menschen im Jahreslauf wie im Lebenslauf, aber ebenso in der gemeindenahen Diakonie, im Kindergarten, in der gemeindlichen Arbeit mit den verschiedenen Generationen oder in der Pflege des Kirchengebäudes bilden die Gemeinden einen wichtigen inhaltlichen wie emotionalen Bezugsrahmen. Die Gemeinden tragen die Verantwortung für die den Menschen besonders nahen Aufgaben der Kirche. Der Weg in die Zukunft entscheidet sich deshalb letztlich an der Qualität der Umsetzung dieser Verantwortung der Gemeinden.«, Rat der Evangelischen Kirche Deutschlands (Hg.) (2006), S. 36

2. Zur theologischen Fundierung diakonischer Unternehmen als Diakoniegemeinde

2.2.5 Diakonische Unternehmen als eigenständige Gemeindeform »Diakoniegemeinde«

2.2.5.1 Zur Sinnhaftigkeit einer engeren Verschmelzung von verfasster Kirche und Diakonie

In den bisherigen Abschnitten ist deutlich geworden, dass diakonische Unternehmen theologisch gesehen alle Kennzeichen einer eigenständigen Gemeindeform aufweisen.[136] Damit ist noch nicht die Frage beantwortet, warum diakonische Unternehmen und verfasste Kirche(n) gegenseitig ein Interesse daran haben sollten, das historisch gewachsene Nebeneinander aufzuheben und diakonische Unternehmen als eigenständige und gleichberechtigte Gemeindeform anzuerkennen.

Zunächst einmal ist dies, das sollte aus der bisherigen Argumentation heraus deutlich geworden sein, theologisch geboten. Zudem ist das, was aus vielerlei Gründen historisch als ein Nebeneinander gewachsen ist, heute nicht mehr zeitgemäß:

Aus Sicht der diakonischen Unternehmen ist eine engere organisatorische Verschmelzung bei Sicherstellung der unternehmensspezifischen Eigenständigkeit mit den verfassten Kirchen sinnvoll: Durch die Zusammenarbeit wird eine verstärkte theologische Professionalisierung und damit eine stärkere inhaltliche Profilierung als kirchliche Unternehmen nach innen und außen möglich, zum Einen durch den Status und die Funktionen als eigenständige Gemeinde, zum Anderen dadurch, dass die verfassten Kirchen zumindest teilweise theologische Arbeit refinanzieren könnten.[137] Zudem wird eine engere Zusammenarbeit mit den Ortskirchengemeinden möglich, was wiederum zu einer Stärkung der ehrenamtlichen Arbeit führen kann.

Aus Sicht der verfassten Kirche könnte auf diese Weise besonders in strukturschwachen Gebieten und angesichts abnehmender Mittel eine bessere flächendeckende pfarramtliche Präsenz und gemeindliche Versorgung sichergestellt werden, indem ein in diakonischen Unternehmen beschäftig-

---

[136] Sie können auch teilweise als eigenständige sichtbare Kirche angesehen werden, da sie alle notwendigen Kennzeichen mitbringen.
[137] Was auch heute schon in vielen Landeskirchen zumindest partiell in der Finanzierung von Pastorenstellen geübte Praxis ist. Doch erfolgt dies nicht im Sinne eines geordneten Verfahrens, sondern scheint oft auf gewachsenen historischen Strukturen bzw. (zufälligen) personalen Verknüpfungen zwischen verfasster Kirche und diakonischen Unternehmensleitungen zurückzuführen zu sein.

ter Pfarrer bzw. Diakon auch die parochiale Versorgung und Verwaltung übernehmen könnte, sofern dies auch seitens der örtlichen Gemeinde gewollt ist. Diakonische Unternehmen sind oft in der Fläche präsent mit vielfältigen Einrichtungen und können pfarrgemeindliche Strukturen somit nicht nur ergänzen, sondern auch in strukturschwachen Gebieten potenziell darstellen.

Auch besteht für sie die Möglichkeit, seelsorgerliche Arbeit als selbstverständlichen Leistungsanteil zumindest teilweise als seelsorgerische Tätigkeit z.B. in der Jugend- und Altenhilfe refinanziert zu bekommen.[138] Im Zug der Entwicklung diakonischer Unternehmen scheint es an der Zeit zu sein, diakonische Unternehmen als eigenständige Gemeinden in den Landeskirchen bzw. auf der Ebene der Evangelischen Kirche in Deutschland anzuerkennen. Doch wer führt dann die Dienst- und Fachaufsicht über die Pfarrer/-innen und hat das Visitationsrecht über die Gemeinde?

Wie dies organisatorisch bei Wahrung der unternehmerischen Spezifika und Eigenständigkeit diakonischer Unternehmen erfolgen könnte und mit welchen Schwierigkeiten in der Umsetzung zu rechnen ist, soll nachfolgend erörtert werden.

2.2.5.2 Zu den Kennzeichen einer Diakoniegemeinde: Diakoniegemeinde als Personal- oder Anstaltsgemeinde?

Ende 2012 hatte die Pommersche Kirche noch rund 92.000 Kirchenmitglieder. Sie hat allein seit 1997 mehr als 46.000 ihrer Mitglieder verloren. Dies entspricht rd. einem Drittel der Mitgliederzahl von 1997.[139] Es ist vor diesem Hintergrund kein Zufall, dass 2010 eine kirchliche missionarisch aktive Initiative aus Greifswald »GreifBar« einen Antrag an die damalige pommersche Landeskirche und Synode auf Anerkennung als Personalgemeinde stellte.[140] »GreifBar« versteht sich nach eigener Selbstdarstellung als eine »Gemeinde Jesu in der Pommerschen Evangelischen Kirche«, die neben unkonventionell gestalteten Gottesdiensten auch Glaubenskurse, Hauskreise u. ä. auf ehrenamtlicher Basis in Kooperation mit der örtlichen

---

138 Dies ist in Einzelfällen schon in der Dachstiftung Diakonie-Gruppe – dem Unternehmen, in dem der Verfasser als Vorstand seit 2006 tätig ist - seit 2011 gelungen.
139 http://www.nordkirche.de/nordkirche/a-z/statistik/gemeindeglieder.html?L=0 (abgerufen am 21. April 2013)
140 »Greifbar« = Gemeinde Christi

Johannes-Kirchengemeinde Greifswald anbietet.[141] Die Initiatoren als Getaufte wollten explizit keinen Verein gründen, sondern verstanden sich als Teil der Kirche, der aufgrund seiner gewachsenen Strukturen aber nicht Teil einer parochialen Gemeinde sein konnte und wollte.[142] Schaut man genauer hin, finden sich bei »GreifBar« viele Kennzeichen einer Gemeinde: eine regelmäßige Versammlung von Menschen, die auf Gottes Wort hören, taufen und Abendmahl feiern. Mitglieder können durch Taufe und/oder Umgemeindung gewonnen werden und somit durch ihre eigene Entscheidung Mitglied der Gemeinde werden. Damit gerät »GreifBar« aber in unmittelbare Konkurrenz zu den parochialen (an den Wohnsitz gebundene Orts-) Gemeinden, die Mitglieder verlieren (könnten) und damit auch finanzielle Zuweisungsmittel, die im Regelfall an die Anzahl der Gemeindemitglieder gebunden sind. Kritisch wurde in der innerkirchlichen Diskussion um die Anerkennung als Personalgemeinde auch nach der Frage der Beständigkeit der Gemeinde gefragt.

Der Status als Personal-Kirchengemeinde erwies sich schließlich in der Synode als nicht durchsetzbar. Die Landessynode beschloss am 10. April 2011 Folgendes: »GreifBar ... ist ein unselbstständiges Werk der Pommerschen Evangelischen Kirche i. S. von Art. 126 Kirchenordnung der Pommerschen Evangelischen Kirche vom 2. Juni 1950 (ABl. 1950, 29) in der jeweils geltenden Fassung. Es arbeitet in Bindung an Schrift und Bekenntnis und unter Wahrung der kirchlichen Ordnung selbstständig.«[143]

Werke übernehmen in der Landeskirche spezifische Aufgaben, die über den normalen Wirkungskreis einer Kirchengemeinde hinausgehen (z.B. im Frauen- oder Männerwerk, den Diakonischen Werken der Landeskirche usw.). Sie sind an die Ordnungen der Kirche gebunden, arbeiten aber in ihrem jeweiligen Dienstbereich selbstständig. »GreifBar« wurde als Teil der Kirche anerkannt und beauftragt, neue Wege auszuprobieren, um »...Kirchendistanzierte und Konfessionslose für das Evangelium zu interessieren und zu gewinnen. Dabei steht die Aufgabe, den Zugang für Kirchenferne zu erleichtern, besonders im Mittelpunkt. ... Im Zusammenspiel von persönlichen Kontakten, Hilfsangeboten seelsorglicher und diakonischer Art sowie evangelistischen Veranstaltungen soll elementar über Glaubensfragen informiert und zum Glauben eingeladen werden (§ 2 Abs.

---

141 http://www.greifbar.net/Startseite.26.0.html (abgerufen am 21. April 2013)
142 Die nachfolgende Darstellung folgt i. W. Michael Herbst, 16. Januar 2012, http://www.greifbar.net/Werk.231.0.html (abgerufen 21. April 2013)
143 Herbst, a.a.O.

2. Zur theologischen Fundierung diakonischer Unternehmen als Diakoniegemeinde

1f der Satzung des Werkes). GreifBar finanziert sich aus Spenden, Kollekten und ggf. Zuschüssen der Landeskirche.«[144] Mit diesem Beschluss ist »GreifBar« nicht als gleichwertige Gemeindeform mit entsprechenden Finanzierungsmöglichkeiten anerkannt worden und besteht somit neben den Ortskirchengemeinden.

»GreifBar« zeigt exemplarisch auf, welche Diskussion wohl auch andernorts zu erwarten ist, wenn diakonische Unternehmen als eigenständige Gemeindeform bzw. als eigenständige »Diakoniegemeinde« anerkannt werden wollen.

Erst mit dieser Anerkennung wäre aus dem Nebeneinander ein Miteinander zwischen diakonischen Unternehmen einerseits und verfasster Landeskirche andererseits geworden. Wie schon ausgeführt könnten »Diakoniegemeinden« alle Voraussetzungen einer Anerkennung als eigenständige Gemeindeform mitbringen. Diakonische Unternehmen bieten Gottesdienste an, können Taufen durchführen und sind zur Sakramentsverwaltung fähig.[145] Sie bieten oft »Glaubenskurse« in Form von diakonischen Mitarbeitereinführungstagen bzw. in entsprechend gestalteten unternehmensinternen Fortbildungsangeboten, teilweise auch in organisierten Hauskreisen, ihren Mitarbeiter/-innen an; und dies auch in Gebieten, in denen konfessionell gebundene Einwohner nur eine Minderheit der Bevölkerung ausmachen.

Die Personalgemeinde ist dabei schon eine anerkannte Gemeindeform, die als Grundlage für die Einführung der eigenständigen Gemeindeform »Diakoniegemeinde« dienen könnte. Die Personalgemeinde ist in der Forschung bisher wenig beachtet worden. Eine Ausnahme bildet ein Beitrag von Jörg Winter, der am Beispiel der badischen Landeskirche die historische Entwicklung der Personalgemeinde und das wachsende aktuelle Interesse aufzeigt.[146] Winter berichtet als Ergebnis einer Umfrage der badischen Landeskirche im Jahr 2002, ob es spezifische Regelungen zu Personalgemeinden in den einzelnen Landeskirchen der EKD gibt, dass die Anerkennung von Personalgemeinden als eigenständige Körperschaften des öffentlichen Rechts analog den parochialen Gemeinden die Ausnahme ist.[147] Auch Studentengemeinden haben durchgängig keinen rechtlich de-

---

144 M. Herbst, a.a.O.
145 Über die bei ihnen beschäftigten Amtsträger/ordinierte Theologen
146 Winter (2003), S. 181-195; ausführliche Literatur zum Umfang der Diskussion, s. a.a.O., S. 182 f.
147 S. Auswertung in Kap. 2.2.4 Bipolare kirchenrechtliche Struktur von parochialer Gemeinde und diakonischen Unternehmen, S. 58 ff.

finierten eigenständigen Status als Pfarr- oder Kirchengemeinde.[148] Winter stellt fest: »Die Parochialgemeinde ist also in den beiden großen Kirchen in Deutschland der strukturelle Normalfall.«[149] Und ergänzt mit Hinweis auf die Gefahr charismatischer Prediger, die quer zu den kirchlich-hierarchischen Strukturen stehen, »… dass es gegen die Bildung von Personalgemeinden als Alternative oder Konkurrenz zur Ortsgemeinde im Raum der verfassten Kirche seit je her und bis heute erhebliche Vorbehalte gibt, weil sie sich in die rechtliche Organisationsstruktur einer Landeskirche nicht oder nur schwer einordnen lassen und eher dem Bereich privater Frömmigkeit zugerechnet werden.«[150]

Gleichwohl hat die badische Kirche 2007 ein Personalgemeindegesetz (PersGG) erlassen, das bundesweit in dieser Form seinesgleichen sucht, da es neben der Pfarrgemeinde andere Gemeindeformen (fast) gleichberechtigt zulässt und Kriterien für eine den Kirchengemeinden gleichgestellte Personalgemeinde aufstellt.[151] Die Anerkennung einer Personalgemeinde ist möglich,

- »…wenn ein bestimmter Personenkreis, ein besonderer Auftrag oder eine besondere örtliche Bedingung die Errichtung auf Dauer rechtfertigen und die Zahl der Mitglieder ein eigenständiges Gemeindeleben erwarten lässt.«;[152]

- wenn die Errichtung »…von einem Bezirkskirchenrat, einem Kirchengemeinderat, *dem Vorstand eines dem Diakonischen Werk in Baden angeschlossenen Rechtsträgers* oder von mindestens 50 wahlberechtigten Mitgliedern der Evangelischen Landeskirche in Baden…« beantragt wird;[153]

---

148 Vgl. Feist (1982); vgl. auch Kap. 2.2.4 und Anhang 1, S. 228: Die eigene aktuelle Auswertung der bestehenden Grundordnungen bzw. Verfassungen kommt gut 30 Jahre später zu keinem anderen Ergebnis.
149 Winter (2003), S. 183
150 Ders., a.a.O., S. 185
151 Vgl. Badische Kirche (2007). Die Grundordnung der Ev. Landeskirche in Baden unterscheidet zwischen der Pfarrgemeinde gemäß Art. 12 ff. und der Kirchengemeinde gemäß Art. 26 ff. Die Kirchengemeinde ist Körperschaft öffentlichen Rechts und kann aus einer oder mehreren Pfarrgemeinden bestehen, vgl. Germann (2012), S. 25 ff.
152 A.a.O., § 2 (1)
153 A.a.O., § 3 (2) [Hervorhebung J.R.]; es wird ausdrücklich hiermit auch die Anerkennung diakonischer Unternehmen als Personalgemeinde möglich gemacht.

2. Zur theologischen Fundierung diakonischer Unternehmen als Diakoniegemeinde

- wenn sie Körperschaften öffentlichen Rechts und einem Pfarrbezirk bzw. einer Kirchengemeinde bzw. -bezirk zugeordnet sind;[154]

- wenn (letztlich) der Bezirkskirchenrat dafür verantwortlich ist, dass im Rahmen seiner personellen Gegebenheiten der Dienst im Pfarramt der Gemeinde sichergestellt ist.[155] Dabei müssen Personen, die die Aufgabe des Predigtamtes wahrnehmen, durch die Landeskirche beauftragt worden sein;

- wenn Leitungsmitglieder Mitglieder der badischen Landeskirche bzw. in Ausnahmefällen Mitglied einer Kirche der Arbeitsgemeinschaft christlicher Kirchen sind.[156]

Ein Anspruch auf Finanzierung einer Pfarrstelle besteht grundsätzlich nicht, aber ein Finanzierungsanspruch nach Maßgabe der geltenden Bestimmungen und der Anzahl seiner Gemeindemitglieder mit Ausnahme der Doppelmitglieder.[157] Auch ein entsprechender Anspruch auf bauliche Unterstützungsleistungen durch die Landeskirche besteht unter bestimmten Maßgaben.[158]

Winter weist in der Diskussion um die Personalgemeinde im Kontext spezifischer, in der badischen Landeskirche erfolgter, anerkannter, eigenständiger und kirchlicher Gemeinschaftsverbände, darauf hin, dass bei der Einräumung eines Taufrechts die Frage der quasi automatischen Zugehörigkeit des bzw. der Getauften zur (badischen) Landeskirche klar geregelt sein sollte, da ansonsten der Weg zur Freikirche geöffnet ist.[159] Dieses Problem ist in Baden durch die Regelung im Personalgemeindegesetz, dass jedes Gemeindemitglied zugleich auch Mitglied der badischen Landeskirche ist, gelöst worden.[160]

---

154 A.a.O., § 5
155 A.a.O., § 13
156 A.a.O., § 16; Dieses wie auch die vorgenannten Merkmale sind die wesentlichen Kennzeichen einer Personalgemeinde.
157 A.a.O., §§ 13 f.; Doppelmitgliedschaft in Pfarr- und Personalgemeinde sind möglich, wobei in diesem Fall das Gemeindemitglied (finanziell) der Pfarrgemeinde zugeordnet wird.
158 A.a.O., § 14 (4)
159 Ders., a.a.O., S. 193
160 A.a.O.

2. Zur theologischen Fundierung diakonischer Unternehmen als Diakoniegemeinde

Die vorgenannte Personalgemeinde wie aber auch die den meisten Landeskirchen bekannte Anstaltsgemeinde kann in ihrer Grundform somit als Grundlage für die Einführung einer »Diakoniegemeinde« dienen. Diakonische Unternehmen weisen jedoch in entscheidenden Punkten Spezifika gegenüber den bisher dargestellten Personal- und Anstaltsgemeinden wie auch Parochien auf. Letztere sind alle örtlich und lokal durch ihre Anbindung an einen Pfarrer bzw. eine Pfarrei begrenzt und entsprechend zugeordnet und bauen in ihrer Arbeit im Wesentlichen auf ehrenamtlichen Strukturen auf - sei es in der Gemeindeleitung durch einen ehrenamtlich besetzten Kirchenvorstand oder in der konkreten gemeindlichen Arbeit. Ein wesentliches Kennzeichen der unternehmerischen Diakonie ist hingegen ihre privatrechtliche Verfasstheit und ihre unternehmerisch-professionelle Ausrichtung, die ihre Unabhängigkeit einerseits und ihr selbstständiges (wirtschaftliches) Agieren unabhängig von im Wesentlichen steuerlich finanzierten Strukturen der verfassten Kirche andererseits sichert. Um auf Seiten der verfassten Kirche eine dieser Organisation entsprechende Gemeindeform zu schaffen, bedarf es der Einführung der eigenständigen Gemeindeform »Diakoniegemeinde«. Doch wie soll diese ausgestaltet sein?

2.2.5.3 Zur Ausgestaltung der eigenständigen Gemeindeform »Diakoniegemeinde«

Es muss bei der Vielfalt der Landeskirchen unterschieden werden zwischen zwei Formen diakonischer Einrichtungen bzw. Unternehmen:

Zum einen gibt es die Einrichtungen bzw. Unternehmen, bei denen die verfasste Kirche bzw. deren Vertreter über einen maßgeblichen Einfluss verfügen bzw. solche, die direkt Teil der Gemeinden bzw. der Kirchenkreise sind oder diesen zugerechnet werden müssen.[161] Bei Letzteren ist

---

161 Es ist in den letzten Jahren zu beobachten, dass immer mehr Kirchengemeinden bzw. Kirchenkreise dazu übergehen, diakonische Angebote wie Beratungsstellen, Kindergärten, Angebote der ambulanten Altenhilfe u. ä. in gemeinnützigen GmbHs auszugründen und zusammenzufassen (vgl. Evangelische Kirche in Deutschland (EKD) (2012)). In diesen Gesellschaften hat die verfasste Kirche im Regelfall die Mehrheit der Gesellschafteranteile am Stammkapital. Oft beziehen diese Gesellschaften nach Beobachtungen des Verfassers Dienstleistungen in Form von Personalabrechnungen, Buchhaltung u. ä. von den Kirchenkreisämtern, so dass sie noch sehr stark von deren Strukturen in der Führung geprägt sind und

2. Zur theologischen Fundierung diakonischer Unternehmen als Diakoniegemeinde

eine enge Verbindung zur verfassten Kirche bzw. deren Gemeinde rechtlich gegeben, auch wenn sie oft von den gemeindlichen Gremien nur unzureichend wahrgenommen werden.[162]

Es gibt zum anderen diejenigen, die privatrechtlich organisiert unternehmerisch tätig sind, nicht unmittelbar der verfassten Kirche als Körperschaft öffentlichen Rechts angehören und von der verfassten Kirche bzw. deren Vertretern nicht direkt dominierend beeinflusst werden (können) und Mitglied in einem Diakonischen Werk sind.

Für letztere Unternehmen der privatrechtlich organisierten unternehmerischen Diakonie sollte die neue Gemeindeform »Diakoniegemeinde« eingeführt werden. Als Anforderungen an diakonisch selbstständige Unternehmen bzw. Einrichtungen als Voraussetzung der Anerkennung könnten folgende Kriterien aufgenommen werden, die die Kirchlichkeit mit den Spezifika dieser Unternehmen verbinden:

- Die Errichtung kann vom Vorstand eines dem Diakonischen Werk bzw. dem EWDE angeschlossenen Rechtsträgers oder von einer evangelischen kirchlichen Stiftung beantragt werden.[163]

- Die Diakoniegemeinde kann als diakonisches Unternehmen organisiert sein und wird bei regional tätigen Einrichtungen bzw. Unternehmen einem Pfarrbezirk bzw. einer Kirchengemeinde bzw. -kreis bzw. -bezirk zugeordnet.

- Der Bezirkskirchenrat bzw. der Kirchenkreis ist dafür verantwortlich, dass im Rahmen seiner personellen Gegebenheiten der Dienst im Pfarramt der Gemeinde sichergestellt ist. Personen, die die Aufgabe

---

damit eigenständige unternehmerische Führung durch die Geschäftsführung, soweit es sich um kleinere Gesellschaften handelt, nur bedingt möglich ist.

162 Zitiert sei hier stellvertretend für viele andere W. Rannenberg, der kritisiert, dass der Kirchenvorstand »...den TOP `Diakoniestationen´ in der Sitzung aber eher als störend und `eigentlich´ überflüssig empfindet...«, vgl. Rannenberg (1996), 53 f. bzw. eine Synode sich schwer tut, »...Fragen rechtlich selbstständiger Diakonie angemessen zu sehen und zu behandeln...«, a.a.O., S. 68. - Es ist vor diesem Hintergrund vielleicht kein Zufall, dass in den letzten Jahren immer mehr dieser Einrichtungen in wirtschaftliche Schieflagen gerieten.

163 EWDE: Evangelisches Werk für Diakonie und Entwicklung e.V. (EWDE) ist der Bundesverband der Diakonischen Werke der ev. Landeskirchen in Deutschland, vgl. http:\\www.ewde.de (abgerufen am 18.05.2014)

des Predigtamtes wahrnehmen, müssen durch die jeweils zuständige Landeskirche beauftragt worden sein.

- Die Mehrheit der Vorstandsmitglieder (Vorstand) müssen Mitglieder der zuständigen Landeskirche bzw. der EKD sein oder sollten im Übrigen einer Kirche der Arbeitsgemeinschaft christlicher Kirchen angehören.

- Ein/e Theologe/in bzw. ein/e Diakon/in muss als Vertretung für »theologische Kompetenz bzw. Professionalität« im Vorstand vertreten sein.[164]

- Zumindest ein/e leitende/r bzw. gruppenleitenden Mitarbeiter/in bis in die dritte bzw. vierte Hierarchieebene der Organisation muss einer evangelischen Kirche angehören oder zumindest einer Kirche der Arbeitsgemeinschaft christlicher Kirchen.[165]

- Es besteht, soweit es um gemeindliche Arbeit geht, ein Visitationsrecht der Landeskirche auf die gesamte Diakoniegemeinde und damit auch auf das diakonische Unternehmen.

- Der Eintritt eines Mitgliedes in die Gemeinde erfolgt mit Einstellung in das diakonische Unternehmen.

- Eine Doppelmitgliedschaft in einer Diakoniegemeinde und einer parochialen Gemeinde ist zulässig;[166] in diesem Fall erfolgt eine Aufteilung kirchlicher Zuweisungen jeweils zu 50% an die Diakoniegemeinde und die Ortsgemeinde.[167]

---

164 Zur Begründung und welches Organisationsverständnis in diese Forderung eingeht vgl. Kap.4, S. 152 ff.
165 Vgl. auch hierzu Kap. 4, S. 152 ff.
166 Andere Lösungen wie bspw. die Möglichkeit, dass sich ein Gemeindemitglied frei entscheiden kann, welcher Gemeinde es zugehören will, ist kaum möglich, da diese Entscheidung mit der Einstellung in die Diakoniegemeinde schon erfolgt ist.
167 Diese Regelung soll zweierlei Zwecken dienen: Durch die kirchengesetzliche Festlegung wird ein Konflikt vor Ort zwischen den Gemeinden und unnötige Konkurrenz vermieden und zudem das einzelne Gemeindemitglied vor dem, über seine Mitgliedschaft ausgefochtenen Kampf um geldliche Ressourcen zwischen Ortspfarrer und Diakoniegemeinde geschützt.

2. Zur theologischen Fundierung diakonischer Unternehmen als Diakoniegemeinde

Ein Anspruch auf Finanzierung einer Pfarrstelle besteht grundsätzlich nicht. Es besteht aber ein Finanzierungsanspruch nach Maßgabe der geltenden Bestimmungen und der Anzahl seiner Gemeindemitglieder mit vorgenannter Ausnahme der Doppelmitglieder.[168] Auch ein entsprechender Anspruch auf bauliche Unterstützungsleistungen durch die Landeskirche sollte im Sinne einer Gleichstellung mit anderen Gemeindeformen unter bestimmten Maßgaben bestehen. Der Diakoniegemeinde können durch Beschluss des Kirchenkreistages im Einvernehmen mit der/den betroffenen Ortsgemeinde(n) und der diakonischen Unternehmensleitung Aufgaben der Parochialgemeinde übertragen werden.

Für überregional, d.h. bei über die regionalen Grenzen einer Landeskirche hinaus, tätigen Unternehmen müsste es eine dementsprechende Regelung über die Evangelische Kirche in Deutschland geben: Das Visitationsrecht könnte im Grundsatz bei den Landeskirchen verbleiben bzw. für die Konzernleitung bei der Landeskirche, in der das diakonische Unternehmen seinen Sitz hat. Die Mitglieder der Diakoniegemeinde werden entsprechend ihrem Tätigkeitsort einer Landeskirche zugeordnet und es gilt das jeweilige landeskirchliche Recht zur Finanzierung von Gemeinden analog für Diakoniegemeinden.[169]

Die meisten Landeskirchen könnten ein derartiges Gesetz ohne Verfassungsänderung verabschieden.[170] Schwieriger gestaltet sich dies für diakonische Unternehmen, die überregional bzw. in mehreren Landeskirchen tätig sind. Hier kann eine entsprechende gesetzliche Regelung auf der Ebene der EKD auf der Grundlage des Art. 10a Abs. 2 der Grundordnung der Evangelischen Kirche in Deutschland erfolgen.[171]

---

168 A.a.O., §§ 13 f.; Doppelmitgliedschaft in Pfarr- und Personalgemeinde sind nach dem badischen Personalgemeindegesetz möglich, wobei hier das Gemeindemitglied finanziell der Pfarrgemeinde zugeordnet wird.
169 Es handelt sich hier um eine formal-kirchenrechtliche Zuordnung; die Diakoniegemeinde des Unternehmens als Ganzes bleibt bestehen als Gemeinschaft der Glaubenden.
170 Vgl. Ergebnis in Kap. 2.2.3, S. 55 ff.
171 Vgl. Germann (2012), S. 21: Art. 10a (2) räumt der EKD die Gesetzgebungskompetenz für Sachgebiete ein, »...die noch nicht einheitlich durch Kirchengesetz der Evangelischen Kirche in Deutschland geregelt sind...« Ein entsprechend gestaltetes Diakoniegemeindegesetz ist rechtlich somit möglich.

2.3 Einordnung in die aktuelle theologische Diskussion

Uta Pohl-Patalong hat in ihrer Habilitationsschrift und in nachfolgenden Veröffentlichungen die hier beschriebene Bipolarität zwischen diakonischen Unternehmen und den Parochien in einer allgemeiner gefassten Perspektive als in der Kirchengeschichte schon immer virulenten Konflikt zwischen den örtlichen gebundenen Ortsgemeinden (Parochien) einerseits und den »nichtparochialen Strukturen« andererseits beschrieben.[172] Schon der Begriff »ekklesia«, mit dem die frühen christlichen Gemeinschaften ihre unterschiedlichen sozialen Formen in einem Begriff versuchten zu subsummieren, drückt dies aus – christliche Gemeindeversammlung, die paulinische Hausgemeinde, alle Christinnen und Christen eines Ortes wie auch der gesamte Erdkreis sind mit »ekklesia« beschrieben.[173] Es wird somit konkurrierende Organisationsprinzipien schon im Neuen Testament ohne eine der Formen zu favorisieren, der Boden bereitet. Die Durchsetzung der Ortsgemeinde als dominierende soziale Form bzw. Gestalt der Kirche ist ein historischer Prozess, der insbesondere in den Konzilen von Nicäa (325) und Chalcedon (451) begründet wurde. Gegentendenzen zur territorialen Orientierung, wie sie sich in den »Titelkirchen« oder auch in der Entstehung des Mönchtums herausgebildet hatten, wurden hier als weiterhin intern konkurrierende Organisationsprinzipien integriert.[174] In Anlehnung an die Kirchengeschichte von Frank ist für Pohl-Patalong die Durchsetzung des Parochialsystem als das dominierende kirchliche Organisationsprinzip über die Herausbildung des Eigenkirchenwesens (Zehntrecht und Pfarrzwang) und der damit einhergehenden Verselbstständigung der Pfarrei im frühen Mittelalter weitgehend die Grundlage gelegt worden.[175]

---

172 Pohl-Patalong (2006), S. 36 ff.; Pohl-Patalong stellt in einem historischen Rückblick fest, das sich parochiale wie nichtparochiale Strukturen in ihrer jeweiligen Form zwar verändern, doch »Gleichbleibend ist jedoch, das Parochialität territorial bestimmt und mit vorgegebenen Formen verbunden ist, während die nichtparochialen Strukturen das Element der persönlichen Wahl enthalten.", zit.: a.a.O., S. 36
173 A.a.O., S. 37
174 A.a.O., S. 38 ff.
175 A.a.O., S. 42 ff.; Ohne dies hie weiter ausführen zu wollen weist Pohl-Patalong wohl zu Recht darauf hin, dass hier wie auch in der späteren Kirchengeschichte »Das Streben nach Macht und Geld «176 Und diejenigen Verfassungen, die dies nicht zulassen, könnten auch entsprechend geändert werden.177 Sollte es zu einer Einführung kommen, hätte dies auch Folgen für die Mitgliedschaften der

2.4 Zwischenergebnis: Diakonische Unternehmen sind Kirche und Diakoniegemeinde

In der deutschen evangelischen Kirche ist spätestens seit Wichern eine historisch gewachsene bipolare Struktur zwischen kirchlich-verfasster Kirche und deren diakonischen Einrichtungen wie Kindergärten/-krippen, Beratungsstellen u. ä. einerseits und freien diakonischen Einrichtungen bzw. Unternehmen, die über die Diakonischen Werke organisiert und den Kirchen zugeordnet sind, andererseits entstanden. Dieses Nebeneinander drückt sich u.a. aus in dem Selbstverständnis von Kirche und Diakonie, die die Diakonie als »Lebens- und Wesensäußerung der Kirche« begreifen. Anschließend an die lutherischen Kennzeichen von Kirche und dem bonhoefferschen Kirchen- und Gemeindebegriff kann festgestellt werden, dass diakonische Unternehmen, sofern sie spezifische Merkmale aufweisen, per se Gemeinde und Kirche sind. Vor diesem Hintergrund können sie als eigenständige Gemeindeform »Diakoniegemeinde« begriffen werden.

Unternehmen in den Diakonischen Werken und auf die Ausgestaltungen der Diakonischen Werke selbst. Werden diese Diakonischen Werke dann noch benötigt oder könnte die dann noch verbleibende Funktion als Spitzenverband der freien Wohlfahrtspflege besonders gemäß SGB VIII, XI und XII nicht direkt über die Kirchen wahrgenommen werden? Eine Fragestellung, die an dieser Stelle nicht weiter verfolgt werden soll, da diese Arbeit sich auf eine Grundlegung und Begründung der Diakoniegemeinde sowie deren Umsetzung in diakonischen Unternehmen beschränkt.178 In diesem Kontext ist auch die Fragestellung naheliegend und bedarf dringend einer weiteren Forschung, welche theologischen Orientierungen bzw. ethischen Werte heute in einem diakonischen Unternehmen handlungsleitend sein können. Dieser Frage und dem sich hieraus ergebenden Fragenkomplex haben sich Einzelne in der neueren Forschung zugewendet, vgl. Starnitzke (2011), Haas (2006), 513 ff. – Haas entwickelt hier ein ʻtheologisches Cockpitʼ aus dem Gottesgedanken heraus in Anlehnung an den St. Gallener Management-Navigator.179 Es lassen sich eine Vielzahl von Untersuchungen zu Qualitätsfragen in der Diakonie finden. Die Fragen von Führung und Steuerung in der Diakonie wurden theoretisch vielfach untersucht, doch weniger in Hinblick auf empirische Fragestellungen. Im Regelfall wird gerade bzgl. diakonischer Unternehmen bzw. der »Vereinsdiakonie« unterstellt, dass über die rechtliche Anbindung diakonischer Einrichtungen über deren Mitgliedschaft in den landeskirchlichen Diakonischen Werken auch eine entsprechende Normierungs- und Kontrollfunktion und damit auch eine Steuerung gewährleistet ist, so z. B. Broll (1999), 375, Becker (2011), S. 109 ff.180 Vgl. Jäger (1984) und Jäger (1992), Lohmann (2003), A. Jäger/M. Rückert u.a. in: Ruddat (2005), S. 271 ff. und die dortigen Literaturangaben.

2. Zur theologischen Fundierung diakonischer Unternehmen als Diakoniegemeinde

Eine Auswertung der evangelischen Kirchenverfassungen in Deutschland führt zu dem Ergebnis, dass siebzehn von zwanzig Kirchenverfassungen eine Anerkennung dieser Gemeindeform zulassen und auch auf Ebene der EKD eine entsprechende Anerkennung erfolgen kann.[176]

Mit der Einführung der Diakoniegemeinde als eigenständige Gemeindeform kann kirchliches und gemeindliches Handeln innerhalb einer einheitlichen Organisationsform bzw. einheitlicher Organisationsprozesse verbunden werden mit selbstständigem unternehmerisch-diakonischen Organisationshandeln. Mit der Einführung von Diakoniegemeinden als gleichwertige Gemeindeform neben der Parochie, mit allen Rechten und Pflichten derselben in den Landeskirchen durch entsprechende Kirchengesetze, könnte das Nebeneinander von unternehmerischer Diakonie und verfasster Kirche überwunden werden. Die verfasste Kirche erkennt Diakonie als gleichwertiges gemeindliches Handeln gegenüber der Parochie an. Kir-

---

176 Und diejenigen Verfassungen, die dies nicht zulassen, könnten auch entsprechend geändert werden.177 Sollte es zu einer Einführung kommen, hätte dies auch Folgen für die Mitgliedschaften der Unternehmen in den Diakonischen Werken und auf die Ausgestaltungen der Diakonischen Werke selbst. Werden diese Diakonischen Werke dann noch benötigt oder könnte die dann noch verbleibende Funktion als Spitzenverband der freien Wohlfahrtspflege besonders gemäß SGB VIII, XI und XII nicht direkt über die Kirchen wahrgenommen werden? Eine Fragestellung, die an dieser Stelle nicht weiter verfolgt werden soll, da diese Arbeit sich auf eine Grundlegung und Begründung der Diakoniegemeinde sowie deren Umsetzung in diakonischen Unternehmen beschränkt.178 In diesem Kontext ist auch die Fragestellung naheliegend und bedarf dringend einer weiteren Forschung, welche theologischen Orientierungen bzw. ethischen Werte heute in einem diakonischen Unternehmen handlungsleitend sein können. Dieser Frage und dem sich hieraus ergebenden Fragenkomplex haben sich Einzelne in der neueren Forschung zugewendet, vgl. Starnitzke (2011), Haas (2006), 513 ff. – Haas entwickelt hier ein `theologisches Cockpit´ aus dem Gottesgedanken heraus in Anlehnung an den St. Gallener Management-Navigator.179 Es lassen sich eine Vielzahl von Untersuchungen zu Qualitätsfragen in der Diakonie finden. Die Fragen von Führung und Steuerung in der Diakonie wurden theoretisch vielfach untersucht, doch weniger in Hinblick auf empirische Fragestellungen. Im Regelfall wird gerade bzgl. diakonischer Unternehmen bzw. der »Vereinsdiakonie« unterstellt, dass über die rechtliche Anbindung diakonischer Einrichtungen über deren Mitgliedschaft in den landeskirchlichen Diakonischen Werken auch eine entsprechende Normierungs- und Kontrollfunktion und damit auch eine Steuerung gewährleistet ist, so z. B. Broll (1999), 375, Becker (2011), S. 109 ff.180 Vgl. Jäger (1984) und Jäger (1992), Lohmann (2003), A. Jäger/M. Rückert u.a. in: Ruddat (2005), S. 271 ff. und die dortigen Literaturangaben.

2. Zur theologischen Fundierung diakonischer Unternehmen als Diakoniegemeinde

chengemeindliches Handeln wird somit Teil der alltäglichen diakonischen Organisationsprozesse.[177]

Doch dies setzt auch Veränderungsbereitschaft auf Seiten der privatrechtlich organisierten diakonischen Unternehmen voraus. Dieser Fragestellung soll in den nachfolgenden Kapiteln 3 und 4 nachgegangen werden. Wie stellt sich die Lage in den Unternehmen aktuell dar und wie sollten diakonische Unternehmen organisiert und prozessual aufgestellt sein, um diesen Anforderungen gerade auch in Anbetracht eines zunehmend säkularen Umfelds gerecht werden zu können?

---

177 Sollte es zu einer Einführung kommen, hätte dies auch Folgen für die Mitgliedschaften der Unternehmen in den Diakonischen Werken und auf die Ausgestaltungen der Diakonischen Werke selbst. Werden diese Diakonischen Werke dann noch benötigt oder könnte die dann noch verbleibende Funktion als Spitzenverband der freien Wohlfahrtspflege besonders gemäß SGB VIII, XI und XII nicht direkt über die Kirchen wahrgenommen werden? Eine Fragestellung, die an dieser Stelle nicht weiter verfolgt werden soll, da diese Arbeit sich auf eine Grundlegung und Begründung der Diakoniegemeinde sowie deren Umsetzung in diakonischen Unternehmen beschränkt.178 In diesem Kontext ist auch die Fragestellung naheliegend und bedarf dringend einer weiteren Forschung, welche theologischen Orientierungen bzw. ethischen Werte heute in einem diakonischen Unternehmen handlungsleitend sein können. Dieser Frage und dem sich hieraus ergebenden Fragenkomplex haben sich Einzelne in der neueren Forschung zugewendet, vgl. Starnitzke (2011), Haas (2006), 513 ff. – Haas entwickelt hier ein ʼtheologisches Cockpitʼ aus dem Gottesgedanken heraus in Anlehnung an den St. Galler Management-Navigator.179 Es lassen sich eine Vielzahl von Untersuchungen zu Qualitätsfragen in der Diakonie finden. Die Fragen von Führung und Steuerung in der Diakonie wurden theoretisch vielfach untersucht, doch weniger in Hinblick auf empirische Fragestellungen. Im Regelfall wird gerade bzgl. diakonischer Unternehmen bzw. der »Vereinsdiakonie« unterstellt, dass über die rechtliche Anbindung diakonischer Einrichtungen über deren Mitgliedschaft in den landeskirchlichen Diakonischen Werken auch eine entsprechende Normierungs- und Kontrollfunktion und damit auch eine Steuerung gewährleistet ist, so z. B. Broll (1999), 375, Becker (2011), S. 109 ff.180   Vgl. Jäger (1984) und Jäger (1992), Lohmann (2003), A. Jäger/M. Rückert u.a. in: Ruddat (2005), S. 271 ff. und die dortigen Literaturangaben.

3. Unternehmerische Diakonie aus Sicht diakonischer Manager

3.1 Zur Grundlage und Methodik von Experteninterviews

3.1.1 Ausgangsfragen und zum Verfahren von Experteninterviews

Diakonische Unternehmen sind Kirche und benötigen damit auch eine kirchliche Organisationsform, die ihren Besonderheiten entspricht. Als im Regelfall übergemeindlich tätige Unternehmen ist die Diakoniegemeinde die Gemeindeform, in der am besten eine entsprechende kirchenrechtliche Anerkennung durch die verfasste Kirche erfolgen könnte. Im Sinne eines system-kybernetischen und konstruktivistischen Verständnisses könnte dies zu einer gegenseitigen Veränderung von verfasster Kirche und deren Ortsgemeinden einerseits und diakonischen Unternehmen (und deren Verbänden) andererseits im Zeitverlauf führen.

Doch kann ein solches Unternehmensverständnis überhaupt innerhalb der unternehmerischen Diakonie umgesetzt werden? Wird das in Kapitel 1 und 2 historisch herausgearbeitete Nebeneinander von verfasster Kirche und diakonischen Unternehmen auch als solches überhaupt in den diakonischen Führungen wahrgenommen? Und wenn ja, welche Schlussfolgerungen sind daraus zu ziehen bzw. werden seitens der Führungen gezogen? Werden diakonische Unternehmen überhaupt ihrem Anspruch gerecht, Kirche zu sein?

Um diese übergeordneten Fragen beantworten zu können, stellen sich folgende Fragen:

- Welches Verständnis von Diakonie gibt es gegenwärtig in der Führung größerer diakonischer Unternehmen?

- Wie wird das Verhältnis von Diakonie und (ihren) Kirchen auf der Seite der diakonischen Unternehmen aktuell wahrgenommen?

- In welchem Selbstverständnis bzw. welcher Art und Form wird das »Diakonische« in den Unternehmen abgebildet und gelebt?

- Welcher Handlungsbedarf in Richtung einer Öffnung zur verfassten Kirche wird seitens der Leitungen diakonischer Unternehmen gesehen?

3. Unternehmerische Diakonie aus Sicht diakonischer Manager

Welcher Handlungsbedarf wird gesehen, dass verfasste Kirche sich mehr dem Anliegen diakonischer Unternehmen und deren Arbeit öffnet?

Darüber hinaus ergeben sich konkretisierend folgende Fragestellungen:

- Gibt es Spezifika diakonischer Unternehmen gegenüber anderen (Sozial)Unternehmen?

- Wenn es Spezifika geben sollte: Bedingen die Spezifika diakonischer Unternehmen Besonderheiten in der Organisation und der Führung bzw. dem Management diakonischer Unternehmen?

- Wie können die Instrumente der Unternehmensplanung und -organisation und somit die Unternehmensprozesse ausgestaltet werden, dass sie dem Anliegen eines permanenten Diskurses zwischen Theologie und Ökonomie, Theologie und Pädagogik und weiteren Teildisziplinen, wie sie heute in diakonischen (Komplex-) Einrichtungen bzw. Unternehmen Anwendung finden, dienen?[178]

Ob diese Fragen in heutigen (größeren) diakonischen Einrichtungen von Relevanz sind und deren Wirklichkeit prägen, ließ sich durch entsprechende veröffentlichte empirische Untersuchungen nicht belegen, da sich

---

178 In diesem Kontext ist auch die Fragestellung naheliegend und bedarf dringend einer weiteren Forschung, welche theologischen Orientierungen bzw. ethischen Werte heute in einem diakonischen Unternehmen handlungsleitend sein können. Dieser Frage und dem sich hieraus ergebenden Fragenkomplex haben sich Einzelne in der neueren Forschung zugewendet, vgl. Starnitzke (2011), Haas (2006), 513 ff. – Haas entwickelt hier ein 'theologisches Cockpit' aus dem Gottesgedanken heraus in Anlehnung an den St. Gallener Management-Navigator.179 Es lassen sich eine Vielzahl von Untersuchungen zu Qualitätsfragen in der Diakonie finden. Die Fragen von Führung und Steuerung in der Diakonie wurden theoretisch vielfach untersucht, doch weniger in Hinblick auf empirische Fragestellungen. Im Regelfall wird gerade bzgl. diakonischer Unternehmen bzw. der »Vereinsdiakonie« unterstellt, dass über die rechtliche Anbindung diakonischer Einrichtungen über deren Mitgliedschaft in den landeskirchlichen Diakonischen Werken auch eine entsprechende Normierungs- und Kontrollfunktion und damit auch eine Steuerung gewährleistet ist, so z. B. Broll (1999), 375, Becker (2011), S. 109 ff.180 Vgl. Jäger (1984) und Jäger (1992), Lohmann (2003), A. Jäger/M. Rückert u.a. in: Ruddat (2005), S. 271 ff. und die dortigen Literaturangaben.

hierzu im Rahmen einer Recherche keine fanden.[179] Das weitgehende Fehlen empirischer Untersuchungen zu diesem Feld überrascht, da die Führung und das Management von diakonischen Einrichtungen bzw. Unternehmen spätestens seit Alfred Jägers Veröffentlichungen in den 1980ziger Jahren in einer Vielzahl von diakoniewissenschaftlichen bzw. -bezogenen Veröffentlichungen Gegenstand waren.[180]

In dieser Ausgangslage bieten sich qualitative Methoden an, um diesen Wirklichkeitsbereich zu erschließen und über Interviews u. ä. Methoden erste Informationen zur Hypothesenformulierung zu finden für sich ggf. anschließende Erhebungen.[181] Diese Erhebungen können dann auch in standardisierten quantitativen Erhebungen erfolgen.[182]

Ein nicht unübliches Instrument bietet sich vor diesem Hintergrund in der Durchführung von Experteninterviews an, dass vom Verfasser gewählt wurde. Zehn Experteninterviews mit Unternehmensvorständen wurden im 1. Halbjahr 2012 durchgeführt.[183]

Bevor jedoch eine Auswertung der Interviews erfolgt, muss in den folgenden Abschnitten zunächst die wissenschaftliche Methode des Experteninterviews beleuchtet und in ihren spezifischen Bedingungen der eigenen Untersuchung reflektiert sowie die Bedingungen von Auswahlmethode und Durchführung der Interviews dargestellt werden (Kap. 3.1), um die

---

179 Es lassen sich eine Vielzahl von Untersuchungen zu Qualitätsfragen in der Diakonie finden. Die Fragen von Führung und Steuerung in der Diakonie wurden theoretisch vielfach untersucht, doch weniger in Hinblick auf empirische Fragestellungen. Im Regelfall wird gerade bzgl. diakonischer Unternehmen bzw. der »Vereinsdiakonie« unterstellt, dass über die rechtliche Anbindung diakonischer Einrichtungen über deren Mitgliedschaft in den landeskirchlichen Diakonischen Werken auch eine entsprechende Normierungs- und Kontrollfunktion und damit auch eine Steuerung gewährleistet ist, so z. B. Broll (1999), 375, Becker (2011), S. 109 ff.180 Vgl. Jäger (1984) und Jäger (1992), Lohmann (2003), A. Jäger/M. Rückert u.a. in: Ruddat (2005), S. 271 ff. und die dortigen Literaturangaben.
180 Vgl. Jäger (1984) und Jäger (1992), Lohmann (2003), A. Jäger/M. Rückert u.a. in: Ruddat (2005), S. 271 ff. und die dortigen Literaturangaben.
181 vgl. Flick (2008, 6. Aufl.), S. 25 ff., dem wir im Folgenden auch in der Darstellung der Vorzüge qualitativer Forschungsmethoden folgen.
182 Im Hinblick auf die Durchführbarkeit und den Umfang wurde in dieser Arbeit auf diesen weitergehenden Schritt verzichtet und stellt ein wichtiges Desiderat für die weitere Forschung dar; vgl. auch Kap. 3.4.
183 Im Interesse einer besseren Lesbarkeit des Textes wird im Folgenden jeweils nur die männliche Form verwendet, womit jedoch stets auch die weibliche Form gemeint ist.

Validität der gewonnenen Erkenntnisse richtig einordnen zu können. Daran schließt sich die Darstellung der gewählten Auswertungsmethode selbst wie auch der tatsächlich durchgeführten Auswertung als solcher an (Kap. 3.2). Erst danach erfolgt die eigentliche Auswertung der Interviews (Kap. 3.3). Die Ergebnisse werden im Hinblick auf die in Kap. 3.1 gestellten Fragen einerseits und als Grundlage für die Darstellung des zu gewinnenden diakonischen Unternehmensverständnisses des nachfolgenden Kapitels 4 abschließend festgehalten (Kap. 3.4).

3.1.2 Zum Expertenbegriff: Was macht einen Experten zum Experten?

Um die verfolgten Fragestellungen methodisch abbilden zu können, wurde bewusst auf das Instrument des Experteninterviews zurückgegriffen.[184]

Wer als Experte gesehen werden kann, ist in der wissenschaftlichen Literatur diskutiert worden und soll hier nur insoweit vertieft werden, wie es für unsere Fragestellungen notwendig ist.[185] Als Experten können Menschen angesehen werden, die über ein besonderes Wissen verfügen, das sie auf Anfrage weitergeben oder für Lösungen besonderer Probleme einsetzen können wie Wissenschaftler, Politiker, Gutachter, spezialisierte Automechaniker u. ä.. Experten sind aber auch diejenigen, die ihr besonderes Wissen über soziale Kontexte (Sozial-)Wissenschaftlern zur Verfügung stellen. Im Anschluss an Hopf verwenden wir hier den Begriff Experte wie folgt: »*Experte beschreibt eine spezifische Rolle des Interviewpartners als Quelle von Spezialwissen über die zu erforschenden sozialen Sachverhalte. Experteninterviews sind eine Methode, dieses Wissen zu erschließen.*«[186] Hiernach verfügt der Experte über (auch technisches) Prozess- und Deutungswissen, das sich auf sein spezifisches professionelles oder berufliches Handlungsfeld bezieht und in das Handlungsmaxima und individuelle Entscheidungsregeln, kollektive Orientierungen und soziale Deutungsmuster einfließen. Experten besitzen zudem die Möglichkeit der

---

184 Zur qualitativen Forschung im Allgemeinen gibt es eine Vielzahl von Veröffentlichungen, vgl. bes. Flick (2008, 6. Aufl.), Seipel (2003), Strauss (1991) und deren Inhaltsverzeichnisse; zur Methode des Experteninterviews z. B. Gläser (2010, 4. Aufl.), Kuckartz (2007, 2. aktualisierte und erweiterte Auflage)
185 Eine ausführliche Darstellung der breiten Diskussion findet sich in Bogner (2005, 2. Aufl.), 39 ff.; Gläser (2010, 4. Aufl.), S. 11
186 Definition wie auch Zitat Gläser (2010, 4. Aufl.), S. 12 (Kursiv im Original); vgl. auch C. Hopf in: Flick (2008, 6. Aufl.), S. 349 ff.

3. Unternehmerische Diakonie aus Sicht diakonischer Manager

Durchsetzung ihrer Orientierungen, sie sind somit praxiswirksam und strukturieren die Handlungsbedingungen anderer Akteure in ihrem Umfeld in relevanter Weise mit.[187] Experte bleibt insofern ein relationaler Begriff, da die Fragestellung und das interessierende Untersuchungsfeld die Auswahl der zu Befragenden bestimmten.[188]

Organisationen werden durch ihre Führungen und deren Führungsverständnis im Aufbau wie auch in der Ausgestaltung (mit)geprägt und so ist es naheliegend, aktive Vorstände mit mehrjähriger Berufserfahrung in der Diakonie als Expertinnen bzw. Experten zu den aufgeworfenen Fragestellungen exemplarisch zu befragen.[189] Unterstellt wird hierbei, dass die Unternehmensvorstände am besten aufgrund ihrer Funktion und ihrer Verantwortung im Rahmen des Managements eines Unternehmens über die vorgenannten Fragen Auskunft für ihre jeweiligen Unternehmen geben können.[190] Zudem weisen sie die genannten Kriterien auf, die sie zum Experten im Sinne unserer Fragestellungen machen. Des Weiteren wird hierbei unterstellt, dass die Führung eines Unternehmens dieses maßgeblich prägt.[191]

---

187 Wir folgen hier weitgehend der Definition von Bogner (2005, 2. Auflage), S. 45 f.
188 Bogner (2005, 2. Auflage), S. 45. Bogner weist in diesem Zusammenhang darauf hin, dass »Wissen« zur Gewinnung sachdienlicher Informationen als Auswahlkriterium von »Experten« hinreichend sein kann, nicht aber, wenn in einer Untersuchung auch auf das »Deutungswissen« der Befragten zurückgegriffen werden soll wie in der vorliegenden Untersuchung: hier wird das Wissen der Vorstände als Experten in besonderer Weise praxiswirksam und wirkt auf die Organisationen und mithin auch auf das Erscheinungsbild von Diakonie in der Gesellschaft zurück (a.a.O., S. 44 f.). Letzteres Phänomen der Reflexivität und seiner Folgen hat U. Beck herausgearbeitet, vgl. Beck (1986)
189 Dem hier behaupteten Zusammenhang wird in Kap. 4 nachgegangen.
190 Selbstverständlich sind nicht immer die Organisationsspitzen Träger des untersuchungsrelevanten Wissens. Dies ist dem Verfasser bewusst. Die Ausgestaltung des alltäglichen Handelns einer Organisation und ihrer Mitarbeiter wird hauptsächlich wohl von den Fachexperten der mittleren Managementebene (z. B. Regionalleitungen in der Jugend-, Eingliederungs- und Wohnungsnotfallhilfe; Heim- und Pflegedienstleitungen in der Altenhilfe, Produktionsleitungen in Qualifizierungsbetrieben bzw. in Werkstätten für behinderte Menschen [WfbM]) geprägt. Diese Ebene kann auch zu einer Le(ä)hmschicht in einem Großunternehmen werden. - Gleichwohl geht der Verfasser davon aus, dass diakonische Unternehmen in ihrer grundsätzlichen Ausrichtung nach wie vor stark über ihre Vorstände gestaltet werden, so dass sich auf diese Gruppe konzentriert wurde.
191 Zum hier verwendeten Unternehmens- und Managementverständnis vgl. die Ausführungen in Kap. 4, S. 151, vgl. auch Jäger (1984), S. 45 ff.

Mit Rückgriff auf Michael Meuser und Ulrike Nagel sind Experten in diesem Kontext vornehmlich nicht als Gesamtperson von Interesse, sondern nur deren durch das Interview vermittelte Wissen ihres je spezifischen organisatorischen und institutionellen Kontextes.[192] Aufgrund der Fokussierung auf durch die Forschungsfragen vorgegebenen Themenfeldern werden auch nur bestimmte Aspekte individueller Erfahrung in den Mittelpunkt des Interviews gestellt. Experten sind in diesem Verständnis Funktionsträger innerhalb des Untersuchungsgegenstandes.

3.1.3 Zum Auswahlverfahren der interviewten Experten

Aufgrund der letztlich spezifischen Auswahl der Interviewpartner war die Stichprobe der Interviews nicht rein zufällig im Sinne quantitativer Verfahren und kann somit aufgrund ihrer Größe auch nicht signifikant sein.[193] Um valide Aussagen zu erhalten, lässt sich über die Anzahl durchzuführender Experteninterviews streiten. Für den Verfasser war im ersten Schritt durchführungsleitend, dass

- regionale bzw. unternehmensspezifische Kennzeichen die Grundgesamtheit nicht dominieren sollten, um bei der Auswertung eine gewisse Aussagekraft für die Diakonie in der Bundesrepublik Deutschland sicherstellen zu können,

- die Auswertung sich in überschaubarer Größe bewegte und

- für einen Einzelnen die Untersuchung durchführ- und auswertbar blieb.

Unter Wahrung der für solche Untersuchungen selbstverständlichen Anonymität der Interviewten sollen hier nachfolgend die Kriterien benannt und kurz erläutert werden, die für die Auswahl der Interviewten für den Verfasser handlungsleitend waren:

- Mehrjährige Berufserfahrung;

---

192 Vgl. Meuser (1991), S. 441 ff., vgl. auch Meuser (2005), S. 71 ff.
193 Vgl. z.B. Raithel (2008, 2. Aufl.), S. 57 ff.

3. Unternehmerische Diakonie aus Sicht diakonischer Manager

- Aktuelle bzw. ehemalige Tätigkeit als theologischer oder kaufmännischer Vorstand in einem diakonischen Unternehmen in Deutschland;

- Überregional tätiges und größeres diakonisches Unternehmen (mehr als 1.000 Beschäftigte);

- Die Interviewten vertreten insgesamt gesehen diakonische Unternehmen, die als Gesamtheit betrachtet unternehmerische Diakonie in ganz Deutschland flächenmäßig weitgehend abbildet.

- Eine mehrjährige Berufserfahrung sollte gegeben sein, denn jeder »Quereinsteiger«, der in den Vorstand eines diakonischen Unternehmen aus einer anderen Branche ohne eigene Erfahrungen in Kirche und Diakonie bzw. Caritas bzw. ohne eigene spezifischen kirchlichen Hintergrund einsteigt, wie dies immer öfter gerade im kaufmännischen Bereich in der Unternehmensdiakonie seit den 1990ziger Jahren zu beobachten ist, braucht erfahrungsgemäß zwei bis drei Jahre, um überhaupt die komplizierten und unübersichtlichen Zusammenhänge und verbandlich-institutionellen Verflechtungen von Diakonie und Kirche zu erfassen und wiederum in ihren Rückwirkungen auf das eigene Unternehmen zu begreifen.[194]

Die Konzentration auf Vorstände hat aber auch zur Folge, dass sämtliche Interviewten älter als 48 Jahre waren. Es gibt nach den eigenen Erfahrungen des Autors nur wenige Vorstandspositionen in den größeren diakonischen Unternehmen, die mit Personen besetzt sind, die der Altersgruppe der 30-40-Jährigen zuzuordnen sind. Doch bedingt diese Auswahl auch eine spezifische Verengung gegenüber Jüngeren, was sich beispielsweise im Umgang und der Bewertung der neuen Medien und der EDV niederschlagen könnte, da davon auszugehen ist, dass bei Jüngeren die Akzeptanz und das Verständnis sozialer Netzwerke beispielsweise ausgeprägter ist als in der Altersgruppe der über 40-Jährigen.

Es wurde bewusst bei der Auswahl darauf geachtet, dass theologische bzw. kaufmännische Vorstände vertreten sind, um sicherzustellen, dass theologische wie auch ökonomische Sichtweisen auf ein und dieselbe Fra-

---

194 Auf die Defizite in der Ausbildung von Theolog/inn/en im Hinblick auf die Diakonie und besonders die unternehmerische Diakonie ist schon vielfältig hingewiesen worden, vgl. Haas (2007), Jäger (1992), Lohmann (2003)

gestellung vertreten sind und zudem davon auszugehen war, dass zumindest eine dieser beiden Professionen in den größeren diakonischen Unternehmen in den Vorständen vertreten ist.

Sechs der Interviewten sind Volltheologen, von denen einzelne noch eine Zusatzausbildung z.B. als Jurist oder Betriebswirt mitbringen. Vier waren als kaufmännische Vorstände tätig, die, für diesen Tätigkeitsbereich typisch, sehr unterschiedliche berufliche Werdegänge aufwiesen. Andere Professionen, wie z.B. Pädagogen, Pflegefachkräfte oder Sozialarbeiter, sind in den Vorstandsetagen der größeren Unternehmen nur selten vertreten. Es ergab sich vor diesem Hintergrund bei Berücksichtigung der übrigen Auswahlkriterien somit kein Interview.

Hinsichtlich des Geschlechts der interviewten Experten handelte es sich ausnahmslos um Männer, die zum Zeitpunkt des Interviews zwischen 48 und 68 Jahre waren. Dies hatte seinen Grund v. a. darin, dass theologische Vorstandssprecher bzw. kaufmännische Vorstände interviewt wurden und hier in Deutschland, in den ins Auge gefassten diakonischen Unternehmen, im Befragungszeitraum fast nur Männer in den Vorständen tätig waren.[195] Im Übrigen lag es vermutlich an der Auswahl der diakonischen Unternehmen, da sich nur auf größere, weitgehend in mehreren Bundesländern aktive Unternehmen beschränkt wurde und hier fast ausnahmslos Männer das Feld beherrschen.[196]

Die Interviewten arbeiten in überregional tätigen, größeren diakonischen Unternehmen (mehr als 1.000 Beschäftigte). Daneben vertreten die Interviewten insgesamt gesehen diakonische Unternehmen, die als Ge-

---

195 Die 2012 in Deutschland im politischen Raum geführte Diskussion um die Einführung einer Frauenquote in Führungspositionen in der Wirtschaft muss gleichermaßen in der Diakonie geführt werden, da hier der Frauenanteil in Führungspositionen bei weitem nicht den Anteil an der Gesamtbeschäftigtenzahl wiederspiegelt. Beispielgebend hat sich die Diakonie in Stetten einen 40%ige Frauenquote 2013 vorgenommen, die bis 2020 realisiert werden soll, vgl. http://www.diakonie-stetten.de/Artikel-Detail-Portal.83.98.html?&tx_ttnews [tt_news]=2148&tx_ttnews[backPid]=81&c Hash=93b5f1c2d4 (abgerufen am 08.07.2013).

196 Vielleicht ist es kein Zufall, dass in den größeren diakonischen Einrichtungen nach Eindruck des Verfassers kaum Frauen in Vorständen beschäftigt sind. Oft weisen hier die zuständigen Aufsichtsgremien einen hohen Altersdurchschnitt mit einem geringen Frauenanteil auf. Oft ist es auch so, dass sich nur wenige Frauen auf entsprechende Positionen bewerben, so dass Diakonische Werke wie z. B. in Berlin, Hannover oder Mitteldeutschland gezielt gerade unter Theologinnen Nachwuchsförderung betreiben (vgl. z.B. http://www.diakonie-mitteldeutschland.de/subdomain-lift-qualifizierung-von-frauen-in-fuer-fuehrungspositionen.html (abgerufen am 08.07.2013)

3. Unternehmerische Diakonie aus Sicht diakonischer Manager

samtheit betrachtet unternehmerische Diakonie in ganz Deutschland flächenmäßig abbilden. Dieses Vorgehen soll sicherstellen, dass die Interviewten einen Erfahrungshintergrund mit mehreren landeskirchlichen Kontexten mitbringen und in ihren Unternehmen abbilden. Hierdurch soll gewährleistet werden, dass nicht spezifische Besonderheiten einer Landeskirche bzw. eines Diakonischen Werkes für die Aussagen der Interviewten grundlegend sind, da es zwischen den evangelischen Landeskirchen aufgrund ihrer historischen Entwicklung und spezifisch konfessionellen Ausrichtung erhebliche Unterschiede gibt.[197]

---

197 Es sei hier nur an die in der Vereinigten Evangelisch-Lutherische Kirche Deutschlands (VELKD) zusammenarbeitenden evangelischen Kirchen bzw. an die Union Evangelischer Kirchen (UEK) erinnert oder auch daran, ob eine Kirche in einem Bundesland wie z.B. die Hannoversche Mehrheitskirche oder wie die badische Minderheitskirche gemessen an ihrem Anteil an der Gesamtbevölkerung ist:
Die VELKD ist eine evangelisch-lutherische Kirche, die sich auf Martin Luther als ihren zentralen Reformator beruft. Begründet wurde die VELKD 402 Jahre nach dem Tod ihres theologischen Vordenkers: Am 8. Juli 1948 schlossen sich acht lutherische Landeskirchen zusammen. Ihr gemeinsames Ziel war und ist es, die Einheit unter den deutschen lutherischen Kirchen zu fördern und zu bewahren. Der VELKD gehören heute folgende sieben Landeskirchen mit insgesamt rund 10 Mio. evangelischen Christinnen und Christen an: Bayern, Braunschweig, Hannover, Evangelische Kirche in Mitteldeutschland, Evangelisch-Lutherische Kirche in Norddeutschland, Sachsen und Schaumburg-Lippe, vgl. http://www.velkd.de/ 2.php (abgerufen am 10.10.2013).
Die Union Evangelischer Kirchen in der EKD (UEK) ist die Gemeinschaft von Kirchen unierten, reformierten und lutherischen Bekenntnisses in der Evangelischen Kirche in Deutschland (EKD). Mit ihrer Gründung 2003 haben sich zwei unterschiedliche Traditionen kirchlicher Zusammenarbeit vereinigt: die Evangelische Kirche der Union (EKU), die größte Unionskirche Europas, und die Arnoldshainer Konferenz (AKf). Die 12 Mitgliedskirchen verbindet das reformatorische Bekenntnis ebenso wie liturgische und kirchenrechtliche Übereinstimmungen. In der UEK fördern sie die Gemeinsamkeit kirchlichen Lebens und Handelns und damit die Einheit der EKD. Der UEK gehören an: Evangelische Landeskirche Anhalts, Evangelische Landeskirche in Baden, Evangelische Kirche Berlin-Brandenburg-schlesische Oberlausitz (EKBO), Bremische Evangelische Kirche (BEK), Evangelische Kirche in Hessen und Nassau, Evangelische Kirche von Kurhessen-Waldeck, Lippische Landeskirche, Evangelische Kirche der Pfalz, Evangelisch-reformierte Kirche, Evangelische Kirche im Rheinland, Evangelische Kirche in Mitteldeutschland und die Evangelische Kirche von Westfalen, vgl. http://www.uek-online.de/aufbau/vorstellung.html (abgerufen am 10.10.2013).

3.1.4 Das Experteninterview als qualitative empirische Methode

3.1.4.1 »Systematisierende« Experteninterviews als methodische Grundlage

In Anlehnung an Vogel und Meuser/Nagel ist nach A. Bogner zwischen drei Typen des Experteninterviews zu unterscheiden: dem »explorativen«, dem »systematisierenden« und dem »theoriegenerierenden«.[198] Die beiden ersten Typen zielen auf die Gewinnung von Expertenwissen ab, unterscheiden sich aber im Wesentlichen darin, dass ersteres mehr zur Strukturierung eines Untersuchungsgebietes und zur Gewinnung von Hypothesen genutzt wird, während das systematisierende Experteninterview mehr »... das aus der Praxis gewonnene, reflexiv verfügbare und spontan kommunizierbare Handlungs- und Erfahrungswissen« mittels Interviewleitfaden und vergleichender Analyse erschließen will.[199] Dem »theoriegenerierenden« geht es hingegen um mehr: nicht nur das Wissen des Experten, sondern auch die »... kommunikative Erschließung und analytische Rekonstruktion der `subjektiven Dimension´ des Expertenwissens« steht im Mittelpunkt.[200] Subjektive Handlungsorientierungen und Deutungsschemata wie implizite Entscheidungsmaximen der Experten aus einem gleichen Aufgabenbereich bilden die Grundlage, um über eine interpretative Generalisierung einer Typologie Theorie generieren zu können.[201]

Für die vorliegende Untersuchung war es ausreichend, im vorgenannten Sinn ein »systematisierendes« Experteninterview durchzuführen, um aktuelle Erkenntnisse über das Verhältnis von verfasster Kirche und diakonischen Unternehmen im Allgemeinen, das spezifische Selbstverständnis von diakonischen Unternehmen in Bezug auf ihr gemeindliches Selbstverständnis bzw. diakonische Arbeit sowie über ihre Management- und Organisationsprozesse zu gewinnen und Antworten auf die Fragestellungen zu gewinnen.[202]

---

198 Bogner (2. Auflage 2005), S. 36 f.
199 Zit. a.a.O., S. 37
200 Zit. a.a.O., S. 38
201 Bogner sieht dies als Alternative zum statistischen Repräsentativschluss der standardisierten Verfahren, a.a.O., S. 38
202 Vgl. Kap. 3.1.1 Ausgangsfragen und zum Verfahren von Experteninterviews, S. 75 ff.

3. Unternehmerische Diakonie aus Sicht diakonischer Manager

Für die Durchführung der Interviews wurde aus den Forschungsfragen heraus ein Interviewleitfaden entwickelt und in einem Pretest mit einem Experten geprüft und überarbeitet.[203]

3.1.4.2 Zur tatsächlichen Durchführung der Experteninterviews

Die zehn Experteninterviews wurden im ersten Halbjahr 2012 bis auf zwei Ausnahmen in den Büros der Befragten vom Verfasser durchgeführt. Aufgrund zeitlicher Beschränkungen fanden zwei Interviews in einem Restaurant bzw. in einer Tagungsstätte in ruhiger Atmosphäre statt.

Die Experten wurden über den Gegenstand sowie den Zweck des Interviews wie auch die Ziele und Methoden aufgeklärt. Dabei wurden im Vorfeld einzelne Fragen nicht mitgeteilt. Dementsprechend gingen die Experten im Regelfall unvorbereitet in die Interviews. Dieses Vorgehen sollte sicherstellen, dass die Befragten möglichst bei ihrem subjektiven Selbstverständnis und ihren Handlungsmotiven im Hinblick auf den Inhalt des Interviews blieben und zudem das Forschungsergebnis nicht verfälscht wurde.[204] Eine Anonymisierung des Interviews bei Veröffentlichung wurde zugesagt.[205]

Alle Anfragen zu einem Interview wurden durchweg bereitwillig positiv beantwortet, vermutlich auch vor dem Hintergrund, dass der Verfasser selbst in der Diakonie als Vorstand tätig ist und die Interviewpartner aus den beruflichen Zusammenhängen her teilweise persönlich kennt. Die terminliche Koordination erforderte einen nicht unerheblichen Aufwand und setzte die Bereitschaft voraus, dass der Verfasser die Interviewpartner in deren Arbeitsstätten aufsuchte.

---

203 Zur Theorie vgl. Hermanns, Harry in: Flick (2008, 6. Aufl.), S. 360 ff. und Schmidt, Christiane, a.a.O., S. 447 ff. sowie Gläser (2010, 4. Aufl.), S. 142 ff.. Der Interviewleitfaden wurde bewusst eingesetzt, um eine Vergleichbarkeit der Interviews auch hinsichtlich der Auswertung zu ermöglichen und wurde seitens des Verfassers als gegenstandsadäquat angesehen; vgl. zur Sinnhaftigkeit von Leitfadeninterviews gerade im Kontext von Managern Trinczek (2005, 2. Aufl.), S. 210 ff.
204 Das Wissen über das Forschungsziel kann die Antworten der Interviewten entsprechend beeinflussen: »Telling subjects the hypothesis beforehand would invalidate the vast majority of social scientific research.«, Diener/Crandall zit. nach Gläser (2010, 4. Aufl.), S. 54
205 Ganz im Sinne des Ethik-Kodex der DGS und des BDS, vgl. Gläser (4. Auflage 2010), S. 295 ff.

Die Dauer der Interviews betrug zwischen anderthalb bis maximal zwei Stunden. Die Interviews wurden per Diktaphon aufgenommen. Zu jedem Interview wurde ein Interviewbericht vom Verfasser gefertigt. Nach der Transkription wurden die Interviews von den Interviewten gegengelesen. Einer Veröffentlichung des Interviews in anonymisierter Form wurde in allen Fällen zugestimmt.

Auffällig bei einem ersten oberflächlichen Lesen der Interviews ist, dass die sprachliche Ausdrucksfähigkeit der Interviewten sehr unterschiedlich war. Dies hatte sicherlich auch mit der persönlichen Situation des Interviewten zu tun, wie sich im kurzen Vor- bzw. Nachgespräch bzw. aus Seitenbemerkungen des Interviewten während des Interviews ergab.[206]

Aus Gründen der Lesbarkeit wurden die Interviews in eine literarische Umschrift gebracht, wobei möglichst nahe am Urtext der Aufnahme des Interviews geblieben wurde. Da es in dieser Arbeit um das Erfassen von inhaltlichen Aussagen von Experten und einer vergleichenden inhaltlich-qualitativen Analyse geht, konnte im Abdruck der Interviews auf eine Wiedergabe gemäß den Prinzipien der IPA (International Phonetic Association) verzichtet und die Interviews aus Gründen der Lesbarkeit um Phoneme wie »ähs«, »ahs«, »hm« und ähnliche prosodische Ergänzungen »bereinigt« werden.[207] In die tatsächliche Auswertung der Interviews durch den Verfasser wurden die gesamten Interviewtexte einschließlich aller Phoneme einbezogen, um ggf. prüfen zu können, ob bestimmte Aussagen beispielsweise besonders durch den Experten betont wurden oder nicht.[208]

---

206 Wie z.B. in einem Fall besondere persönliche Belastungen durch eine Erkältungskrankheit.
207 Insoweit wird auf eine exakte linguistische »Transkription« im Sinne von Dittmar, gesprochene Sprache in ihrer authentischen lautlichen Form wiederzugeben verzichtet (vgl. Dittmar (2009, 3. Aufl.), S. 68 ff. Sicherlich wäre auch eine Auswertung in linguistischer Hinsicht interessant, doch war dies nicht Gegenstand der Untersuchung.
In der Auswertung der Interviews wurden die angeführten Phoneme wie auch andere umgangssprachliche Verkürzungen selbstverständlich berücksichtigt, da sie Rückschlüsse geben können auf inhaltliche Aussagen, vgl. Dittmar (2009, 3. Aufl.), S. 98 f und die dortigen weiterführenden Literaturhinweise.
208 Auf den Abdruck der Interviews, der in der Dissertation erfolgt ist, wurde hier aus Kostengründen verzichtet. In Kap. 3.3 wird aus den Interviews zitiert. - Angemerkt sei an dieser Stelle, dass die meisten interviewten Vorstände den Umbruch miterlebt haben, den die Ablösung des Kostendeckungsprinzips in der Mitte der 1990ziger Jahre in Deutschland und die damit einhergehende schrittweise

3. Unternehmerische Diakonie aus Sicht diakonischer Manager

3.2 Zur Methodik und Durchführung der qualitativen Inhaltsanalyse

3.2.1 Qualitative Inhaltsanalyse als Auswertungsmethode

Auf der Grundlage der Grounded Theory, wie diese in den 1960ziger Jahren von den amerikanischen Soziologen Anselm Strauss und Barney Glaser geschaffen und von diesen selbst in den folgenden Jahrzehnten weiterentwickelt worden ist, wurden die Experteninterviews ausgewertet.[209] Der theoretische Zugriff wie auch das methodische Vorgehen wurden gewählt, da die Grounded Theory eine gegenstandsverankerte Theoriebildung zulässt. Sie ist somit bereichsspezifisch und es geht ihr nicht darum, universell gültige Theorien zu entwickeln. Andreas Böhm formulierte zutreffend: »Die GT [Grounded Theory, Anmerkung des Verfassers] erlaubt auf der Basis von Forschung in einem bestimmten Gegenstandsbereich eine Theorie zu formulieren, die aus miteinander verknüpften Konzepten besteht (Netzwerk) und geeignet ist, eine Beschreibung und Erklärung der untersuchten sozialen Phänomene zu geben.«[210]

Vor diesem Hintergrund lässt sich die Methode gut auf die Forschungsfragen dieser Arbeit anwenden: Die Methode erlaubt, den Gegenstandsbereich in den Mittelpunkt des Interesses zu rücken und nicht bereits existierende wissenschaftliche Theorien. Die Experteninterviews wurden vom Verfasser mit dem Ziel geführt, neue Überlegungen, Zusammenhänge und ggf. Handlungsempfehlungen abzuleiten bzw. die bestehenden Hypothesen zu überprüfen.[211]

Bei der Datenauswertung wurde mit MaxQDA Version 10 gearbeitet. Dies ist eine von Udo Kuckartz Ende der 1980er Jahre entwickelte Software zur computergestützten qualitativen Daten- und Textanalyse: »Ziel

---

Durchsetzung wettbewerblicher Strukturen im deutschen Sozialmarkt seitdem auch für die Diakonie zur Folge hatte.
209 Darstellung von Theorie und Methode: Strauss (1991), vgl. auch Strauss (2008, 3rd. Edition.), auch B. Hildenbrand in: Flick (2008, 6. Aufl.), S. 32 ff.; A. Böhm in Boehm (1994), 121 ff. Letztere stellen auch kurz den theoretischen und philosophiegeschichtlichen Hintergrund der Grounded Theory von A. Strauss dar - den amerikanischen Pragmatismus von William James, John Dewey und Charles S. Peirce wie auch den symbolischen Interaktionismus, der auf George H. Mead zurückgeht. Dies soll hier nicht weiter verfolgt werden.
210 Zit. Boehm (1994), S. 121
211 Vgl. Kap. 3.1.1 Ausgangsfragen und zum Verfahren von Experteninterviews, S. 75

ist, Einblicke in das Datenmaterial zu gewinnen, ohne die inhaltliche Interpretation durch den Forscher vorwegzunehmen.«[212]

3.2.2 Durchführung der qualitativen Inhaltsanalyse

In der Auswertungsdurchführung wurde im Wesentlichen das Vorgehen angewendet, wie es von Meuser und Nagel als qualitative Inhaltsanalyse für die Auswertung von Experteninterviews entwickelt worden ist.[213]

In Abbildung 1 (s. S. 90) sind die einzelnen Schritte als Übersicht dargestellt.[214]

Nach der Durchführung und Transkription der Experteninterviews wurde jedes Interview paraphrasiert.[215] Ziel der Textanalyse war es hierbei nicht, jeden individuellen Ausdruck des einzelnen Interviews zu erfassen. Vielmehr ging es darum, möglichst über den Vergleich der Experteninterviews das überindividuelle Gemeinsame herauszuarbeiten, um Aussagen über Repräsentatives bzw. gemeinsame Deutungsmuster, Wirklichkeitskonstruktionen und Interpretationen im Hinblick auf die im Interviewleitfaden gesetzten Themenschwerpunkte zu bekommen. Die Experten werden somit als Repräsentanten von Vorständen mittlerer bzw. großer diakonischer Einrichtungen in Deutschland gesehen.

Mit dem thematischen Vergleich können somit Gemeinsamkeiten und Unterschiede festgestellt werden. Damit handelt es sich um ein interpretatives Verfahren mit einer nicht-standardisierten Auswertung. Hierbei weisen Meuser/Nagel zu Recht auf die Gefahr von Zirkelschlüssen hin, wie auch auf die Frage, was die Vergleichbarkeit der Texte sicherstellt.[216]

---

212 Zit. http://de.wikipedia.org/wiki/MAXQDA; Produktinformation unter http://www.maxqda.de/ produkte (abgerufen am 06.01.2014); fortgeschrittene QDA-Software ermöglichen es, nicht nur den Entstehungsprozess der Codierung zu protokollieren, sondern es kann auch einfach in Form von Code-Memos oder Kategorienbeschreibungen festgehalten werden, wie ein Code bzw. eine Kategorie beschrieben sind und somit leicht aus dem Text heraus jederzeit nachvollziehbar entwickelt werden, vgl. U. Kuckartz in: Diekmann (2006), S. 455 ff.
213 Meuser (2005), S. 71 ff.
214 Die Darstellung folgt dem Vorgehen von Meuser/Nagel, vgl. Meuser (2005), S. 71 ff.
215 Erstellung des Interviewleitfadens wie auch Durchführung der Interviews und deren Transkription vgl. Kap. 3.1 , S. S. 75 ff.
216 A.a.O., S. 81

3. Unternehmerische Diakonie aus Sicht diakonischer Manager

1) Interviewleitfaden aus Forschungsfragen entwickeln
- Offene Fragen formulieren
- Ziel: Fokussierung auf bestimmte Themen

⬇

2) Interview und Transkription
- Verschriftlichung des Interviews
- Ziel: Grundlage für weitere Auswertung

⬇

3) Paraphrasierung
- Zusammenfassende Wiedergabe angeschnitter Themen des Interviewten
- Ziel: Reduktion von Komplexität

⬇

4) Überschriften für Paraphrasen
- Aufgreifen der Terminologie der Interviewten
- Ziel: Möglichst textnahe Wiedergabe/ Vermeidung von Zirkelschlüssen

⬇

5) Thematischer Vergleich
- Zusammenstellung thematisch vergleichbarer Textpassagen aus allen Interviews
- Ziel: Textnahe Vereinheitlichung der "Überschriften" bzw. Codierung

⬇

6) (Soziologische) Konzeptualisierung
- Das Gemeinsame im Verschiedenen begrifflich gestalten - Kategorien
- Ziel: Systematisierung von Relevanzen/Typisierungen/Deutungsmustern usw. im empirischen Material

⬇

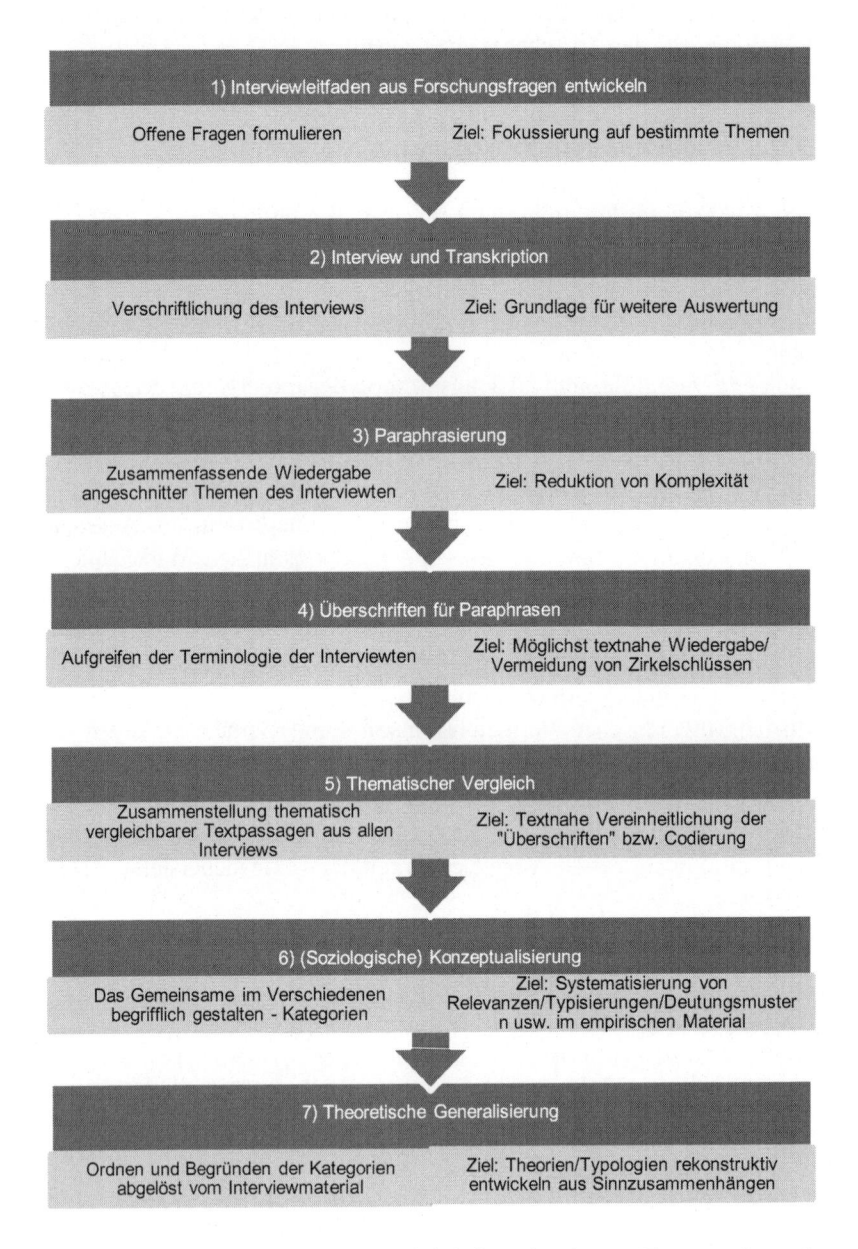

7) Theoretische Generalisierung
- Ordnen und Begründen der Kategorien abgelöst vom Interviewmaterial
- Ziel: Theorien/Typologien rekonstruktiv entwickeln aus Sinnzusammenhängen

Abbildung 1: Vorgehen in einem leitfadenorientierten Experteninterview als Entdeckungstour

Diese methodischen Probleme sind über die Angabe von Prüfkriterien, die für die Gültigkeit der Interpretationen herangezogen werden, lösbar: Die kontextabhängigen Interpretationen von Äußerungen der Experten verbunden mit der sequenziellen Textrekonstruktion schaffen hier eine hohe Transparenz, wobei bei jedem Analyseschritt zur nächst höheren Abstraktionsebene immer wieder Überprüfungen am Originaltext stattfinden können.[217] Die Analyse bezieht sich somit auf inhaltlich zusammengehörende Passagen, die über den Text bzw. die Texte verstreut sein können. Entsprechend grenzt sich dieses Vorgehen auch von der am Einzelfall interessierten Interpretation ab, in der die Sequenzialität von Äußerungen im Vordergrund steht. Der institutionell-organisatorische Kontext der Experten einerseits wie auch der Interviewleitfaden andererseits stellt die Vergleichbarkeit der Interviewtexte her.

Die Paraphrasierung wie auch die weiteren Auswertungsschritte wurden für jedes einzelne Interview in MaxQDA durchgeführt.[218]

Bei der Paraphrasierung wurde darauf geachtet, dass einzelne Textsequenzen in jedem Interview zusammengefasst wurden. Ziel ist hier die Reduktion der Komplexität der von den einzelnen Experten gemachten Ausführungen auf Kernaussagen. Anschließend wurden diese Textabschnitte mit einer zusammenfassenden Überschrift für jedes Interview codiert. Mit diesem Verfahren werden Aussagen aus unterschiedlichen Interviews thematisch einander zugeordnet.[219]

Im fünften Analyseschritt des »Thematischen Vergleichs« wird vom einzelnen Interviewtext abstrahiert und es wird nur noch auf die verbliebenen, mit textnahen codierten Überschriften versehenen Textpassagen zurückgegriffen. Inhaltlich gemeinsame Textblöcke werden unter einer textnahen codierten Überschrift im thematischen Vergleich zusammengefasst. Die computergestützte Auswertung der Interviews erleichtert, dass Resultate des thematischen Vergleichs auf Vollständigkeit und Validität am Originaltext immer wieder überprüft werden können.

---

217 Dies ist auch für die geneigten Leser möglich, vgl. Auswertung in Kap. 3.1 Zur Grundlage und Methodik von Experteninterviews, S. 93 ff.
218 Zur Software vgl. Kap. 3.2.1 Qualitative Inhaltsanalyse als Auswertungsmethode, S. 87
219 Auf eine Dokumentation dieser Analyseschritte wird aus Gründen der Lesbarkeit verzichtet. Durch den Abdruck des Interviewleitfadens im Anhang wie auch der einzelnen Interviews ist eine hinreichende Transparenz für die geneigten Leser gegeben.

3. Unternehmerische Diakonie aus Sicht diakonischer Manager

In der soziologischen Konzeptualisierung geht es um die Bildung von Kategorien. »Kategorien, die auf dieser Stufe der Auswertung gebildet werden, sollten sich durch analytische und metaphorische Qualitäten auszeichnen.«[220] In den Kategorien soll das Gemeinsame im Verschiedenen der Textpassagen als ein Teil des gemeinsamen Wissens der Experten verdichtet werden möglichst in (soziologischer) Fachterminologie, um getroffenen Aussagen verallgemeinern zu können. Es wird im Prinzip hiermit ein Anschluss an die theoretisch wissenschaftliche Diskussion geschaffen, in dem deren Begrifflichkeit Anwendung in der Untersuchung findet. Hierbei bleiben jedoch die getroffenen Verallgemeinerungen auf die Interviewtexte bzw. auf einen Ausschnitt diakonischer Unternehmen als Untersuchungsgegenstand beschränkt.

Im letzten Auswertungsschritt, der »Generalisierung«, wird kein Bezug mehr auf das empirische Material genommen, sondern es werden die gefundenen Kategorien begründet und es wird versucht, einen systematischen Zusammenhang zwischen den Kategorien herzustellen. Aus dem bisherigen Nebeneinander verschiedener Aussagen werden Sinnzusammenhänge über die Verknüpfung der Kategorien zu Typologien, Theoreme bzw. Theorien rekonstruiert. Abschließend findet eine Überprüfung statt im Hinblick auf die Forschungsfragen bzw. gegebenenfalls mit den im Zusammenhang mit den Forschungsfragen theoretisch formulierten Thesen, um diese verifizieren bzw. falsifizieren zu können oder festzustellen, dass sie gegebenenfalls inadäquat sind. Mit diesem Vorgehen ist gewährleistet, dass Zirkelschlüsse vermieden werden, da immer wieder eine Überprüfung am empirischen Material stattfinden kann.

In folgendem Kapitel »3.3 Unternehmerische Diakonie aus Sicht ihrer Führung: Ergebnisse der Experteninterviews« werden die vorgenannten Auswertungsschritte 5 bis 7 ausführlich am empirisch gewonnenen Material in ihren Ergebnissen dargestellt. Zu beachten ist, dass die Auswertung möglichst nah an den Aussagen der Experten anschließen, um verallgemeinerungsfähige Aussagen für diakonische Unternehmen und ihre Spezifika am Ende gewinnen zu können. Vor diesem Hintergrund hat der Auswertende eigene bewertende Kommentare bzw. entsprechende Begrifflichkeiten zu vermeiden, was insbesondere für die Auswertungsschritte in Kapitel 3.3.1 gilt.

---

[220] Zit. Meuser (2005), S. 85, die in diesen Zusammenhang auf Strauss verweisen, vgl. Strauss (1987), S. 33

3.3 Unternehmerische Diakonie aus Sicht ihrer Führung: Ergebnisse der Experteninterviews[221]

3.3.1 Professionalisierung und Wettbewerb fördern die Bildung diakonischer Unternehmen

3.3.1.1 Ein unvollständiger Sozialmarkt und zunehmend private Wettbewerber prägen das diakonische Umfeld in Deutschland

Es gibt keinen Markt im klassischen Sinn für soziale Dienstleistungen in Deutschland. Ein Experte formulierte diese Aussage wie folgt: »Ich glaube, es gibt kein(en) Mainstream. Wir leben in einer partiellen Unregierbarkeit. Es gab eine Zeit lang den Schlachtruf: ´Wir müssen Markt einführen´, und das ist aber in unterschiedlicher Tiefe vor der Vollendung steckengeblieben und nicht zu Ende geführt worden. Am deutlichsten zeigt sich das an der Niederlassungsfreiheit der Ärzte. Die wurde 1994 beendet (und) das Bundesverfassungsgericht hat diesen Eingriff in die Berufsfreiheit akzeptiert, weil man gemerkt hat, das überall dort, wo eine Ärztin auftaucht, die Bewohnerschaft in der Umgebung mehr Arzt braucht als vorher, kränker wird. Und daran, dieses sozialpolitische Dreiecksverhältnis aufzulösen, daran denkt im Ernst niemand. Eine partielle Auflösung hat es gegeben in der Pflegeversicherung. Das ist aber der einzige Bereich, der ist heute nennenswerter Teil der, ich sag´ jetzt wieder, Kunden, Selbstzahler. Ansonsten ist das nicht so.

Es müsste auch, um Markt zu ermöglichen, Überkapazitäten geben, die müsste es auch deshalb geben, um den Kunden Wahlmöglichkeiten zu schaffen. Und genau das versuchen die meisten Kostenträger mit fast allen Mitteln zu verhindern, obwohl es eigentlich wesentliche Elemente von Markt wären. Das war eine ähnliche Entwicklung wie Anfang der 1990er Jahre, als in der Behindertenhilfe die Hilfebedarfsgruppen kamen. Da hat man (vorher) gesagt ... ihr kriegt ... für alle das gleiche Geld, für (das) was ihr tut, wir wissen aber nicht, was ihr tut, weist es doch ´mal nach. Wir haben es nachgewiesen, das hat uns zu diesen riesen Dokumentationspflichten geführt. Die Kostenträger haben es durchgeguckt und ge-

---

221 Die in diesem Unterkapitel wiedergegebenen Ausschnitte aus den Experteninterviews sind sprachlich nur soweit leicht aus Gründen der Lesbarkeit vom Verfasser überarbeitet worden, dass deren inhaltliche Aussage sich möglichst nicht ändert. Ergänzungen des Verfassers in Klammern. - Zur Überprüfung ist der Vergleich mit dem entsprechenden unveränderten Originaltext im Anhang möglich.

merkt, oh je, oh je, dann wird's ja viel teurer, die machen ja viel mehr, als wir gedacht hatten. Also ist das auf halbem Wege wieder versandet.«

Einigkeit bestand zwischen fast allen Experten, dass man von einem Markt für soziale Dienstleistungen in Deutschland, in dem Angebot und Nachfrage bei freiem Marktzugang und freier Konkurrenz sich auf einem Markt austauschen, nicht sprechen kann. Der eigentliche Wettbewerb findet mit den privaten Anbietern statt. Doch innerhalb der Diakonie dominiert die Diskussion um die innerdiakonische Konkurrenz.

Gleichwohl besteht Einvernehmen zwischen den Experten, dass es einen unvollständigen Markt für soziale Dienstleistungen in Deutschland gibt, dessen Wettbewerbssituation sich je nach Hilfefeld bzw. Sparte unterschiedlich für die Diakonie und ihre Unternehmen darstellt. Beklagt wird allenthalben, dass innerhalb der Diakonie (und der Kirche) das eigentliche Problem des Wettbewerbs mit den Privaten nicht gesehen wird und die sich daraus ergebenen Konsequenzen zu wenig beachtet werden: »Diakonie ist seit, würde ich 'mal sagen, gut 25 Jahren in einem deflatorischen Marktumfeld, zumindest was die Ertragsseite anbelangt. Gleichzeitig ist ihr Kostenblock inflatorisch geblieben. Ich kann also meinen Bestand nur sichern, wenn ich in einen Markt 'reinwachse. In einen Markt 'reinwachsen, der an sich schrumpft, bedeutet andere aus diesem Markt zu verdrängen oder gar nicht zuzulassen, dass sie in diesen Markt eintreten. Nach meinem Dafürhalten hat die Diakonie viel zu spät die Gefahr der privaten Anbieter erkannt und hat das eben aus vermeintlicher Verbrämung strategischen Gedankengutes und Vokabulars eben auch immer versäumt, sich gegen sie zu positionieren, und jetzt hat sie den Salat.«

Ein anderer Experte bestätigt diese Sicht und zieht für seine Unternehmensgruppe die entsprechende Schlussfolgerung: »Und was die Privaten machen, interessiert nicht. Ja und dass die Privaten die Märkte besetzen, das wird nicht wahrgenommen. Ja und wir, die xxx, wir sehen gar nicht die Diakonie als Wettbewerber. Wir sehen die Privaten, die Pro Seniora hat uns zum Hauptfeind Nummer 1 erklärt. Da habe ich gesagt, das ist Klasse, den werden wir 'mal zeigen, was eine Harke ist.«

Einige der Interviewten sehen darin sogar ein Hauptproblem. Die innerdiakonische Konkurrenz dominiert die Diskussion und das Handeln, obwohl man eigentlich eher zusammenarbeiten müsste: »(Es herrscht)… innerdiakonische Konkurrenz, das heißt, ein wenig ausgeprägtes Verständnis dafür, dass alle eigentlich dem gleichen Auftrag verpflichtet sind und dass man gerade durch die gute Zusammenarbeit die gemeinsame Marke Diakonie sehr stärken könnte.« Und ein anderer erweitert diese Sicht um die Kirche: »… also da muss man einfach sehen, dass es zwi-

3. Unternehmerische Diakonie aus Sicht diakonischer Manager

schen Kirche und diakonischem Unternehmen ... eine vermeintliche Konkurrenz gibt, ja. Wettbewerb würde ich 'mal gar nicht als so schlecht ansehen. Wettbewerb dient ja auch zur Verbesserung von Qualität usw. Aber Konkurrenz, also schädliche Konkurrenz, ist in der Diakonie auch unter den Unternehmen leider verbreitet.«

Besonders in der Altenhilfe und im Krankenhaussektor findet ein massiver Verdrängungswettbewerb gerade mit privaten Anbietern statt. Dieser Wettbewerb zwingt zu Zusammenschlüssen diakonischer Unternehmen. - In der Altenhilfe wird ein massiver Verdrängungs-wettbewerb von allen Experten analysiert, der besonders mit den privaten Anbietern geführt wird: Dieser findet im Wesentlichen nach Meinung der Experten über die Lohnkosten statt, da diakonische Anbieter tariflich gebunden sind und private Anbieter oft keine Tarifbindung haben. Daran haben auch die seit wenigen Jahren für Teilbranchen wie das Reinigungsgewerbe oder im Bereich der Altenpflege eingeführten Mindestlöhne nur wenig geändert, da die Mindestlöhne immer noch teilweise weit unterhalb der in der Diakonie tariflich fixierten Lohngruppen liegen: »...die (privaten Anbieter) haben teilweise noch nicht 'mal Mindestlöhne gezahlt. Dass mussten sie jetzt ja anpassen. Aber in der (privaten) Einrichtung werden 7,50 Euro bezahlt, während wir 10,50 Euro zahlen ... Dann haben wir Urlaubsansprüche von über 30 Tagen, Private kriegen 24. Wir geben Zusatzaltersversorgungen, Private Null, nichts, gar nichts. Wir zahlen für Kinder noch Zuschläge, wir zahlen diese und jene Zuschläge und da sind wir auf dem Markt generell einfach überfordert.«

Oder ein anderer Interviewter führt hierzu aus: »... wir haben natürlich zur Zeit noch einige Steuerprivilegien, das sage ich gleich vorweg. Aber wer natürlich an keine Tarifverträge gebunden ist, an keine kirchlichen Gehaltsstrukturen gebunden ist, der kann einer jungen OP-Schwester 200 Euro mehr zahlen und sagen, wir kennen keine Dienstaltersstufen, wird aber die jungen Leute vom Markt abschöpfen. Da sind wir unter unterschiedlichen Startbedingungen an dem gleichen Markt unterwegs. Und das macht es die nächsten Jahre schwierig ... ich kann nicht gleichzeitig jungen Leuten mehr Geld geben, wie das private Anbieter tun und gleichzeitig Dienstaltersstufen aufrechterhalten.«

Es gibt zudem einen Wettbewerb im Krankenhaussektor, der zur Konzentration zwingt: »Wir haben gar keine andere Chance, ... wir sind Teilnehmer am Markt, insofern kann man sich dem nicht entziehen, man muss den Spielregeln da entsprechen, muss den qualitativen Anforderungen entsprechen. Aber (man) muss natürlich auch gucken, dass man sich mit dem

Markt entwickelt. Gegen den Markt ist es schwierig und das erfordert eben eine sehr viel höhere Konzentration auch der diakonischen Einrichtungen untereinander, miteinander.«

Anders ist es in der Eingliederungshilfe. Dieser Sektor ist nach wie vor vom »Kartell« der Unternehmen der freien Wohlfahrtspflege dominiert:
Im Bereich der Eingliederungs- und Behindertenhilfe gibt es vergleichsweise wenige private Anbieter, da dort nach Meinung der Befragten die Einstiegsmöglichkeiten für Externe geringer sind. Einzelne Experten sprechen hier sogar von kartellartigen Strukturen: »... fast vollständig unter Marktbedingungen zu verhalten und entsprechend zu agieren, also im Pflegebereich und auch zunehmend bei den Krankenhäusern. Da werden ... sich die Unternehmen, die da zu tun haben, entsprechend drauf einstellen müssen. Es gibt andere Bereiche, die da noch ein bisschen mehr Spielräume haben, natürlich die Eingliederungshilfe und ja, ich denke von daher werden sich die Arbeitsfelder auch weiter ... differenzieren. ... Ich muss immer ein bisschen schmunzeln, wenn gerade in der Eingliederungshilfe von Markt gesprochen wird, weil ich da Marktmechanismen fast noch überhaupt nicht erkennen kann. Wenn irgendwelche Zeitschriften behaupten, dass dort eher eine Kartellbildung geschieht, kann ich dem im Moment nicht so unbedingt widersprechen. Da könnte man sich vielleicht ein bisschen mehr Markt sogar wünschen. Das ist ein sehr guter fruchtbarer Boden. Erstmal um die Dekonzentrationsbewegung, die wir gerade machen, mit dem Grundgedanken der Inklusion vor Ort zu verankern.«

Inwieweit solidarisches Handeln für diakonische Unternehmen im Markt möglich ist, ist zwischen den Experten umstritten. Die radikalste Positionierung lautet, dass Unternehmen nicht solidarisch sein können, sondern nur kundenorientiert: »Also für mich (...) gibt (es) kein solidarisches Unternehmen, das kann nicht funktionieren. Ich kann als Unternehmen nicht solidarisch sein. Ich kann kundenorientiert sein. Ich kann darauf ausgerichtet sein, dass die Kunden aus meinen Dienstleistungen einen Nutzen ziehen. Aber ich kann nicht solidarisch sein, wenn ich mich in einem Markt bewegen muss und wenn die extremste Konsequenz meines Fehltrittes im Markt bedeutet, dass die unternehmerische Existenz gefährdet ist. (...) Wertmaßstab ist absolute Orientierung am Kundennutzen, absolut betone ich deshalb, weil das für mich schon elementar zur Diakonie dazu gehört. Ich kann nur einem gegenüber, wenn überhaupt, lieb sein. Das muss man ganz ehrlich 'mal so definieren. Und die Aufgabe der Diakonie ist es, sich ihren Kunden zuzuwenden und im Zweifel nicht fragen zu müssen, kannst du das bezahlen, was sie dir als Dienstleistung bietet. Auch für die Diakonie sind die Ressourcen endlich, das heißt, sie muss die Ressourcen sehr punktgenau allokieren, allein schon weil die wichtigste Ressource für sie am knappsten ist, nämlich das Kapital.«

Ein weiterer Experte sieht die Spannung zwischen dem Anspruch, hilfebedarfsorientiert zu agieren und andererseits dies auch finanzieren zu können, die mit einer unternehmerischen Ausrichtung eines diakonischen Unternehmens auf den Markt besteht: »Also es ist eine Form diakonischen Arbeitens, die sich im Wesentlichen aus einer Anstaltsdiakonie entwickelt hat. Das war ja eine Rechtsform, zumindest 'mal eine Rechtsform ... die sich weitestgehend überlebt hat und dringend des Wandelns bedurfte. Der Begriff unternehmerische Diakonie ist ja auch ambivalent, aber ich nehme ihn 'mal positiv. Der Unternehmer versucht sein Unternehmen zu entwickeln, innovativ, beobachtet entsprechend die Märkte, in denen er sich entwickeln kann, und geht normalerweise ressourcenschonend damit um. Damit habe ich gleich auch die kritische Seite genannt, ... dann ist natürlich die Frage, ob unternehmerische Diakonie es sich leisten kann und will, auch in Bereiche hineinzugehen, wo man Refinanzierung auch auf Dauer kaum absehen kann. Das kann unternehmerische Diakonie bei Ressourcenknappheit ja nur in wenigen, oft in Ausnahmefällen leisten, weil die unternehmerische Diakonie - und das ist dann wiederum noch ein Merkmal - ja auch das Risiko des Eigentums trägt und auch von der Rechtsform in der Regel vor allem da (in der) Gefahr steht, insolvent werden zu können.«

Andere Experten wiederum betonen die Notwendigkeit von solidarischem Handeln und Kooperation der Unternehmen untereinander.

3.3.1.2 Diakonische Arbeit in Deutschland hat ihre politische Gestaltungskraft verloren – Mehr Mut zu eigenständiger Entwicklung

Die Professionalisierung der Arbeit ist durch die Sozialstaatlichkeit vorangetrieben worden, hierin besteht eine implizite Einigkeit zwischen den Experten. Doch: »Diese 50, 60 Jahre Professionalisierung (haben) die diakonischen Aufgaben den Gemeinden weitgehend weggenommen ... «, formulierte ein Experte exemplarisch. Diese Entwicklung hat die klassischen, kleinräumlich orientierten Arbeitsformen in Diakonie und Kirche zerstört und die Entwicklung der diakonischen Unternehmen befördert: »(Ich habe für die) Müttergenesungsheime versucht ..., diese sogenannten offenen Badekuren besser finanziert zu kriegen. Da gab's eine Arbeitsgemeinschaft, auch (der) gesetzlichen und privaten Krankenkassen, mit denen haben wir das verhandelt und waren am Ende erfolgreich. Aber wir wären fast 'rausgeflogen, als die näher hinguckten und gemerkt haben, dass wir Tagessätze schon zwischen 40 und 50 DM hatten, das war 1986. Und (sie haben uns gesagt), etwas was so billig ist, muss so schlecht sein, dass es in unseren Leistungskatalog nicht passen kann. Wir bekamen dann 100 Mark am Tag und eine Folge war dann, ich war zuständig für Mutter-Kind-Heim(e), da hatten wir für die Mutterarbeit eine Pfarrerswitwe, die hatte sechs eigene Kinder groß gezogen und hatte nur einen Realschulabschluss. Die mussten wir entlassen und durch eine Diplompsychologin mit BAT 2a ersetzen. Damit war dann die von der Krankenkasse gewünschte Qualität sichergestellt. Übrigens hat die Pfarrfrau das viel besser gemacht.«

Alle befragten Experten lassen mehr oder minder durchscheinen, dass die Ausrichtung des eigenen Angebotes an den Erfordernissen des deutschen Sozialstaats nur bedingt sinnvoll ist. Einige Experten gehen weiter:
»… der Sozialstaat hat eigentlich diese Nomenklatur nicht mehr verdient, er ist für mich eine Pseudoveranstaltung. Wir sind in der Bundesrepublik noch nicht weit genug, dass wir so ähnlich wie die US-Amerikaner sagen: Okay, es gibt dann gar keinen Sozialstaat mehr, wir müssen selber Initiative (ergreifen)… Diese fehlende Bereitschaft, Bedarfe tatsächlich über Kostenträgerübernahmen zu sichern oder eben die Leistungen einzustellen, die ist gefährlich.«
»Das Hauptkonfliktfeld ist immer noch das Verhältnis Diakonie zum Sozialstaat, das ich für brandgefährlich halte. Ich kann die Anbiederei der letzten zwanzig, dreißig Jahre der Diakonie an den Sozialstaat nicht ansatzweise nachvollziehen. Ich habe aus der deutschen Historie heraus ein sehr gestörtes Verhältnis zu staatlichen Handlungsmonopolen, das wir nach meinem Gefühl viel zu leichtfertig dem Staat zusprechen. Das geht immer so lange gut, wie wir eine liebe Regierung haben und es geht ganz schnell schief, wenn die mal nicht mehr ganz so lieb ist und vor allem, wenn dann 'mal die Geldressourcen aufhören. Diese Abhängigkeit ist für die Diakonie lebensgefährlich. Sie ist für die ihr anvertrauten Menschen lebensgefährlich und die Diakonie hat da eine Menge zu tun, um sich aus diesen Fängen wieder zu befreien.«
Darüber hinaus wird die Starrheit der bundesdeutschen Sozialgesetzgebung kritisiert, die klare Grenzen zwischen den Hilfefeldern geschaffen hat bzw. trennt zwischen stationären und ambulanten Hilfeangeboten – ei-

ne Trennung, die es so in der Praxis nicht gibt. Diese gesetzlichen Aufteilungen der Hilfeangebote gibt es in den Sozialgesetzgebungen anderer Länder auch nicht, so z.b. der Holländer oder Schweden.[222]

3.3.1.3 Diakonische Arbeit bedarf ab einer bestimmten Einrichtungsgröße der Unternehmensform

Typisch ist für den deutschen Markt die unternehmerische Ausprägung in der Diakonie (vergleichbar auch mit Caritas, DRK und AWO), die es in dieser Form in anderen Staaten nicht gibt.[223] Einvernehmen bestand bei den Befragten, dass diakonische Angebote sich zumindest ab einer bestimmten Größe nur im Rahmen eines Unternehmens professionell organisieren lassen: »Ab einem bestimmten Organisationsgrad, möchte ich 'mal einschränkend dazu sagen, ist Diakonie nur professionell und unter unternehmerischen Strukturen machbar. Nichtsdestotrotz halte ich es für existenziell unabdingbar, dass Diakonie immer aus einem ehrenamtlichen und charismatischen Nutzen heraus entsteht. Die kann's nur in der Gemeinde geben. Also im Idealbild hat für mich ein diakonisches Unternehmen fünf, sechs Satellitengemeinden um sich 'rum, aus (denen) immer wieder alle Forschung(s-) und Entwicklungsimpulse aus Eigeninitiativen kommen für Hilfefelder, die ab einem bestimmten Professionalisierungsgrad das Unternehmen dann besetzen kann.«

Ein anderer Experte begründet dies aus dem bestehendem Wettbewerb, der zu einer unternehmerischen Organisation führt: »... das was ich Almosendiakonie nenne (einerseits und) ... soweit Diakonie pflegesatzrefinanziert ist, muss sie unternehmerisch sein. Da, wo Diakonie sich aus Spenden finanziert, wird das Unternehmerische immer etwas in den Hintergrund treten, weil (es dort) keinen Wettbewerb (gibt), das macht sowieso keiner...«

Inwieweit sich das deutsche Modell der unternehmerisch organisierten Diakonie in andere Staaten exportieren lässt, war mehrheitlich unter den Experten nicht umstritten, da sie diakonisches Handeln im Ausland als notwendiges Handeln aus christlicher Nächstenliebe begründeten. Doch es gab auch eine kritische Anfrage im Hinblick auf die noch unerledigten Aufgaben der Diakonie in Deutschland: »Und ich finde schon, man muss

---

222 Vgl. Güntert (2002), 55 ff.
223 Vgl. Kapitel 1

sich das kritisch hinterfragen und zwar auch aus betriebswirtschaftlichen Gesichtspunkten, ist das ein Modell, das ich 'mal eben sowohl in andere Kulturräume exportieren kann und muss ich überhaupt europäisch expandieren oder muss ich nicht viel mehr die gleichen Kräfte einsetzen, dass nicht hier(her) andere expandieren. Also da würde ich im Moment mein Herzblut für verwenden. Ich würde mich nicht berufen fühlen, aus einem deutschen diakonischen Unternehmen heraus irgendein europäisches Land, und sei es Österreich, beackern zu wollen. Ich würde aber schon eine ganze Menge dafür tun, dass sich hier kein Franzose, Spanier oder Österreicher wohlfühlt. Das wäre mein Hauptansatzpunkt. «

3.3.2 Grundlage, Gegenstand und Ausgestaltung unternehmerischen diakonischen Handelns

3.3.2.1 Christlicher Glaube ist Grundlage und der hilfebedürftige und leidende Mensch ist der Gegenstand diakonischen Handelns

Aus christlichem Selbstverständnis heraus begründen alle befragten Experten ihr Engagement als Vorstand in einem diakonischen Unternehmen.

Ein Experte formuliert dieses Selbstverständnis wie folgt: »Also der christliche Glaube begründet etwas, was sozusagen vor allen Werten steht, eine Gemeinschaft mit Gott, eine Gemeinschaft mit Menschen und eine Gemeinschaft mit sich selbst, die sozusagen vornormativ zu verstehen ist und alles was man dann an gut diakonischen Werten definiert, ist bestenfalls eine Folge dieser vornormativen Ereignisse...«[224]

Ein anderer: »Der Fisch stinkt bekanntlich vom Kopf, das Sprichwort kennen Sie ja. Ist meine eigene Erfahrung. Also, so bemühe ich mich natürlich auch, das geistliche Leben zu gestalten und mache regelmäßig Gottesdienste (und) Andachten auch selber, um auch im Verkündigungsdienst zu bleiben. Während viele meiner Kollegen das drastisch zurückfahren und sagen, (da) habe ich einen Seelsorger für (diese Aufgabe), das mache ich nicht. Also ich predige zu jedem kirchlichen Fest, zu Weihnachten, Ostern, Pfingsten mache ich Gottesdienste, sorge dafür, dass wenn wir irgendwelche Jubiläen feiern ... wir mit meinem Gottesdienst beginnen, sorge dafür, dass wir in allen Sitzungen mit einer kleinen Andacht beginnen, dass wenn leitende Mitarbeiter eingeführt werden auch mit einem

---

224 Der zitierte Experte bezieht sich auf Einig (2012, unveröffentlichte Dissertation)

3. Unternehmerische Diakonie aus Sicht diakonischer Manager

Gottesdienst eingeführt werden und und und. Also wir haben viele ... Angebote, um ein geistliches Leben auch ein Stückchen vorzuhalten. Aber gleichzeitig versuchen wir natürlich auch, unseren diakonischen Auftrag ... aus östlicher kirchlicher Sicht im Alltag zu leben.«

Der Hilfebedarf des einzelnen Menschen steht im Mittelpunkt diakonischen Handels. Unabhängig von Rasse, Geschlecht oder Religionszugehörigkeit. Daher kann Mission nicht zentraler Mittelpunkt diakonischen Handelns sein, da dies gegebenenfalls hilfebedürftige Menschen ausblendet aus dem eigenen Handeln, so die einhellige Meinung der Experten.

Ein Experte formuliert dies exemplarisch für andere wie folgt: »Diakonie ist nicht missionarisch, das halte ich auch für einen Fehlansatz bei Wichern zum Beispiel. Wer Diakonie angeht, um damit zu missionieren, hat nach meinem Gefühl schon verloren. Also entweder ich mache es selbstlos, dann ist es mir egal, welche Konsequenzen der von mir Geholfene daraus zieht, oder eben ich habe für mich ein Selbstverständnisproblem.«

Der hilfebedürftige und leidende Mensch steht im Mittelpunkt diakonischen Handelns: »Gott liebt und rechtfertigt den Menschen unabhängig von seinen Eigenschaften.« Kern diakonischen Handels ist die Orientierung am Menschen und seinen Bedürfnissen wie auch am Schwächsten in der Gesellschaft. Hier ist der Einsatzort von Diakonie. Vor diesem Hintergrund ist der Einsatz für soziale Gerechtigkeit und aktiven Minderheitenschutz als Daueraufgabe begründet.[225]

3.3.2.2 Nicht die Kirchenzugehörigkeit der Mitarbeitenden, sondern die Haltung derselben muss diakonische Angebote prägen

Dass die ACK-Klausel nicht mehr handlungsleitend für das *gesamte* Unternehmen sein kann, wird von den Experten herausgestellt: Die überwiegende Mehrheit der Befragten sieht diese nicht als umfassende Kondition diakonischer Tätigkeit an.[226] Vielmehr wird herausgestellt, dass in einem diakonischen Unternehmen der christliche Anspruch gelebt wird, die Führung Mitglied in einer evangelischen Kirche bzw. der ACK zugehörenden

---

225 Diese Aussage findet sich in allen Interviews wieder.
226 ACK meint Arbeitsgemeinschaft christlicher Kirchen in Deutschland; Mitglieder siehe http://www.oekumene-ack.de/ueber-uns/mitglieder (abgerufen am 15.05.2014)

3. Unternehmerische Diakonie aus Sicht diakonischer Manager

Kirche sein muss und es eines gewissen Anteils an Mitarbeitern bedarf, die sich der Kirche zugehörig fühlen.

Verwiesen wird in den Interviews auf die fehlende kirchliche Bindung in der Bevölkerung, die sich auch in der Rekrutierung der Mitarbeiterschaft niederschlägt. Besonders wird in diesem Kontext auf die Situation in Ostdeutschland verwiesen. Hier besteht eine sehr geringe konfessionelle Bindung der Bevölkerung im Verhältnis zu Westdeutschland. Um eine kirchliche Anbindung sicherzustellen, wird in den Einrichtungen dafür Sorge getragen, dass zumindest die Vorstände und im Regelfall auch die leitenden Mitarbeiter Mitglied einer evangelischen bzw. einer der ACK angehörenden Kirche sind: »(Da nur wenige) im Osten ... oder auch in Berlin noch eine kirchliche Zugehörigkeit haben, können wir (die ACK-Klausel) nur durchhalten, indem wir natürlich auch da klare Regeln haben. Also wir versuchen das auch schon zu leben, das heißt also, leitende Funktionen, Geschäftsführer, Vorstände müssen Mitglied auch der evangelischen Kirche sein. Bei leitenden Mitarbeitern sehen wir das auch so, finden wir keine, dann sollten sie wenigstens einer der christlichen ACK-Kirchen angehören ... und darüber hinaus machen wir eine Reihe von Fortbildungsangeboten bis zu einem diakonischen Grundkurs, wo leitende Mitarbeiter, die die Kirche nicht kennen, einfach ... Bibelkenntnisse, Kirchengeschichte, wie gestalte ich eine Andacht und viele andere Themen (vermittelt bekommen) ... Alle Leitenden müssen da durch, sie müssen so einen Grundkurs machen, damit sie eine ... bessere Prägung und Identität auch haben ... alle anderen sind dazu eingeladen, bis zu Taufkursen, die wir auch machen über unsere Kirchengemeinde. Und wir haben auch nicht viele, aber in den letzten Jahren, glaube ich, acht Mitarbeiter, ohne dass wir sie dazu genötigt haben, ... getauft. Also diesen Prozess des Einladens zum christlichen Glauben, das versuchen wir ... zu leben.« Es besteht weitgehendes Einvernehmen zwischen den Experten, dass die ACK-Klausel gelten soll für Vorstände und im Bereich der leitenden Mitarbeiter, jedoch nicht mehr für das gesamte Unternehmen.

Ein weiterer Grund, der angeführt wird, die ACK-Klausel zu überdenken, wird in dem sich verändernden Hilfebedarf gesehen aufgrund der zunehmenden Religionspluralität in der Gesellschaft. Dies erfordert, dass auch diakonische Unternehmen Menschen mit anderer konfessioneller

3. Unternehmerische Diakonie aus Sicht diakonischer Manager

Bindung einstellen können, um entsprechende Angebote ggf. anbieten zu können.[227]

3.3.3 Kirche und unternehmerische Diakonie als Nebeneinander in gemeindlicher Form?

3.3.3.1 Kirche und Diakonie – einheitlich wahrgenommen, nebeneinander und im Wettbewerb zueinander stehend handelnd

Diakonie ist Teil der (handelnden, sichtbaren) Kirche und wird als solche auch von außen wahrgenommen: Kirche und Diakonie sind ein Ganzes. Mehrheitlich besteht Einvernehmen, dass (unternehmerische) Diakonie in einer sich wandelnden und zunehmend säkulareren Gesellschaft als »vorgelagerte Kanzel der Kirche« Kirche präsent halten muss, wo die verfasste Kirche an Bedeutung immer mehr abnimmt:

Ein Experte stellvertretend für andere: »Ich meine, wir müssen ... erkennen, dass diakonische Arbeit nicht (von) Oberkirchenräten (gemacht wird und auch) ... diese Glaubensarbeit nicht (von) Oberkirchenräten und nicht in Verbänden gemacht wird, sondern vor Ort. Und ... vor Ort als Kirche werden wir... immer in einen Topf geworfen, egal ob verfasste oder organisierte Unternehmensdiakonie. Wir werden immer in einen Topf geworfen. Die Leute wundern sich, dass sie ein Angebot von unseren ambulanten Diensten oder von der Diakoniesozialstation bekommen, ist doch Diakonie. Also es heißt, wir, die Diakonie, ist der Repräsentant von Kirche in der Gesellschaft zunehmend vor Ort, nicht in der Politik, nicht im Fernsehen, aber vor Ort.«

Dieses Verständnis der gesellschaftlichen Wahrnehmung der Einheitlichkeit von Diakonie und Kirche drückt sich auch aus in der Abgrenzung

---

227 Ein anderer Experte führt aus: »Wir wissen hier in Berlin leben 3,5 Millionen Menschen, 800.000 sind Migranten. Mit anderen kulturellen aber auch anderen religiösen Bindungen und auch auf dieses Potenzial, das wird ja wachsen, da gibt's ja auch Statistiken, können wir gar nicht als diakonischer Träger verzichten. Gleichzeitig müssen wir uns aber auch positionieren und sagen, wie ... gestalten wir, wie öffnen wir unsere Einrichtung auch als diakonisch-christliche Einrichtungen auch für andere Mitarbeiter, die eben kommen und auch mit einem anderen kulturellen und auch einen religiösen Hintergrund haben. Na ja und nach der großen Herausforderung, die kennen Sie natürlich auch, ist, wie finden wir überhaupt heute noch, in den nächsten Jahren das richtige Personal.«

3. Unternehmerische Diakonie aus Sicht diakonischer Manager

diakonischer Unternehmen zu diakonischen Angeboten in der verfassten Kirche, die ein Experte vornimmt und hierbei nur verschiedene Formen von Diakonie beschreibt: »Unter unternehmerischer Diakonie verstehe ich das, was nicht von einzelnen Kirchengemeinden gemacht wird. Traditionell werden von Kirchengemeinden gemacht die Diakoniestationen, Sozialstationen, Kindergärten und von den übergeordneten Gremien wie Kirchenbezirken oder Superintendenturen ... Beratungsstellen. Und dann gibt's bei den Diakonischen Werken beziehungsweise bei den Landeskirchen auch noch einige diakonische Aktivitäten, zum Beispiel die Flüchtlingsseelsorge auf dem Flughafen oder die Krankenhausseelsorge, die gehören nicht zur unternehmerischer Diakonie. Dann gibt es einen kleinen Grenzbereich, wo ich zum Beispiel die Bahnhofsmission zuordnen würde (...) Das heißt (alle Angebote, die) von der Definition her, rechtlich nicht in einer der klassischen öffentlich-rechtlichen Trägerschaften wie Kirchengemeinden und Kirchenbezirke (zuzuordnen sind).«

Von der oben beschriebenen Außensicht bzw. -wahrnehmung unterschieden die Experten implizit die Binnen- bzw. Innensicht im Sinne der innerkirchlichen Diskussion und dem Verhalten von Kirche und Diakonie untereinander. In dieser Binnen- bzw. Innensicht wird ein Nebeneinander von Diakonie und verfasster Kirche festgestellt: »... Kirche ist froh, dass sie Diakonie als Aushängeschild in die Gesellschaft hat, weil sehr viele Menschen über Diakonie irgendwie mit Kirche in Berührung kommen und wenigstens diesen Teil von Kirche als für sich sehr nützlich und hilfreich erleben. Da gibt's eine große Freude. Es gibt ansonsten viel Misstrauen. Das gibt's in beiden Richtungen. Die diakonischen Einrichtungen befürchten auch ... theologisch vereinnahmt zu werden. Auch für Missionsstrategien, auch im Hinblick auf die erforderliche Öffnung vor allem für Muslimische, mit Bürgerinnen und Mitbürgern, und was bei den Kirchenleitungen ganz sicher noch eine ganz große Rolle spielt, ist das Faszinosum et Tremendum über die diakonischen Einrichtungen. Also die Freiheiten die wir haben, die werden bewundert, auch das, wie wir damit umgehen, ist teilweise echt eine Bewunderung 'drin, teilweise auch Neid, und es ist ... sehr deutlich zu spüren, eine große Zurückhaltung dabei, Eingriffe in die Diakonie zu tätigen, weil die Kirchenleitungen das nicht wissen, es jedoch erahnen, dass sie es möglicherweise nicht besser machen könnten als wir.« Ein anderer Experte formuliert dies so: »Also wir müssen auch mit der Amtskirche hier ins Gespräch kommen, wir müssen sehen, wie können wir auch kirchliche diakonische Arbeit gemeinsam gestalten und da haben wir doch, denke ich, auch einiges auch an Berührungsängsten abbauen können, kommen auch zu einigen gemeinsamen Projekten, die wir machen. Also das wäre schon auch ein Feld, wo Kirche und Diakonie vieles miteinander machen kann, auch wenn es natürlich institutionell ... völlige Unterschiede gibt.«

Zusammenarbeit wird gesucht unter Wahrung der jeweiligen organisatorischen Eigenständigkeit der verfassten Gemeinden einerseits und der Unternehmen andererseits. Es zeigt sich in den Interviews mehr oder minder durchgängig, dass es zwischen den Unternehmen einerseits und den Kirchengemeinden andererseits bis auf eine Ausnahme aus dem württembergischen Bereich bisher ein Nebeneinander gegeben hat mit wenigen Kooperationen. In den vergangenen Jahren meinen einige befragte Experten eine Tendenz zu beobachten, dass die Verbindungen von beiden Seiten aus wieder stärker miteinander gesucht werden.

Einzelne Interviewpartner beschreiben auch, dass sich neben diakonisch engagierten Gemeinden in ihren Kirchen in zunehmender Zahl andere Gemeinden bewusst aus ihrem bisherigen diakonischen Angebot zurückziehen und dass aus ihrer Sicht hier Kirche an Präsenz in der Gesellschaft verliert: »... aber es gibt eine wachsende Zahl von Kirchengemeinden, die sagen, das (Diakonische) machen wir nicht, wir beschränken uns auf die Verkündigung und auf die Seelsorge und dadurch verlieren die Gemeinden auch Kirche, ein Potenzial, wo sie Menschen auch gewinnen können...«

Dieses Nebeneinander wird auch damit begründet, dass es eine Diskrepanz hinsichtlich der Größe der Organisationen von Kirche und (einigen) diakonischen Unternehmen gibt: »Ich glaube, die Kirche braucht keine Integration diakonischer Unternehmen. Das wäre ein Anspruch, der der Kirche nicht gut tut. Die Kirche muss es einfach zulassen, dass es diese Wirklichkeit gibt. Sie muss nach meinem Dafürhalten entspannter der unternehmerischen Diakonie gegenüber werden, sie nicht immer so als Konkurrenzstruktur auffassen. Integrieren können sie sie sowieso nicht, weil sie dazu haushaltsmäßig gar nicht in der Lage (sind). Es gibt diakonische Unternehmen, die den Haushalt einer verfassten Landeskirche um ein vielfaches übersteigen und es ist illusorisch, das integrieren zu wollen, allein schon der Haftungsfrage sollte sich keiner stellen und keiner sollte sie übernehmen wollen.«

Ein Experte leitete dieses Nebeneinander von Diakonie und verfasster Kirche theologisch ab: Für ihn sind Kirche und Diakonie immer eigenständige Formen des christlichen Glaubens gewesen. Dass beide zusammengehören, ist seines Erachtens eine Projektion. Dies lässt sich seiner Meinung nach auch in der Bibel nachweisen: »Also ich war ja immer bei

3. Unternehmerische Diakonie aus Sicht diakonischer Manager

biblischen Studien sehr überrascht, wie früh dieses Phänomen der Diakonia oder Diakonos, Diakonen sozusagen, in den biblischen Quellen sich findet, also schon in den frühesten Quellen der 0050er Jahre unserer Zeitrechnung gibt es diese spezifische Funktion und wenn man dann 'mal guckt, was diejenigen gemacht haben, die mit diesem Wort bezeichnet werden, dann sind das eigentlich schon von Anfang an Grenzgänger gewesen. Leute, die bewusst die Funktion hatten, sozusagen, über die Grenzen der eigenen Gemeinde hinaus zu gehen und zu vermitteln nach außerhalb der Gemeinde, entweder zu bedürftigen Menschen, die sich irgendwo außerhalb des gemeindlichen Kontextes fanden oder zu vermitteln zwischen den verschiedenen Gemeinden, um sozusagen dort eine Vernetzungsstruktur aufzubauen. Da ist also die Eigenständigkeit des diakonischen Agierens schon in den frühesten biblischen Texten aufzufinden...«

3.3.3.2 Umstritten: Sind diakonische Unternehmen Gemeinde?

Verbundenheit zu den parochialen Gemeinden ist konstitutiver Bestandteil der Geschichte der Diakonie. In dieser Auffassung besteht Einigkeit zwischen den Experten. Diakonische Einrichtungen sind aus Gemeinden heraus bzw. durch Initiativen einzelner Pfarrer bzw. Pastoren entstanden. Von daher rührt auch nach Aussage der Experten, dass in vielen Unternehmen Kirchenvorstände bzw. Gemeinderäte in den Aufsichtsorganen bzw. in der Aktionärs- bzw. Gesellschafterversammlung vertreten sind bzw. generell Vertreter der verfassten Kirche aus den Landeskirchenämtern bzw. aus überörtlich kirchlichen Strukturen wie Superintendenten, Vertreter aus dem Kirchenkreisvorstand u. ä. sein sollten.

Es besteht Einvernehmen zwischen den befragten Experten, dass zu einer Gemeinde alle (gläubigen) Menschen gehören – Gesunde wie auch Kranke. Somit ist auch diakonisches Handeln konstitutiv für Gemeinde: »Insofern ist sie eine Ausdrucksform von Kirche. Bei einem Gemeindebegriff ist für mich ganz wichtig mit aufzunehmen oder zunächst 'mal zu verhindern das Missverständnis, das sehr weit verbreitet ist, auch bei verfassten Kirchengemeinden, es ist nicht die gesunde Kirchengemeinde, die sich den Hilfesuchenden, Kranken, Behinderten zuwendet. Wenn ich schon mit einem Gemeindebegriff arbeite, dann muss ich mir klar sein, alle sind Gemeinde.«

Es gibt keine einheitliche Meinung, ob diakonische Unternehmen per se als eine eigenständige, überregional wirksame Gemeindeform gesehen werden können. Einige Experten stimmen dieser Auffassung zu und sehen in diakonischen Unternehmen eine eigenständige Ausdrucksform von Gemeinde bzw. Kirche, andere sehen mehr ein integratives Wirken von diakonischen Unternehmen in vorhandenen parochialen Gemeinden:

»Ja, auch wieder bei der Kirche, eine Ausdrucksform von Gemeinde. Also ich kann natürlich, ich muss mich da von solchen parochialen Gemeindestrukturen 'mal lösen, also Diakonie ist ja keine liturgische Handlung, aber es ist natürlich eine Ausdrucksform von Gemeinde. Insofern halte ich auch in einer Diakonie gemeinschaftsbildende Symbole und Riten für unumgänglich, die müssen sein, die muss man auch bereit sein zu leben.« Und ein weiterer Experte ergänzt:

»Also eine Integration sollen die gar nicht ermöglichen, ein partnerschaftliches Miteinander, wobei ich da gerne die Rolle der Kirche anerkenne und auch eher sage, wir sind Teil der Kirche, die ist ja nicht Teil der Diakonie. Wir haben eine besondere Aufgabe innerhalb von Kirche, aber wir wünschen uns eben auch die dazu nötigen Bedingungen. Und das, glaube ich, kommt am besten zum Ausdruck in einem partnerschaftlichen Miteinander, wo man voneinander weiß, die Herausforderungen kennt, die Problemstellungen kennt und in einer dichten Kommunikation das auch für die Zukunft weiterentwickelt. Ja, wir sind eine Stiftung kirchlichen Rechts und das heißt, in unserem Verwaltungsrat ist natürlich unser Aufsichtsorgan (der) xxx Landeskirche vertreten. Aber wir haben natürlich zum Beispiel in unserem Verwaltungsrat auch den Oberlandeskirchenrat xxx aus Hannover, wir haben die Kirchenrätin xxx aus xxx, die Landesdiakoniepfarrerin ist, so dass wir also auch schon in unserer Leitungsstruktur personell Besetzungen haben, die die enge Verbindung von Kirche und Diakonie zum Ausdruck bringen. Wir haben es natürlich so, dass der Vorstandsvorsitzende bei uns, der auch Theologe sein muss oder Theologin, das ist ja auch noch 'mal die Satzung, mit besonderen Rechten ja auch innerhalb des Vorstands (ausgestattet ist), Vetorecht und so, habe ich noch nie angewendet...«

Für andere lebt die Gemeinde durch ihren örtlichen Bezug und somit kann ein im Regelfall überörtlich agierendes diakonisches Unternehmen in diesem Sinne nicht Gemeinde sein. Es kann und muss mit den Ortsgemeinden kooperieren und dafür Sorge tragen, dass die eigene Klientel entsprechend vor Ort gut aufgenommen wird durch die Ortsgemeinde:[228]

---

228 Ganz in diesem Verständnis empfiehlt ein Experte auch die Gründung eines Vereins durch die Kirchengemeinde, damit diese hierdurch eine diakonische Einrichtung unterstützen soll.

3. Unternehmerische Diakonie aus Sicht diakonischer Manager

»Nee, die (eine Kirche) haben wir ja geschenkt (bekommen), aber wir erhalten die Kirche, bauen daran. Zwischen Kindergarten und Kirche ist ein wunderschönes Feld, da bauen wir ein Pflegeheim hin, oben am xxx in xxx, exzellenteste Lage, ja, und machen Win-Win-Situation. Wir erhalten die Kirche, die bekommen (eine)… saniert(e) (Kirche mit) Vollwärmeschutz. Haben wir (gebaut als)… eine moderne Kirche, … ohne dieses feste Gestühl … (mit) Andachtsraum, unseren Veranstaltungsraum, riesig, wunderschön… (Daneben haben wir gebaut) … ein Pflegeheim und ein(en) Kindergarten …und können richtig schön integrierte kirchliche Arbeit machen … so stelle ich mir Kirche vor … Klar, wir sind Teil der Gemeinde, auch wenn viele das gar nicht bemerken.«

Sozialraumorientierung in der Ausrichtung der Hilfeangebote und die Inklusionsdiskussion in Deutschland haben zu einer Veränderung im Verhältnis von Unternehmen und parochialen Gemeinden geführt, wie es ein Experte beispielhaft formuliert: »… in dem Verhältnis zu den Kirchengemeinden hat sich Enormes verändert, was ja bei uns auch intern natürlich Veränderungen herbeigeführt hat. Also ich sag´ jetzt ´mal, der pastorale Dienst war ja früher an großen Häusern orientiert. Heute ist er eigentlich daran orientiert Mitarbeitende fortzubilden, die jeweils für die Verantwortung für das diakonische Profil in jedem Haus übernehmen. Wir können das gar nicht mehr zentral mit Theologinnen und Theologen bestücken. Dann sind die eben versorgt durch die Gemeinde und diese Partnerschaft mit Gemeinden ist für alle Seiten (gut), und deshalb finde ich auch, (dass) Diakonie und Kirche Synergien nutzen, unschätzbar wertvoll. Wir erleben das in den Altenheimen: Wenn die Leute, die da in dem Altenheim leben, vom Frauenkreis zum Gottesdienst abgeholt werden und zwei, drei Gemeindegruppen sich in dem Altenheim treffen statt im Gemeindehaus und der kirchliche Kindergarten da hingeht und was aufführt, möglichst außerhalb der Adventszeit, wo die anderen auch alle da sind.«

Eine einheitliche Meinung unter den Experten, dass diakonische Unternehmen eine eigenständige Diakoniegemeinde bilden, lässt sich aber zusammenfassend gesehen nicht feststellen.

3.3.4 Zur unternehmerischen diakonischen Identität

3.3.4.1 Auskunftsfähigkeit über christlichen Glauben im eigenen Unternehmen sicherstellen

Als Minimalposition im Sinne eines kleinsten gemeinsamen Nenners der Experten kann formuliert werden: Diakonische Identität in einem diakonischen Unternehmen heißt, dass möglichst alle Mitarbeiter »auskunftsfähig« sind über wesentliche Grundfragen/-lagen christlichen Glaubens (Minimalposition). So wird beispielsweise genannt: »Was bedeutet Weihnachten?« oder wie ein Experte ausführt: »Also wenn ich jemanden begegne im Osten (Deutschlands), der mir vom Tag des Kosmonauten erzählt und meint den Himmelfahrtstag, dann finde ich, das mir das hilft, in der Kommunikation noch ein bisschen behutsamer zu werden, weil der Mensch das durchaus ernst gemeint hat, weil er mit (dem) Himmelfahrtstag nichts anderes verbindet als Kosmonautik.« Oder: »Wenn ich nach Berlin-Ost gehe, wo eine Kirchenzugehörigkeit von drei Prozent existiert, dann haben wir also mit einer Kirchenzugehörigkeit (der Mitarbeitenden) von 30 Prozent in einem Krankenhaus beispielsweise einen extrem frommen Laden inmitten eines Bereiches der völlig, zum Beispiel, von der politischen Linken geprägt ist, weil die ... bis vor kurzem jedenfalls, über alle Mandatsträger verfügten.« (...) »Wenn wir in Brandenburg mit 1.500 Mitarbeiterinnen und Mitarbeitern einen Kurs `Glauben verstehen - Diakonisch handeln´ durchführen, das ist eine ziemlich große Investition, dann haben wir natürlich Menschen, die zum Beispiel einen Text wie dem des barmherzigen Samariters zum ersten Mal in ihrem Leben begegnen oder die noch nie in ihrem Leben eine christliche Kirche betreten haben. Und das ist natürlich auch eine Chance, weil da eine Offenheit vorhanden ist, die einem in kirchlich geprägten Regionen so überhaupt nicht begegnet, sondern da begegnet einem sehr oft eben auch eine gewisse Langeweile, wenn man auf Texte zurückgreift, die allgemein bekannt sind.«

Als Zwischenergebnis kann hier festgehalten werden, dass das diakonische Profil bzw. die diakonische Identität über die Instrumente des Leitbildes bzw. eine Vision/Mission eines Unternehmens, einer entsprechend kirchlich geprägten internen Fort- und Weiterbildung sowie der Aufrechterhaltung kirchlicher Angebote und der Sakramentsverwaltung ausgestaltet wird.

Ein weitergehendes Verständnis, das mehrheitlich in den Interviews vertreten wird: Diakonische Identität in einem diakonischen Unternehmen

3. Unternehmerische Diakonie aus Sicht diakonischer Manager

heißt nicht nur, dass möglichst alle Mitarbeiter »auskunftsfähig« sind über wesentliche Grundlagen christlichen Glaubens, sondern dass auch Verkündigung und christlicher Glaube in den Einrichtungen des Unternehmens »gelebt« und entsprechende Organisationsformen vorgehalten werden:

- z.B. die Beschäftigung von Diakonen: »Ist da auch mit drin, denn die Ausbildung zur Diakonin, …das ist das, was ich versuche, als innere Mitte des Unternehmens (zu bezeichnen)." Andere versuchen, Diakone als wichtigen Bestandteil in der eigenen Mitarbeiterschaft und der Unternehmensorganisation zu implementieren: »Die haben alle wohl einen sozialen Beruf und kriegen dann noch eine theologische Ausbildung zwei Jahre obendrauf, genau mit dem Ziel, sehr variabel einsetzbar (zu sein). …Diakone haben wir als Geschäftsführer bei uns schon eingesetzt, aber auch in anderen leitenden Funktionen… von den 60, 70 leitenden Mitarbeitern sind bestimmt 10 Diakone.«;

- oder dass in möglichst allen Bereichen des Unternehmens ein seelsorgerliches bzw. geistliches Angebot besteht, das in den Unternehmen im Regelfall auch durch einen eigenen theologischen Dienst bzw. angestellte Theologen bzw. Diakone gewährleistet wird. Dieses Angebot kann im Regelfall auch von den Mitarbeitenden in Anspruch genommen werden;

- oder dass eine verkündigungsorientierte Durchdringung der Einrichtung gegeben sein sollte: Z.B. jede Wohngruppe in einem Unternehmen verantwortet die Durchführung einer selbstgestalteten Andacht pro Woche, die selbstverantwortlich von einzelnen Gruppen reihum vorbereitet und durchgeführt werden, analog in den Schulen, in denen die einzelnen Klassen verantwortlich hierfür sind.

Das geistliche Leben im Unternehmen will gestaltet sein: Durch regelmäßige Gottesdienste, die u.a. auch der theologische Vorstand selbst durchführt bis hin zu Einführungsgottesdiensten für alle bzw. für leitende Mitarbeiter, durch die Durchführung kleiner Andachten zu Beginn von internen Sitzungen, das Abhalten regelmäßiger Andachten als Angebot u. ä. »Für mich ist das Theologische nicht das Adjektiv, was an einer bestimmten Stelle hängt und dazu kommt. Das war mir wichtig. Und wir haben jetzt bei 1.200 Mitarbeitern ungefähr 60, die bei uns teilweise ganz ehrenamtlich, teilweise mit einem Minidienstauftrag in ihrem eigenen Umfeld Andachten und Gottesdienste halten.«

3.3.4.2 Diakonische Identität heißt aus christlichem Glauben sich für hilfebedürftige bzw. leidende Menschen einzusetzen

Diakonisches Handeln nach innen und außen wird von den Experten auf mehreren Dimensionen bzw. Bezugsebenen angesprochen:

1. bezogen auf den Kunden bzw. Klienten ausgerichtet an dem eigenen theologischen Leitbild (als Abgrenzung zum Handeln in der Wirtschaft),

2. bezogen auf die Mitarbeitenden und deren Rolle im Unternehmen,

3. gemeint als organisatorisches Handeln gegenüber anderen [diakonischen] (Mit-)Bewerbern im Sozialmarkt oder

4. als organisatorisches Handeln im gesellschaftlichen Agieren.

zu 1.:
Mehrheitlich besteht zwischen den Experten Einvernehmen, dass sich das diakonische Handeln nach innen im Verständnis zum Hilfesuchenden bzw. Kunden ausdrücken muss: Die Unternehmen sehen nach mehrheitlicher Aussage der Experten nicht nur den Kunden als solchen, sondern in diesem auch Schwestern bzw. Brüder. Insofern besteht Einvernehmen, dass eine konsequent am einzelnen Menschen und seinem Hilfebedarf ausgerichtete Hilfe erfolgen muss: Was kann ich unter den gegebenen Umständen für einzelne benachteiligte Menschen erreichen, exemplifiziert ein Experte am Beispiel des Engagements seines Unternehmens für behinderte Menschen in der Ukraine. Wichtiger ist für ihn das konkrete Ergebnis für das Leben der Einzelnen als der gesellschaftliche Einsatz gegen die dortige Diktatur.

Ein anderer Experte erläutert diesen Grundgedanken auch in Bezug auf die Inklusion: »Also je mehr ich mich mit dem beschäftige ... und wer redet heute in unserer Branche nicht von Inklusion, aber wenn man den Gedanken 'mal ganz ernsthaft durchdekliniert, dann ist das geradezu ein Wert, der gesellschaftsrevolutionären Charakter hat, indem er ganz viele geprägte Unterscheidungen der Gesellschaft nicht nur behindert, ... son-

3. Unternehmerische Diakonie aus Sicht diakonischer Manager

dern auch Deutsch und nicht Deutsch ... christlich und nicht christlich und bürgerlich und nicht bürgerlich, ganz viele dieser Unterscheidungen radikal hinterfragt und sagt, egal, welche gesellschaftliche Unterscheidung du jetzt für wichtig hältst, wir versuchen eine Gesellschaft zu konstituieren, die im Grundsatz jenseits dieser Unterscheidungen die Menschen zusammenführt, und da möchte die Diakonie sich auch wesentlich beteiligen.«

Das spezifisch Christliche in diesem Handeln wird von den Experten kaum ausgeführt und somit bleibt offen, inwieweit sich dies überhaupt im konkreten Handeln des einzelnen Beschäftigten niederschlägt.

zu 2.:
Das diakonische Handeln nach innen äußert sich auch in der aktiven Beteiligung der Mitarbeitenden und deren Vertretungen im Unternehmen: Mitarbeitende werden beteiligt an Entscheidungsprozessen bzw. sind eigenverantwortlich tätig über den weltlichen gesetzlichen Rahmen hinaus im Unternehmen, z.B. durch eigenverantwortliche Vergabe von Wohnungen über die Mitarbeitervertretung, durch deren Vertretung in den Aufsichtsgremien usw..

Die Mitarbeitenden wurden von allen Befragten als die entscheidende Ressource in ihrem Unternehmen wahrgenommen. Entsprechend wird dies formuliert:

»... aber was ich schon erlebe ist ein sehr pfleglicher Umgang innerhalb der Mitarbeiterschaft. Also wir bemühen uns schon, nicht zuletzt aus diesem Gedanken der gemeinsamen Verantwortung für den diakonischen Dienst, den Umgang mit den Mitarbeitenden so zu gestalten, dass er fair ist, dass niemand 'rausgekickt wird und dass wir, wenn irgendwie möglich, versuchen, jeden an seinem Ort zu platzieren, an dem er sozusagen für uns den diakonischen Dienst mit unterstützen kann. Da machen wir einen irrsinnig hohen Aufwand, betriebliches Eingliederungsmanagement, verschiedenste Formen der Personalentwicklung ...(der) Neuplatzierung auch von Kranken oder konflikthaften Leuten und ... versuchen wirklich sozusagen ein ... friedliches Miteinander in der Mitarbeiterschaft zu pflegen.«

Auch im Umgang mit der Mitarbeitervertretung (MAV) wird dies mehrheitlich von den Experten herausgestellt: Eine Gesamtmitarbeitervertretung gab es bei fast allen befragten Unternehmen, wobei es zudem auch örtliche MAVen (gibt) in den größeren, in mehreren Landeskirchen aktiven Unternehmen, ...aufgrund der unterschiedlichen in den Landeskirchen geltenden Mitarbeitervertretungsrechte.

3. Unternehmerische Diakonie aus Sicht diakonischer Manager

Andere Experten weisen aber auch darauf hin, dass sich die Kultur im Umgang im Vergleich zu den 1970/1980ziger Jahren verändert hat: »... dann muss ich sehr professionell auch meinen Arbeitnehmern gegenüber auftreten und endlich mit dieser Mär aufhören, dass es dort so etwas wie eine zweite diakonische Gemeinschaft gibt. Also therapeutisch zuwenden kann ich mich nur meinen Kunden und das andere ist ein professionelles, vertraglich geregeltes Arbeitsverhältnis, bei dem der eine dem anderen eine Leistung schuldet. Das ist ein immenses Umdenken. Es heißt ja nicht, dass ich nicht fair und offen und menschlich mit meinen Mitarbeitern umgehe, nur es muss immer klar sein, ich kann meine Ressourcen nur auf eine Seite allokieren und ich muss eben auch meine Kräfte dahin konzentrieren.« Oder ein anderer: »...aber bleiben wir 'mal bei den drei maßgeblichen Einflussgruppen, Management, Arbeitnehmer, Klienten oder Kunden. Dann heißt es ja nicht, dass ich bestimmte Entscheidungen zum Beispiel aus dem Management arbeitsrechtlicher Natur nicht mehr fällen darf. Es heißt nur, erstens, was ich dabei zu bedenken habe, wenn ich sie fälle und, zweitens, wie ich mit meinen dann Gemeindemitgliedern oder Mitgliedern umgehe. Die Entscheidung selber darf deshalb nicht unterdrückt werden ... es ist illusorisch zu meinen, dass man ein diakonisches Managementleben hinter sich bringt ohne einmal eine Fehlentscheidung getroffen zu haben oder irgendjemandem im Extremfall die Kündigung aussprechen zu müssen. Das kann nicht funktionieren und daher muss ich mich einer solchen Situation stellen.«

zu 3.:
Diakonisches Handeln kann sich auch äußern in der Ausgestaltung von Mitbestimmung der Gesellschafter bzw. Stifter untereinander: Das kann in der weiterreichenden Form meinen, dass das Stimmengewicht unabhängig von der Einbringung des ursprünglichen Vermögens in einem neuen Verbund abgebildet wird, wie z.B. bei der Gründung der Dachstiftung Diakonie-Gruppe. Oder in einer nicht so weitreichenden Form ausgestaltet wird, indem Unternehmenszusammenschlüsse erfolgen nach der Maßgabe, sich zukünftig besser in einem größeren diakonischen Verbund entwickeln zu können als allein, wie dies das Prinzip z.B. der Agaplesion AG-Gruppe ist.[229]

---

229 Dachstiftung Diakonie: Aussage beruht auf dem eigenen Erfahrungswissen des Verfassers.

3. Unternehmerische Diakonie aus Sicht diakonischer Manager

zu 4.:
Einigkeit besteht wiederum bei den Interviewten darin, dass sich Vorstandsmitglieder wie Mitarbeitende neben ihrer Tätigkeit ehrenamtlich engagieren sollen. Ehrenamtliche Tätigkeit eines Vorstandes wie auch von anderen nachgeordneten Führungskräften und Mitarbeitenden werden von den befragten Experten begrüßt und auch teilweise selbst umfangreich wahrgenommen: Ein Umfang von bis zu 28 Tagen/Jahr und mehr für diese Tätigkeit ist nicht selten.

Die Integration ehrenamtlicher Tätigkeit in die eigene Arbeit sehen alle Experten als ein wesentliches Kennzeichen diakonischer Unternehmen an: Bei den Interviewten lässt sich durchgängig eine relativ hohe Quote an ehrenamtlich Tätigen - gemessen an den Gesamtmitarbeitern in dem Unternehmen - feststellen, z.B. 4.500 Mitarbeiter auf 600 ehrenamtlich Tätigen bzw. 1500 auf 30. Andere Aussagen unterstreichen die Bedeutung ehrenamtlicher Arbeit für das eigene Unternehmen:

»...Ehrenamt Plus zwischen Bufdi und Ehrenamt. Also wenn man sich verpflichtet, innerhalb von drei Monaten 120 Stunden bei uns zu arbeiten, an Hand von einer Liste, die wir vorlegen, ... kriegt man 500 Euro. Und wenn man in sechs Monaten 240 Stunden macht, kriegt man 1.000 Euro. Und wenn man übers Jahr 1.000 (Stunden) macht...«. Andere Experten ergänzen:

»...die Hilfeangebote bei dem wachsenden Bedarf auch so gestalten, dass ... Ehrenamtliche (und) bürgerschaftliches Engagement ... integriert wird, denn wir können auch da nicht mehr von ausgehen, da sind zum Beispiel Holländer auch weiter, dass alles über die sogenannten Fachkräfte und Profis abgedeckt wird. Das geht gar nicht. Also wir brauchen einen Betreuungs- und Hilfemix, wo Angehörige, Ehrenamtliche, wo auch Profis in den einzelnen Bereichen ... ein Hilfeangebot organisieren und ...(weiter-)entwickeln. Wird eine große Herausforderung werden. Da denke ich, sind wir auch gut, also jedenfalls wir haben da schon einiges getan. Wir haben allein bei 3.500 Hauptamtlichen rund 400 ehrenamtliche Mitarbeiter, die von uns auch speziell betreut und begleitet werden, die den gleichen Status auch im Unternehmen haben, Fortbildungsangebote genauso wahrnehmen können wie andere hauptamtliche Mitarbeiter auch, die geschult werden können.«

»Ja, wir wollen da, sage ich 'mal, eine zentrale Organisation einer Ehrenamtsagentur aufbauen innerhalb unserer Organisation, aber nicht als eigenes Gefüge und dann natürlich da, wie bei den anderen Querprozessen auch, das ist auch wieder ein klassischer Querprozess, dann dafür sorgen, dass an den 50 Standorten, die es (bei uns) gibt, nach den gleichen Standards die Ehrenamtsbegleitung stattfindet, die dann entsprechend definiert werden müssen, geschult werden müssen, auch begleitet werden müssen. Und so haben wir jetzt auch an der Stelle klar definiert, wie Ehrenamtsarbeit zu geschehen hat ...«

3.3.4.3 Eine ethisch fundierte Ausgestaltung des diakonisch-unternehmerischen Angebots ist notwendig

Es besteht weitgehendes Einverständnis, dass sich diakonische Unternehmen ein Leitbild bzw. eine Mission und Vision geben müssen, um als diakonische Unternehmen überhaupt erkennbar zu sein. Ein Experte drückte dies wie folgt aus: »...diakonische Identität des Unternehmens bedeutet, dass das Unternehmen als soziales Gefüge, als Organisation, für sich überlegen muss und formulieren muss, welches Selbstverständnis es hat und das möglichst redlich und authentisch tun sollte ... nicht als ... Summe der individuellen Glauben der Beteiligten gefasst, sondern es müsste das Unternehmen für sich sagen, welche Bedeutung das christliche Überzeugungssystem für das Agieren dieses Unternehmens hat, und das müsste man natürlich dann auch gegenüber den Mitarbeitenden in irgendeiner Form als Erwartung formulieren.«

In allen Einrichtungen, die befragt wurden, gab es ein Leitbild bzw. Strategie- und Führungsgrundsätze und/oder eine Mission/Vision für das Unternehmen bzw. die Unternehmensgruppe, die in unterschiedlicher Form erarbeitet worden sind: durch aufwändige Einbeziehung der gesamten Belegschaft oder allein nur unter Einbeziehung der ersten und zweiten Führungsebenen.

Mehrheitlich führten die Experten aus, dass ein Ethikbeirat bzw. eine »Fachkonferenz Ethik« oder »Fachkonferenz Ethik und Diakonische Identität« bzw. in einer im Unternehmen vorhandenen Balanced Scorecard (BSC) eine eigenständige Dimension »Diakonische Identität« o. ä. ethische Fragen bzw. Wertmaßstäbe kontinuierlich bearbeiten.[230] Ziel dieser organisatorischen Rahmen bzw. Instrumente ist es, Wertmaßstäbe fortzuentwickeln für das eigene diakonische Handeln in einem Unternehmen.

---

[230] Eine BSC ist ein in die Zukunft gerichtetes mehrdimensionales Planungs- und Führungsinstrument, das Ende der 1980ziger Jahre von den Amerikanern Norton und Kaplan entwickelt und in der Folgezeit in Deutschland adaptiert und weiterentwickelt wurde, vgl. Kaplan (1997), Friedag (2005), Friedag (2001)

3. Unternehmerische Diakonie aus Sicht diakonischer Manager

Bezogen auf eine im Unternehmen bestehende BSC: »Also wir haben das bei uns als zweite Kategorie definiert. Der erste Punkt ist die Kundenorientierung. Ich sag' das jetzt bewusst so, weil ich sage, diakonische Unternehmen, das heißt, nach unserer Stiftungssatzung sind wir zuerst und vor allem da für die Leute, die bei uns Assistenz, Unterstützung (und) so was nachfragen. Für die sind wir zuerst da. Danach kommt bei uns die diakonische Dimension. Die stand irgendwann 'mal auf Platz 6, die steht jetzt auf Platz 2. Der Finanzer ist heimlich auf sechs gegangen, weil er weiß, dass er so mächtig nun auch ist, aber sagen wir es jetzt 'mal doch inhaltlich, ja also wir haben eine Kundennachfrage, ein Angebot zu machen, und jetzt müssen wir fragen, passt das theologisch diakonisch zu uns?«

In einzelnen Einrichtungen gibt es zudem noch eigenständige, an das Unternehmen gebundene Diakonievereine und/oder Schwestern- bzw. Brüderschaften und/oder Anstaltsgemeinden, die das Unternehmen in seiner Ausrichtung prägen können, deren Bedeutung aber für die Unternehmen aufgrund fehlenden Nachwuchses bzw. fehlender Mitglieder abgenommen hat.

Eine ethische Ausgestaltung des eigenen unternehmerischen Handelns wird von den Experten an vielen Stellen formuliert: So z.B. die Auseinandersetzung mit aktiver Sterbehilfe, die von mehreren Experten in ihrem Unternehmen geführt wurde mit unterschiedlichen Positionierungen bzw. Konsequenzen für das eigene unternehmerische Handeln. Oder die Frage von Leiharbeit, die nach Meinung eines Experten ab einem bestimmten Umfang nicht mehr zu vertreten ist in einem diakonischen Unternehmen. Oder wenn es um die Ausgestaltung von Hilfeangeboten geht: »Also junge Leute wegschließen, Bootcamp, ich weiß nicht, das passt nicht zum diakonischen Profil. Das muss man dann auch gelegentlich in Konflikten ausreizen, das ist klar, aber die Angebotsstruktur muss ja von diesen Dimensionen herabgeprüft werden.«

Ethische Konflikte sind hierbei vorgegeben, auch mit der eigenen Kirche, z.B. in der aktiven Sterbehilfe: »Nehmen Sie ein diakonisches Krankenhaus. Mir macht keiner was vor, …wir können uns hier alle …in der Diakonie ganz eindeutig positionieren für oder gegen …aktive Sterbehilfe, gut. Ich habe aber in einem Krankenhaus nur eine begrenzte Anzahl von Herz-Lungen-Maschinen und ich habe verdammt noch 'mal, wenn alle besetzt sind und es kommt der neue Notfallpatient 'rein, die unternehmerisch beschissene Aufgabe zu lösen, zu entscheiden, welche Maschine stelle ich jetzt ab. Und da kann ich mich als Theologe fein säuberlich 'rausziehen und sagen, lieber Arzt, das ist deine persönliche Entscheidung und von mir kriegst du nachher keine Absolution, weil du hast dich versündigt. Oder ich nehme meine unternehmerische Funktion ernst und fälle diese Entscheidung. Dazu muss ich dann stehen. Und deshalb wieder professionell (sein). Der Laie läuft dann weg...«

In welchem ethischen Verständnis und in welchem prozessualen Bezugsrahmen die ethische Diskussion in den Unternehmen intern geführt werden, wurde im Regelfall von den Experten nicht ausgeführt.

3.3.5 Kennzeichen diakonischen Führungsverständnisses

3.3.5.1 Christlicher Glaube, partizipative Führung, Strategieorientierung und Vorbildfunktion als Grundlage des Führungsverständnisses

Dass Vorstände einer evangelischen Kirche bzw. einer Kirche der ACK angehören müssen, war zwischen den Experten unumstritten. Hierin drückt sich auch das Selbstverständnis aus, dass Vorstände ihre Unternehmen mitprägen. Entsprechende Anforderungen wurden von den Experten auch formuliert: »Das gehört auch zu einem großen Unternehmen dazu, dass man auch als Boss von so einem Unternehmen diese Grundeinstellung hat, wo kann ich helfen.«

Diese Haltung sahen die Handelnden auch als Anforderungen gegenüber diakonischen Wettbewerbern, mit denen auch bestehende Konflikte einvernehmlich durch direkte Ansprache gelöst werden sollten.

Es besteht implizit zwischen allen Experten Einigkeit, dass die Zeiten patriarchalischer Führung vorbei sind. Diese konnte sich in einigen Unternehmen nur halten aufgrund der spezifischen Entstehungsgeschichte der betroffenen Unternehmen in den vergangenen Jahrzehnten, in denen teilweise Einzelne die Größe des Unternehmens geprägt haben.[231]

Ein Experte gibt dies so wieder: »Sie werden xxx nur in meiner Phase verstehen, wenn Sie das vor dem Hintergrund 30 Jahren Diakonie davor sehen, wenn Sie das sehen durch eine sehr enge Vernetzung und wenn Sie akzeptieren, dass dieser Konzern mit 630 Millionen geführt wurde unter patriarchalischen Gesichtspunkten. Ja. Das können Sie nur in dem historischen Abriss, aber das ist keine Zukunft.«

---

231 Vgl. Kapitel 1

3. Unternehmerische Diakonie aus Sicht diakonischer Manager

Führung muss sich ausrichten an einer eigenen Unternehmensstrategie. Ein Experte bringt es stellvertretend für andere auf den Punkt: »... Strategie, Strategie, Strategie." Strategie bedeutet für einen anderen Experten die Formulierung langfristig ausgerichteter Ziele: »Wir formulieren 10-Jahres-Ziele.«

Ein weiterer Experte ergänzt, dass es hierzu auch einer entsprechenden Führung einerseits wie auch einer entsprechenden Ausrichtung bzw. Kultur der Unternehmensorganisation andererseits bedarf: »Zunächst braucht es irgendwo eine seismographische Einheit. Also ich brauche jemanden, der fünf, zehn Jahre visionär voraus ist. Und der dann in der Lage ist, diese Vision zu kommunizieren, und ich brauche Strukturen in dem Unternehmen, die offen sind, die sich bereit sind anzupassen und die dann auch bereit sind, sich immer wieder neu radikalen Fragen zu stellen...«.

Allen gemeinsam ist: Ohne Strategie lässt sich ein Unternehmen nicht führen.

Die eigenen Führungsgrundsätze müssen sich auch im individuellen Handeln des Vorstands widerspiegeln. Führung lebt auch vom eigenen Vorbild, wie viele der Experten ausdrücken. Ein Experte formuliert dies wie folgt: »Und wenn das in der Spitze nicht gelebt wird, dann können Sie davon ausgehen, dass es auch im gesamten Unternehmen nicht funktioniert.« Z.B. sollte der ökologische Anspruch und das Eintreten für Nachhaltigkeit sich in einer entsprechenden Motorisierung eines Vorstandsmitgliedes (kein großes Auto als Spritfresser, Erdgasauto u. ä.) widerspiegeln. Ein anderer Experte widerspricht diesem ethischen Anspruch implizit, sieht er doch in einer entsprechenden Motorisierung von Vorstand und leitenden Mitarbeitern den Ausdruck von »Stolz« für das eigene Unternehmen und seine Leistungsfähigkeit. Er ist insofern auch der Auffassung, dass die eigenen Führungsgrundsätze auch vorgelebt und im Unternehmen umgesetzt werden müssen.

3.3.5.2 Multiprofessionelle Vorstände aus theologischer, kaufmännischer und ggf. weiterer fachlicher Kompetenz sind unverzichtbar

Die kirchliche Bindung innerhalb der Vorstände und damit innerhalb der Führung diakonischer Unternehmen ist unterschiedlich ausgestaltet. Unumstritten ist, dass alle Vorstände in der evangelischen Kirche bzw. in einer der ACK angehörenden Kirche Mitglied sein müssen. In den meisten Unternehmen ist in den Vorständen zumindest die Profession des Theologen neben der des Kaufmanns vertreten. Hinzu kommen je nach Ausrichtung des Unternehmens weitere Professionen (z.B. Mediziner im Krankenhaussektor). Dies war auch bis auf eine Ausnahme bei den befragten interviewten Experten der Fall.[232]

Zu beachten ist auch die Erwartungshaltung, die von außen an ein diakonisches Unternehmen herangetragen wird, die ein Experte wie folgt formuliert: »Also ich würde sagen, insofern ist jetzt das, was ich als Theologe dort einbringen kann, jetzt gar kein spezieller Arbeitsbereich zwingend. Was ich auf der anderen Seite beobachte, ist, dass es eine sehr starke Zuschreibung von der Rolle Pastor und der Funktion Theologie über diese Person gibt, von innen wie von außen, und dass diese Zuschreibung irgendwie authentisch bedient werden muss.« Um als diakonisches Unternehmen von außen wahrgenommen zu werden, sollte die Rolle des Pastors als Personifizierung von Kirche demnach im Unternehmen vertreten sein.

Es besteht Einvernehmen bei den Experten, dass neben dem Verkündigungsauftrag noch weitere Aufgaben für den Theologen im Unternehmen bestehen: den Diskurs innerhalb des Unternehmens sicherstellen zu ethischen Fragen, Seelsorge für den Einzelnen anbieten, den Kontakt zu den (parochialen) Kirchengemeinden halten und/oder den interdisziplinären Diskurs im Unternehmen zu gestalten:

»Hauptthema ist… Ethik. Das ist ein ganz wichtiges Thema jetzt bezogen auf Schwangerschaftsabbrüche, auf Organtransplantation, was ja nicht unser eigentlicher Schwerpunkt ist, …Hospiz, Demenz, solche Dinge da einfach auch eine moralische Instanz (zu haben), weil man kann solche Themen nicht ohne auch eine moralische Basis irgendwie entscheiden. Und man kann's nicht entscheiden, nur vom einzelnen abhängig machen, ich glaube man muss da eigentlich auch eine Linie haben, trotzdem offen für den Einzelfall (sein). Also Ethik ist ein wichtiges Thema, was ich da sehe, und ich sehe auch einfach so die Theologie in der Betreuung von Menschen in Ausnahmesituationen, die wir ja mehr oder minder haben, als ganz wichtiges Thema, nicht immer nur vom christlichen Aspekt, sondern einfach sich auf den Menschen einlassen, Zeit für den haben, 'mal anzuhören und zu überlegen, und es sind ja viele Menschen da in schwie-

---

232 Die Ausnahme ist ein Krankenhauskonzernvorstand, der als Kaufmann diesen bisher allein geführt hat. In seiner schon zum Zeitpunkt des Interviews feststehenden Nachfolgeregelung sind ein Theologe, ein Kaufmann und ein Mediziner in den neu gebildeten Vorstand berufen worden.

3. Unternehmerische Diakonie aus Sicht diakonischer Manager

rigen Situationen. Und ich glaube, da sind unsere Theologen eigentlich ganz hilfreich.«

»Doch, ich hab´ ja extra einen Theologen eingestellt ... der Theologe hat verschiedene Aufgaben. Er hat einmal die Aufgabe den Kontakt vor Ort zwischen Kirchengemeinde und Unternehmen zu koordinieren, zu verbessern und zu versinnbildlichen und dafür zu sorgen, dass das reibungslos läuft. Er hat weiterhin die Aufgabe, dafür zu sorgen, dass ... unser Qualitätsmanagement, unsere Inhalte ... nicht ... im Gegensatz (zum) Proprium (stehen) ... Er hat die Aufgabe, vor allen Dingen unser Qualitätsmanagement in den Bereichen, wo es theologisch sensibel ist, zu gestalten, sprich (z.B. in der) Sterbebegleitung.«

»... was ich noch nachtragen wollte zu der theologischen Rolle, ich (vertrat) an manchen Stellen auch die These, dass die spezifische Funktion des theologischen Vorstandes vielleicht in einer Moderation dieses interdisziplinären Konzerts bestehen könnte. Also so würde ich meine Rolle hier aktuell auch ein bisschen auffassen, dass ich sage, ich hab´ wahrscheinlich fachlich viel weniger zum Gelingen dieses Unternehmens beizutragen als die anderen.«

Die Profession des Theologen bzw. Diakons als Teil eines Unternehmensvorstandes ist umstritten: Nicht überall wird die Notwendigkeit gesehen, dass dieser z.B. im Krankenhausbereich an so führender Stelle vertreten sein muss, eher ein Mediziner bzw. Kaufmann.[233] Zudem wird argumentiert, dass die theologische und kirchliche Ausrichtung auch innerhalb der Organisation sichergestellt werden kann bzw. auch durch die kirchlich gebundenen Vorstände aus anderen Professionen. Es scheint sich hier aber um eine Minderheitenposition zu handeln, denn die große Mehrheit der befragten Experten spricht sich für einen Theologen im Vorstand aus: »... mein Hauptfokus liegt auf der professionellen Leitung in einer Diakonie. Und Theologie ist eben ein bisschen mehr wie Gebetsschule, es ist eine ausdifferenzierte Wissenschaft, die ich gerade dann immer brauche, wenn es nicht plain läuft und in der Diakonie läuft es nie plain. So, das ist eben die häufige Fehlannahme, deshalb bin ich immer sehr skeptisch bei diesen Wortverbringungen mit `Wir sind lieb´, `Wir sind zu warm´, ... da kriege

---

233 »...ich brauch den Theologen nicht, um eine diakonische Einrichtung zu führen. Ich hab nichts gegen die Theologen, wenn sie es können..«; »Wenn ich einen Sozialarbeiter hab´, dann hab´ ich den in Stabsstelle. Wenn ich den Theologen hab´ als Ethikpfarrer, dann will der in den Vorstand. Mit welchem Anspruch denn?«

ich Stehhaare, weil sie nicht das angehen, was in der Diakonie notwendig ist, sich täglich den aus dem Unternehmensalltag heraus entstehenden Konflikten zum Leitbild und zum Selbstverständnis zu stellen und (diese) zu bearbeiten. Und insofern halte ich es schon für notwendig, dass Theologen in verantwortlichen Positionen in einem Unternehmen mitten drin sind, (da man) diesen ständigen Reflex (braucht). Genauso brauche ich auch professionell ausgebildete Ökonomen dabei, weil auch da kann ich wieder, sag' ich 'mal, ein Unternehmen (rein) buchhalterisch führen. Das kann jeder hergelaufene Dorfdepp ... Also solchen Unternehmen merkt man das auch an. Aber (an) diesen Grenzen, die Selbstverständnis in Frage stellen, an unternehmerischen Fragen rühren, wo es um ethische Grenzfragen geht, da brauche ich hoch professionelle Leute, die in der Lage sind, ihr eigenes wissenschaftliches Handwerkszeug zu durchdringen und sich interdisziplinär zu vernetzen.«

Kritisiert werden durchgängig die nach wie vor bestehenden Defizite in der Ausbildung von Theologen im Hinblick auf Diakonie: »Theologen (sind) in ihrer Ausbildung vollkommen unbeleckt ... von der diakonischen Wirklichkeit. Sie werden nur getrimmt auf kirchliche Wirklichkeit und versuchen dann natürlich immer eine diakonisch unternehmerische Wirklichkeit aus dem Blickwinkel einer kirchlich organisierten Wirklichkeit zu sehen, und das muss schiefgehen.« Ein weiterer Experte fügt hinzu: »Ja, also das heißt, wenn wir als Theologen auch unternehmerisch handeln wollen, dann müssen wir ... uns zusätzlich qualifizieren, wir müssen lernen, wie ein Unternehmen zu führen ist, wir müssen lernen, wie auch so ein Unternehmen strategisch ausgerichtet wird und vieles mehr.«

3.3.5.3 Frühe kirchliche Prägung als Voraussetzung? - Zum soziobiografischen Hintergrund von Vorständen in diakonischen Unternehmen

Befragt wurden die Experten auch zu ihrer persönlichen Motivation, die sie zu ihrer Tätigkeit als Vorstand geführt hat. Die persönliche Motivation gibt Auskunft darüber, mit welchem Selbstverständnis jemand in eine Leitungsfunktion in ein diakonisches Unternehmen eintritt. Hierbei können folgende Dimensionen unterschieden werden:

- Biografische Motivation (in der eigenen Lebensgeschichte angelegt);

- Berufsbiografische Motivation - Zufriedenheit/Unzufriedenheit mit dem bisher beruflich Erreichten;

- Christliche Motivation - Nächstenliebe als Nachfolge Jesu selber leben/Kirche erfahrbar machen;

- Aufgabenbezogene Motivation: Vielfalt der sich stellenden Aufgaben und das Interesse, Neues aufbauen und gestalten zu können, wie z.B. weitere Modernisierung und Professionalisierung des Spendenmanagements.

Bei der Mehrzahl der Interviewten ist ein biografischer Hintergrund erkennbar, der eine Verbindung zur Kirche schon in frühen Lebensjahren aufzeigt: Jungschar, christliche Jugendarbeit, aus einer Pfarrerfamilie stammend, in der Kirchengemeinde aktiv oder dass sie später ihre Ausbildung in einer diakonischen Einrichtung gemacht haben.

Hinzu kommen berufsbiografische Faktoren, die den Wunsch zu einem Wechsel in der Diakonie befördern, z.B. der Wunsch, etwas in einem gemeinwohlorientierten christlichen Umfeld zu bewirken und sich dort einzusetzen: »Also von der Kirche, von der Heimatkirche, ... die Prägung bleibt und wenn man dann überlegt, was willst du in diesem Leben denn noch tun? Ja, (da) hast (du) noch 20 Jahre. 20 Jahre Versicherungsvorstand, jeden Tag meine Unterschriften machen, (dass) war mir zu langweilig. ... man kann in der Wirtschaft, wenn man in solchen Unternehmen ist, ... so viel auch nicht mehr bewirken, weil so'n Unternehmen ist irgendwann 'mal so, wie man sich das wünscht, und dann ist (das) Ende der Fahnenstange (erreicht). Also was willst du machen? Und so bin ich dann zunächst zur Stiftung xxx gegangen. Das waren im Prinzip meine Lehrjahre in der Diakonie. Ich musste Diakonie also erstmal als Unternehmen verstehen. Das weiß man natürlich als Jungscharer nicht...«

Auch haben die Zeitumstände eine nicht unwesentliche Rolle bei einigen gespielt: Die kapitalismuskritische 68er Bewegung hat zumindest bei einigen dazu geführt, dass sie lieber in einem gemeinwohlorientierten Bereich wie der Diakonie beruflich tätig sein wollten als in einem profitorientierten Unternehmen. Hinzu kamen die guten beruflichen Entwicklungsaussichten: »Ich war dann mit ... 26 Jahren Personalchef von einer Einrichtung mit 1.800 Mitarbeitern, das wäre man sonst nie geworden, ja. War mit 32 Geschäftsführer und Vorstand hier in xxx in einem Krankenhaus...«

Oder ehrenamtliches Engagement in der Kommunalpolitik hat neben kirchlicher Gemeindevorstandsarbeit dazu geführt, dass wiederum Einige Kontakt mit der Sozialbranche bekommen und Einblicke gewonnen ha-

3. Unternehmerische Diakonie aus Sicht diakonischer Manager

ben, in denen sie eine eigene Entwicklungsperspektive sahen: »Ich habe mich kommunalpolitisch engagiert und war da in (einem) Sozialausschuss der Stadt und hab´ mich da um Altenheime und auch Krankenhäuser mit gekümmert und war auch im Finanzausschuss dieser Stadt, und (so) bin ich …auf die Idee gekommen, ´mal was anderes zu machen, weil ich auch gemerkt hab´, wie, ich sag´ mal, zu dem Zeitpunkt, das war ja (19)95, wie wenig Betriebswirtschaft die auch da hatten. Und (so) dachte (ich), das würde ´mal nicht schaden, da auch ein bisschen mehr von dem, was man so kennt …´reinzubringen.« Als sich beruflich die Frage eines Wechsels stellte, ist man in die Diakonie gewechselt, weniger aus christlicher Überzeugung, sondern mehr begleitet von der Einsicht, dass das Streben nach »Zinsmargen« allein nicht alles sein kann.

In Führungsposition in der Diakonie kamen einige der befragten Experten neben einem sowieso schon bestehendem kirchengemeindlichen Engagement auch über die Forschung bzw. Ausbildung in der Diakonie als Fachhochschulprofessoren, die über diese Tätigkeit entsprechende Anfragen bekamen und dann auf »die Seite ... zum praktischen Tun« wechselten.

Die Ausnahme ist der familiengezogene Hintergrund einer »Betriebsnachfolge«, wie sie bei einem der Interviewten eine wesentliche Motivation darstellte.

3.3.6 Organisations- als Kommunikationsprozesse in diakonischen Unternehmen

3.3.6.1 GmbH bzw. Stiftung sind bevorzugte diakonische Rechtsform mit Gesamtverantwortungsprinzip in der obersten Leitungsebene

Das Gesamtverantwortungs- bzw. Kollegialprinzip in einem mehrköpfigen Vorstand, so die mehrheitliche Meinung der Befragten, ist zu befürworten.

Bei den über fünfundsechzigjährigen befragten Vorständen lässt sich aber eher die Befürwortung einer klaren Einzelverantwortung bzw. Zuordnung der Alleinverantwortung zu einem Sprecher feststellen: »…im Aktienrecht haben Sie immer unterschiedliche Geschäftsfelder und Sie brauchen in einem marktorientierten Unternehmen … einen starken Vorstandsvorsitzenden. Und das zeigt sich doch überall, ob das die Deutsche Bank ist, da haben Sie einen Sprecher, (heute) haben sie zwei Sprecher. Dann haben sie wieder einen Vorstandsvorsitzenden und immer wenn den Leuten der Arsch auf Grundeis geht, machen sie ihr Kollegialprinzip wie-

der nach hinten (auf) ... sie brauchen einen, der voranmarschiert. Haben Sie schon mal ein notleidendes Unternehmen gesehen, das im Kollegialprinzip geführt wird? Meistens ist es notleidend geworden, weil sie ein Kollegialprinzip hatten.«
Doch diese Aussage wird von den jüngeren Experten durchweg nicht geteilt. Mehrheitlich dominiert die Auffassung, dass der Aufsichtsrat eine klare Kontrollfunktion hat und nicht in das unmittelbare operative Geschäft einbezogen werden sollte.

In einem Fall wird berichtet, dass der Aufsichtsrat in übergeordnete Fragestellungen - Projektentwicklung, größere Einzelprojekte, Themenfelder, die über Aufsichtsratsausschüsse abgebildet und begleitet werden u. ä. - auch direkt in das operative Geschäft einbezogen wird. Begründet wird dies damit, dass die Entwicklung von genehmigungspflichtigen Projekten sich länger hinzieht und meist komplex gestaltet und dementsprechend eine zeitadäquate Einbindung des Aufsichtsgremiums sich ansonsten als schwierig erweisen würde.

Einvernehmen besteht in der Analyse, dass die Rekrutierung des Aufsichtsgremiums hinsichtlich Fachlichkeit wie auch hinsichtlich des inhaltlichen Engagements schwierig ist. Dies ist auch vor dem Hintergrund zu sehen, dass Aufsichtsratsmitglieder im Regelfall ohne Bezahlung tätig sind und nur eine Aufwandsentschädigung bekommen - mit einer Ausnahme: »Den Aufsichtsrat bezahlen wir. Der kriegt 6.000 Euro im Jahr, für vier Sitzungen.«

Einigkeit bestand zwischen den Experten, dass eigentlich alle möglichen Formen von Kapitalgesellschaften für diakonische Unternehmen in Frage kommen. Als vorherrschende Form wird die gemeinnützige Gesellschaft mit beschränkter Haftung (gGmbH) wahrgenommen und auch mehrheitlich empfohlen, oft auch aus Risikoerwägungen heraus.[234]

Vereinzelt wird vorgetragen, dass die Stiftung zu bevorzugen ist, da sie besonders einen Kapitalstock sicherstellen muss, der für ein nachhaltiges diakonisches Angebot notwendig sei. Es wird aber auch auf die Nachteile dieser Rechtsform hingewiesen – die Schwerfälligkeit:

---

[234] In der GmbH ist die Haftung der Gesellschaft im Regelfall auf das eingebrachte Eigenkapital beschränkt, vgl. Gesetz betreffend die Gesellschaften mit beschränkter Haftung (GmbHG) in Verbindung mit §§ 31, 829 BGB, http://www.gesetze-im-internet.de/gmbhg/BJNR004770892.html (abgerufen am 17.04.2014)

»Wir sind eine Stiftung bürgerlichen Rechtes. Also die Stiftung selber hat, denke ich, drei Vorteile. Sie ...hat eine sehr hohe Identität als Rechtsform, sie strahlt damit Vertrauen auch aus, 'mal unabhängig davon, wie sie agiert. Alleine schon des(halb) ...ist zweitens auch (eine) gewisse Nachhaltigkeit (und) ...Dauerhaftigkeit (ein Vorteil) ...Und gleichzeitig bietet sie, auch unter den Bedingungen, unter denen wir jetzt hier ...arbeiten, natürlich auch ideale Voraussetzungen für soziale Arbeit.«

»Ich kann mir im Grunde genommen Diakonie unter jeder Rechtsform vorstellen, weil die Rechtsform nicht hindert an einer professionellen Steuerung, an der mangelt es häufig. Also gut, in der Rechtsform eines Einzelkaufmanns kann ich mir (es) jetzt schwer vorstellen und unter Personengesellschaften wüsste ich auch nicht, wie man das darstellt, aber alle anderen Rechtsformen bis hin zu Genossenschaften kann ich mir sehr gut vorstellen und bin da dann relativ entspannt. Ich selber bin ein großer Freund von Stiftungen, weil sie ... einen Kapitalstock sicherstellen. Das Manko einer Stiftung ist, dass sie unternehmerisch, wenn sie in die Jahre gekommen ist, schwerfällig wird, weil genau die Schutzfunktion, die dem Kapital zugestanden wird, ... dazu führt, dass Stiftungen in der Lage sind, eben über Jahrhunderte hinweg einen fetten Kapitalstock aufzubauen. Diese Schutzfunktion führt dazu, dass ich (mich) eben nicht mehr wandelnden Gegebenheiten schnell anpassen kann. Insofern wird es immer um irgendwelche Mischformen gehen müssen.«

»(Mit einer) AG ist viel einfacher, jemanden zu integrieren und zu wachsen als (mit) einer GmbH, wo man alle fragen muss, ob sie denn jetzt noch wieder Kapital mitbringen oder nicht. Eine GmbH ... hat ein gewisses statisches Element. Du gründest eine GmbH und führst die weiter und machst das ewig. Wenn du bei einer GmbH den wirtschaftlichen Dingen und weitere Partner hinzunehmen willst, brauchen wir immer den Verzicht von Gesellschaftern auf Anteile, damit jemand anderes hinzukommt. Und das funktioniert nur noch so lange, (wie) die Gründergeneration beieinander ist. Wenn die dritte Vorstandsgeneration dabei ist von diakonischen Einrichtungen, die das nicht gegründet haben, die nicht am Anfang dabei waren, dann sind solche GmbHs, wenn sie sich neuen Herausforderungen anpassen müssen, weniger geeignet. Muss man halt eine Neue machen.«

»Dann kann ich zwar noch Anträge stellen als Aktionär, habe vielleicht auch noch eine Sperrminorität, das kann ich mir vielleicht noch 'raushandeln, aber das war's dann auch. Da kann ich, wenn ich Pech habe, auch in der Zeit feststellen, dass ich in einer feindlichen Übernahme, jetzt völlig unabhängig von xxx, das ist in der Rechtsform so drin. Stiftungen haben für mich den großen Vorteil, dass sie erstmal eine Stiftungsaufsicht

3. Unternehmerische Diakonie aus Sicht diakonischer Manager

haben und dass sie eben das, was ich in der Finanzpolitik kritisiert habe, dass (man) nämlich den Eigenkapitalanteil immer weiter ʹrunterfährt, das genau (mit einer Stiftung nicht)... (habe), denn die Stiftung hat im Regelfall das Verbot des Kapitalverzehrs, das Stiftungsvermögen muss erhalten bleiben. Das heißt, ich habe eine ziemlich starke Rechtsverpflichtung, sehr nachhaltig zu wirtschaften. Das, finde ich, ist der große Vorteil der Stiftungen. Nebenbei, bei unserer Stiftung kirchlichen Rechts ist natürlich auch die Struktur von Kirche und Diakonie ganz gut abgebildet. Im operativen Bereich sind wir im Grunde selbstständig und frei, im Bereich der Stiftungsaufsicht, das heißt bei Grundsatzfragen der Unternehmensentwicklung, wirkt Stiftungsaufsicht mit. Hängt immer noch ein bisschen davon ab, wie man das dann operationalisiert, aber vom Prinzip her finde ich das eigentlich eine fast ideale Form...«

»Also nehmen wir jetzt (die) ... Altenhilfe, (dort) ... komme ich um die Rechtsform der GmbH eigentlich gar nicht drum herum. Ich muss ja auch eine gewisse Risikoabsicherung haben.«

Alle befragten Experten haben ihr Unternehmen mehr oder minder als Konzerne organisiert. In allen Unternehmen hat eine Zentralisierung von Personalabrechnung bzw. Personalvertragsgestaltung, des Einkaufs, von Betriebswirtschaft und Controlling wie auch von Fundraising und Öffentlichkeitsarbeit stattgefunden, wenn auch vermutlich mit unterschiedlicher Stringenz der Durchsetzung.

Eine Eine rollierende 3-Jahresplanung wie auch längerfristige strategische Planung ist Standard in größeren diakonischen Unternehmen. Die BSC als Führungs- und Steuerungsinstrument ist aufwändig und wird daher nur in wenigen Unternehmen als Planungs-, Führungs- und Steuerungsinstrument eingesetzt. Ab einer bestimmten Größe des Unternehmens wird die BSC von einigen Experten als zu aufwändig angesehen und gilt somit als nicht überschaubar. Gleichwohl gibt es im Regelfall in den Unternehmen der befragten Experten eine längerfristige Zehnjahresplanung, die mit rollierenden Drei-Jahresplanungen untersetzt wird, und in denen die einzelnen Geschäftsbereiche bzw. Sparten jährlich Ziele und Projekte dem Vorstand und dem Aufsichtsgremium zur Entscheidung vorlegen müssen. Andere ersetzen die BSC durch wenige Leitwerte wie »Nächstenliebe, Wertschätzung, Verantwortung, Transparenz, Professionalität und Wirtschaftlichkeit« und verbinden diese mit wenigen strategischen Hauptzielen, die für alle gruppenangehörigen Unternehmen gleich sind und umgesetzt werden müssen.[235]

3.3.6.2 Erfolgreiche Arbeit ist nur mit Gewinn, nicht allein aus Spenden heraus möglich

Einigkeit besteht bei den Experten auch dahingehend, dass Gemeinnützigkeit und damit keine Profitorientierung wesentliches Charakteristikum in der strategischen Ausrichtung eines diakonischen Unternehmens ist. Um die Innovationskraft und Investitionsfähigkeit eines Unternehmens zu sichern schließt dies auch ein, dass eine jahresdurchschnittliche Umsatzrenditeerwartung von 3-5% als notwendig erachtet wird.

Wenn ein Kennzeichen von Diakonie und deren Unternehmen ist, Hilfebedarfsfelder ohne Renditeerwartung zu erschließen und dann auch aufgrund des Bedarfs längerfristig zu bedienen, muss ein Unternehmen andererseits auch in der Lage sein, andere Hilfefelder zu besetzen, in denen sie auch gutes Geld verdienen können: »Und von daher bedingt das eine, dass ich mich Hilfefeldern zuwenden möchte, die staatlich und vom Markt nicht besetzt werden, dass ich mich auf den Feldern, mit denen ich Geld verdienen kann, eben sehr unternehmerisch bis hin zu sehr aggressiv bewegen muss.«

Vereinzelt wird auch die Anfrage an die eigenen Kirche hinsichtlich der Finanzierung diakonischer Unternehmen formuliert: »...eine Menge Möglichkeiten von Verzahnungen (zwischen Kirchen und Diakonischen), die

---

235 Zu Recht weist ein Experte darauf hin, wie wichtig die Bewahrung von Flexibilität am Markt für ein Unternehmen ist: »Also ein diakonisches Unternehmen muss den Mut haben chaotische Strukturen in seinem unternehmerischen Kontext zuzulassen, davon lebt die Diakonie. Das ist, sozusagen, der Zündfunke der immer überall stattfinden muss. Von daher braucht es Aufbauorganisationen die dem einzelnen einen höchstmöglichen Grad an Freiheit, an Umsetzungsfreiheit bieten, die gleichzeitig aber auch ökonomisches Controlling zulassen. Ich betone deshalb ökonomisches Controlling, weil viele Ablauforganisationen im diakonischen Bereich aus der Behördendenke heraus gefasst sind, wo ich die Ablaufkontrolle haben will. Das ist nach meinem Dafürhalten kontraproduktiv in der Diakonie. Ich muss klare Leitplanken setzen aber die Varianzen innerhalb dieser Leitplanken offen halten. Gleichzeitig muss ich aber auch in der Lage sein, das ökonomische Controlling minuziös nachzuhalten, um sofort gegensteuern zu können und solche Ablauforganisationen brauche ich, das heißt, nach meinem Dafürhalten sehr flach, wenig Unterstellungsverhältnisse, wenig hierarchische Zwischenstufen.«

3. Unternehmerische Diakonie aus Sicht diakonischer Manager

nicht wahrgenommen werden, also nur mal ein Beispiel: Finanzierung ist natürlich immer mein Kernthema. Warum müssen Pensionskassen investieren in Unternehmensanleihen von Daimler, Telekom und was auch immer? (Warum) können (Kirchen) aber nicht investieren in Unternehmensanleihen von Diakonie?«

Die effiziente Umgang mit Ressourcen und Geld wird auch theologisch begründet: »Wenn ich die theologische Achse in einem diakonischen Unternehmen ernst nehme, wirklich theologisch ernst nehme, muss ich notgedrungen zu sehr effizienten unternehmerischen Strukturen kommen, weil alles andere ist vorenthalten von Nutzen oder theologischem Nutzen den Hilfesuchenden gegenüber.«

Vor diesem Hintergrund ist vielleicht auch erklärlich, warum ein Outsourcing von Dienstleistungen wie Catering und Reinigung bei den größeren überregionalen Trägern im Regelfall stattgefunden hat, gerade im Krankenhausbereich, aber auch in der Altenhilfe; entweder die Dienstleistungen werden zugekauft oder die Gesellschaften sind nicht Teil der Diakonischen Werke und somit auch nicht an das kirchliche Arbeitsrecht, sondern an einen anderen Tarif - einen Günstigeren als den chen - gebunden.[236]

Spendenfinanzierte Angebote können ein diakonisches Angebot nicht ersetzen. Angebote für Ehrenamtliche wie auch für Spenden müssen am Bedarf orientiert sein: Refinanzierte Bereiche wie die Altenheime und Krankenhäuser sind im Grundsatz refinanziert durch die Pflege- bzw. Krankenversicherungen, durch die Kunden bzw. Klienten als Selbstzahler und ergänzend durch die Sozialhilfe der Kommunen. Da dies die Menschen wissen, ist in diesen Feldern die Spendenbereitschaft verhältnismäßig gering.

Nicht so in nicht refinanzierten Bereichen, wie z.B. Hospizen, in denen eine große Spendenbereitschaft festzustellen ist. »Der Mensch sagt, ... unser Krankenhaussystem, das Altenheimsystem ist durchfinanziert ... Ich bezahle meine Krankenversicherung, meinen Pflegeversicherungsbeitrag, dann sollen die das auch bezahlen. Warum soll ich dann noch was hinzufügen? Also die Bereitschaft der Bürger ... geht zu Null hin. In dem Be-

---

236 In einigen Diakonischen Werken war es mindestens bis Ende 2013 möglich, dass diese Unternehmen im Rahmen eines Gaststatus Mitglied in einem DW sein konnten, z.B. im Diakonischen Werk der Ev.-luth. Kirche Hannovers e.V. oder im Diakonischen Werk der Ev. Kirche in Mitteldeutschland e.V.

reich, in dem die Gesellschaft diese Leistungen nicht (erbringt), (wie) ... im Bereich Hospiz, da bin ich bereit zu spenden.«

3.3.6.3 Unternehmensprozesse sind Kommunikationsprozesse

Unternehmensprozesse sind für die befragten Experten immer auch Kommunikationsprozesse, die sich in einer Matrixorganisation, so die mehrheitliche Meinung, am besten in einem Unternehmen organisieren lassen: »...als Beispiel Krankenhaus, ... da sind Kernprozesse sicher auch Kommunikationsprozesse. Also Strukturen zu schaffen, die überhaupt den Ablauf von Kernprozessen ermöglichen... Wir haben drei Häuser mit drei Direktorien, die wiederum besetzt sind mit Theologie, Diakonie, kaufmännischen, ärztlichen, pflegerischen Bereich. Daneben gibt's dann die Chefarztkonferenz, die (den) fachlich ärztlichen Bereich ...betrifft und dazu gibt's natürlich einen Aufsichtsrat, wo die entsprechenden Gesellschafter auch vertreten sind. ...ich glaube, dass Kernprozesse nur steuerbar sind, wenn (die) Geschäftsführung eines solchen Hauses genau auf diesen Instrumenten auch spielt, weil (man) sonst ... nie zu den Kernprozessen (kommt).« Diese Überzeugung lässt sich in allen Interviews wiederfinden und entsprechende ressortübergreifende Konferenzen auf Geschäftsführungs- und Fachbereichsebene sind in allen Unternehmen anzutreffen.

Hierbei sichert eine Matrixstruktur in den Unternehmen Interdisziplinarität und Fachlichkeit mit verbindlichen Standards. Ein Experte weicht von dieser Meinung explizit ab, indem er ausführt, dass für große Unternehmen die Matrixstruktur nur bedingt umsetzbar ist: »Ich kann mir heute sogar feststellen, dass man mit einer mehr Markenstrategie fährt, dass man das durchaus gar nicht mehr offenlegt, dass nun das Beteiligungsverhältnis da ist. Also eine Matrixorganisation würde ich heute nicht mehr so machen. Das halte ich auch für ein großes diakonisches Unternehmen inzwischen für sehr schwer durchsetzbar.«

3.3.6.4 Diakonische Werke sollten sich als Spitzenverband der Wohlfahrtspflege verstehen

Alle evangelischen Landeskirchen in Deutschland haben Diakonische Werke (DW) in der Rechtsform eines eingetragenen Vereins, in denen im Regelfall neben den diakonischen Unternehmen auch Kirchenkreise und

3. Unternehmerische Diakonie aus Sicht diakonischer Manager

deren Einrichtungen Mitglied sind. Aus Sicht der Kirchen sind sie Werke der Kirche und unterliegen der kirchlichen Gesetzgebung. Über die DW erfolgt die Zuordnung von allen Mitgliedern des DW zur jeweiligen Kirche. Neben dieser Funktion ist das DW Mitgliederverein und vertritt deren Interessen gegenüber der Kirche wie auch gegenüber der Öffentlichkeit und der Politik. In letzterer Funktion sind die DWs als Spitzenverband der freien Wohlfahrtspflege anerkannt und somit in vielerlei Hinsicht in die Gesetzgebungsverfahren des Bundes und der Länder eingebunden.

Vor diesem Hintergrund sind die Aussagen der Experten zu werten: Aus Sicht der befragten Experten bzw. Unternehmen haben die DWs für die eigene Arbeit überhaupt keine oder nur eine untergeordnete Bedeutung. Exemplarisch für die meisten formuliert dies ein Experte: »Das Diakonische Werk spielt keine wesentliche Rolle im Grunde genommen. Man ist Mitglied, wird damit zugeordnet zur Kirche - aber das ist mehr oder minder ein funktionelles Verhältnis.«[237]

Das heißt nicht, dass ihre Existenz generell in Frage gestellt wird, sondern das

1. eine andere Ausrichtung der Arbeit einerseits wie auch

2. eine andere Struktur der DWs und ihrer territorialen Ausrichtung andererseits

gefordert wird.

Zu 1.:
Es besteht weitgehend Einvernehmen zwischen den Befragten, dass sich die DW als Interessenvertreter der Diakonie bzw. als deren Lobbyist gegenüber der Politik und der Öffentlichkeit verstehen und entsprechend agieren sollten.[238] Implizit wird somit ihre Existenz anerkannt. Entspre-

---

237 Starnitzke (1996), S. 33 ff.
238 Diese positive Haltung drückt sich auch in inhaltlicher Kritik z.B. am Bundesverband der Diakonie aus, wenn ein Experte formuliert: »Ja aber wenn ich die Stellungnahmen der letzten Wochen und Monate mir angucke, die zum Beispiel vom Diakonischen Werk aus Berlin Land kommen, gerade letzte Woche was zum Thema Nachhaltigkeit gelesen, aber lese kein einziges Wort zur Verschuldung dabei. Also wenn ich von Nachhaltigkeit rede, dann kann ich doch nicht wegschauen wenn der Handlungsrahmen des Sozialstaates durch eine gigantische Verschuldung mehr und mehr eingeengt wird. Wenn ich dann sage, jetzt gestal-

chend dieser Erwartung sind die meisten Experten genau an diesem Punkt aber dann auch enttäuscht, verbunden oft mit dem Hinweis, dass die DWs sich auf Aufgaben konzentrieren, die sie nicht machen sollten als Mitgliederverband:

So wird mehrheitlich als problematisch angesehen, wenn die DW selbst unternehmerische Hilfeangebote anbieten in Konkurrenz zu den eigenen Mitgliedern. Ein Experte formuliert dies so: »Diakonische Werke können nicht beides, Vertretung aller diakonischen Arbeit und zugleich Anbieter im diakonischen Feld. Und da ist der Grundkonflikt. Wenn ich sage, ich vertrete alle gleichermaßen, aber ich habe drei Arbeitsfelder, die ich selber auch anbiete, dann bin ich nicht mehr der objektive Vertreter für alle diakonischen Werke.«

Oder es wird Kritik geäußert, dass die Vorstände des DW in die diakonischen Unternehmen versuchen »hineinzuregieren« (ohne davon ausreichend etwas zu verstehen).

Kritisiert wird in diesem Zusammenhang auch, dass das unternehmerische Risiko einerseits auf den Unternehmen lastet, während gleichzeitig durch die Kirchen – und implizit über »deren« DWs - versucht wird, die Bedingungen der Unternehmen weitgehend zu bestimmen, ohne dass diese bereit sind, selbst in die wirtschaftliche Verantwortung gegenüber den Unternehmen zu treten. Dies macht sich in den Interviews besonders fest am Beispiel des Arbeitsrechts, das zum Zeitpunkt der Interviews gerade bundesweit besonders in der diakonischen und kirchlichen Öffentlichkeit diskutiert wurde.

---

ten wir aber alles ganz gerecht im Rahmen dieser Mangelverwaltung, statt zu sagen, wir müssen an manchen Stellen ehrlich sagen, dass wir mehr konsumiert haben als wir produziert haben. Wenn ich dass 40 Jahre tue, dann unterschreibe ich eine Hypothek für die nächsten Generationen. So und das bedeutet für mich, wenn ich von einem Sozialmarkt rede, dann muss ich dem auch genug Luft zum Atmen geben. Das wird immer weniger geschehen, weil einfach die Fiskalpolitik unter allen Parteien, zu allen Zeiten seit 1970, seit Willi hat es keine Bundesregierung mehr ohne eine weitere Verschuldung gegeben, übrigens auch keine Landesregierung und ich weiß nicht ein paar Kommunen, die kann man aber an zwei Händen, glaube ich, abzählen in Deutschland. Und da müssen wir uns irgendwann darauf verständigen was wir Menschen denn ehrlicher Weise sagen. Zurzeit sind wir in der Diakonie sehr oft damit beschäftigt, Ansprüche zu formulieren. Wir formulieren also eigentlich immer das was man noch mehr machen könnte. Aber wenn ich eine Priorisierung formuliere, dann muss ich eigentlich auch eine Posteriorisierung formulieren. Und der Aufgabe haben wir uns eigentlich lange, lange entzogen.«

Zu 2.:
Beklagt wurde auch die Organisationsform der DWs in ihrer Struktur. »Also die EKD sowie das Diakonische Werk Deutschland kommt bei uns nicht vor...«, so ein Experte, doch mit der Einschränkung der Wirksamkeit des Arbeitsrechts (Arbeitsrechtsregelungsgrundsätzegesetz [ARGG-EKD]) und über die Bundesfachverbände, z.B. der evangelischen Berufsbildungswerke oder des evangelischen Behindertenverbandes. Hier wird oft das ungeklärte Verhältnis von evangelischen bundesweit agierenden Fachverbänden einerseits und Bundesverband andererseits als problematisch gesehen, da es das Erscheinungsbild der Diakonie gegenüber der Politik schwächt.

Die DWs sind als kirchliche DW gebunden an das Territorium ihrer Landeskirche:

Da die befragten Experten in überregional agierenden Unternehmen arbeiten, die Tochterunternehmen in den Territorien von zwei und mehr Landeskirchen hatten, waren sie entsprechend in mehreren DWs tätig. Potenziell verletzten sie somit deren Territorialprinzip, wenn sie nicht auch mit ihren Tochterunternehmen Mitglied in dem DW wurden, wo das Tochterunternehmen seinen Sitz bzw. sein Haupttätigkeitsfeld hat. Dies bedeutet dann aber wiederum zusätzliche Kosten und ggf. die Anwendung unterschiedlicher Tarife in einer Unternehmensgruppe.

Vereinzelt wurde auch angeführt, dass die Spreizung der Interessen innerhalb der Mitglieder einerseits und der Organisationsformen in der Mitgliedschaft selbst andererseits zu groß sind, um allen Interessenlagen gerecht zu werden: ehrenamtlich orientierte gemeindenahe und oft unprofessionell geführte Einrichtungen einerseits und professionelle diakonische Unternehmen andererseits.

So wird von einzelnen Experten angeregt, eine Trennung in der Vertretung vorzunehmen: diakonische Vertretung der Unternehmen in einem Bundesverband und gemeindediakonische Vertretung über die Diakonischen Werke. Dies könnte nach Ansicht eines anderen Experten nach Vorbild z.B. des Sparkassenverbandes erfolgen, der sich über regionale Buchungsverbände zu einer schlagkräftigen Bundesorganisation entwickelt hat.[239]

---

239 Die Sparkassen haben sich zu einheitlichen sogenannten Buchungsverbänden zusammengeschlossen, so dass die interne Buchung von Abrechnungen erheblich vereinfacht werden konnte.

3. Unternehmerische Diakonie aus Sicht diakonischer Manager

Ein weiterer Experte sieht eine Vertretung auf europäischer Ebene über den Bundesverband hinaus als sinnvoll an und begründet dies mit Hinweis auf das Thema der Spezifika und Vorteile des deutschen Gemeinnützigkeitsrechts, die es auf europäischer Ebene durchzusetzen und zu vertreten gilt.

3.3.7 Das Gemeinsame im Verschiedenen – Konzeptualisierung der Experteninterviewergebnisse

Im Folgenden werden auf der Basis des vorhergehenden Abschnitts Kategorien gebildet, in denen das Gemeinsame im Verschiedenen der Textpassagen als ein Teil des gemeinsamen Wissens der Experten verdichtet wird. Hierbei wird Bezug genommen auf die entsprechenden Kernaussagen als maßgeblicher empirischer Bezug. Ziel ist es, eine Verallgemeinerbarkeit der getroffenen Aussagen herstellen zu können.

Betont sei an dieser Stelle, dass die hier getroffenen Aussagen immer noch an das empirische Material gebunden und somit die Sichtweisen der Experten wiederzugeben sind. Die am Ende eines Aussage- bzw. Sinnabschnittes gebildeten Kategorien sind in diesem Kontext zu verstehen als allgemeingültige Begriffe bzw. grundsätzliche Aussagen, die bei der Entwicklung einer Theorie für diakonische Unternehmen bzw. für einen theoriegeleiteten Unternehmensbegriff den Rahmen abstecken.

Die Unterscheidung zwischen freier bzw. unternehmerischer Diakonie einerseits und verfasst-kirchlicher Diakonie und Kirche andererseits entspricht nicht der gesellschaftlichen Wahrnehmung. Diakonie und evangelische Kirche werden als ein einheitliches Ganzes, als eine einheitliche Organisation bzw. als ein geschlossenes System wahrgenommen und entsprechend wird auch im öffentlichen Diskurs mit evangelischer Kirche verfahren.[240]

Dem entspricht nicht die Binnendifferenzierung innerhalb des Systems bzw. der Organisation der evangelischen Kirche: Diakonische Unternehmen werden nicht als genuiner Teil von Kirche behandelt, sondern im Regelfall zugeordnet über diakonische Werke.[241] Die Unternehmensführun-

---

240 S. hierzu die Aussagen zur ACK-Klausel, S. 101
241 Dieses Nebeneinander ist Ergebnis einer historischen Entwicklung innerhalb der evangelischen Kirche in Deutschland, vgl. überzeugend Starnitzke (1996), S. 21 ff. Dies ist auch für die katholische Kirche analog feststellbar, vgl. Steinkamp (1985), S. 44 ff.

gen sehen ihre Unternehmen durchweg als Teil der evangelischen Kirche. Keine einheitliche Wahrnehmung besteht unter den Experten über die Frage, inwieweit ihre Unternehmen auch als eigenständige Gemeinde(-form) wahrzunehmen sind.[242] Für alle Befragten ist es zwar selbstverständlich, dass sie eng mit den parochialen Gemeinden zusammenarbeiten, doch bestehen bezüglich des Gemeindebegriffs und des Gemeindeverständnisses unterschiedliche Auffassungen: Diakonische Unternehmen wirken in parochialen Gemeinden als integrativer Teil bis zu der Auffassung, dass diakonische Unternehmen eine eigenständige Gemeindeform sind bzw. sein könnten.[243]

Weitgehendes Einvernehmen besteht in der Wahrnehmung der verfassten Kirchen: Sie werden erlebt als ein Gegenüber, das auf die Bedingungen und die Lebenswelt der diakonischen Unternehmen nicht eingestellt ist. Es besteht insofern ein Nebeneinander von diakonischen Unternehmen und Kirche, wie es von einigen Experten besonders (s. S. 104 f.) betont wird.[244] Dem entspricht, dass es seitens der verfassten Kirche auch keine entsprechende theologisch begründete kirchliche Organisationsform gibt, innerhalb derer diakonische Unternehmen als Teil der Kirche begriffen und organisiert werden. Damit besteht jedoch die Gefahr der Verselbstständigung dieser Subsysteme bis hin zur Abspaltung von der Organisation Kirche.

Das Nebeneinander im Sinne einer Ausgrenzung von diakonischen Unternehmen und verfasster Kirche wird subjektiv in den diakonischen Unternehmensführungen sehr wohl festgestellt. Gleichwohl entspricht dies nicht dem Selbstverständnis der diakonischen Unternehmen, die sich als Teil der evangelischen Kirchen begreifen und mehr Verständnis von dieser Seite erwarten.

Diese Aussagen lassen sich in folgender Kategorie zusammenfassen, die damit auch die drei Fragen aus Kap. »3.1.1 Ausgangsfragen und zum Verfahren von Experteninterviews«, (s. S. 76 f.) beantworten:[245]

---

242 Vgl. hierzu auch die Diskussion, ob diakonische Unternehmen Gemeinde sind, S. 105
243 Vgl. S. 106 f.
244 Vgl. S. 103 ff.
245 Wie wird das Verhältnis von Diakonie und (ihren) Kirchen auf der Seite der diakonischen Unternehmen aktuell wahrgenommen?;
Welcher Handlungsbedarf in Richtung einer Öffnung zur verfassten Kirche wird seitens der Leitungen diakonischer Unternehmen gesehen?; Welcher Handlungs-

Kategorie: Verfasste Kirche, diakonische Einrichtungen und diakonische Unternehmen sind als sichtbare Kirche ein System, in dem diakonische Unternehmen als eigenständiges Subsystem Teil des Ganzen sind. Es besteht ein Nebeneinander zwischen verfasster Kirche und diakonischen Unternehmen.

Diakonische Unternehmen und deren Führungen gehen davon aus, dass diakonische Hilfeangebote erbracht werden in einem Sozialdienstleistungsmarkt, der besonders durch die bundesdeutsche Sozialgesetzgebung reglementiert ist. Implizit wird von den Experten unterstellt, dass nur diejenigen, die sich diesen wettbewerblichen Bedingungen stellen, auch dauerhaft ihr Angebot am Markt werden platzieren können.

Dieser Markt gestaltet sich in den verschiedenen Hilfe- bzw. Dienstleistungssparten unterschiedlich: Wettbewerb im Sinne einer Öffnung des Marktes und starker Konkurrenz wird in der Altenhilfe wie auch im Krankenhaussektor übereinstimmend gesehen, da hier private Anbieter in der Vergangenheit zunehmende Marktanteile auch zu Lasten der Diakonie gewonnen haben. Weniger lässt sich diese Entwicklung des Marktes im Bereich der Eingliederungshilfe feststellen, der noch stark von den Unternehmen der freien Wohlfahrtspflege im Rahmen einer besonders engen staatlichen Regulierung geprägt ist.

Kritisiert wird, dass zu wenig dieser Verdrängungswettbewerb durch private Anbieter und der damit einhergehende Bedeutungsverlust von Diakonie und Kirche innerhalb von Kirche und Diakonie thematisiert wird, sondern mehr oder minder nur die innerdiakonische Konkurrenz bzw. die zwischen diakonischen Unternehmen einerseits und diakonischen Einrichtungen der verfassten Kirche andererseits.[246]

Somit kann folgende kategoriale Aussage formuliert werden:
Kategorie: Diakonische Hilfsangebote vermitteln sich heute über einen Sozialdienstleistungsmarkt, wenn auch unter eingeschränkten Wettbewerbsbedingungen; die Relevanz dieses Wettbewerbs wird in Kirche und Diakonie falsch wahrgenommen.

---

bedarf wird gesehen, dass verfasste Kirche sich mehr dem Anliegen diakonischer Unternehmen und deren Arbeit öffnet?
246 Vgl. auch S. 104; hier wird auch eine Teilantwort gegeben auf die in Kap. 3.1.1. gestellte 5. Frage »Welcher Handlungsbedarf wird gesehen, dass verfasste Kirche sich mehr dem Anliegen diakonischer Unternehmen und deren Arbeit öffnet?«, S. 76

3. Unternehmerische Diakonie aus Sicht diakonischer Manager

Die Entwicklung des Sozialstaats in Deutschland nach 1945 bis heute hat besonders aufgrund der marktwirtschaftlichen Durchdringung sozialer Dienstleistungserstellung in Deutschland einerseits und der Professionalisierung andererseits zu einer Verdrängung diakonischer (und ehemals ehrenamtlich basierter) Hilfs- bzw. Dienstleistungsangebote aus den parochialen Gemeinden geführt. Das Angebot wurde aus den Gemeinden heraus zumindest teilweise von diakonischen Unternehmen übernommen.[247]

Hiermit einher ging ein Prozess des Bedeutungszuwachses diakonischer Unternehmen gemessen am gesamten diakonischen Angebot innerhalb der evangelischen Kirche in Deutschland.[248] Die marktwirtschaftlich-kapitalistische Durchdringung des Sozialmarktes führte außerdem dazu, dass sich ab einer bestimmten Betriebsgröße diakonische Angebote nur noch in einem Unternehmen nachhaltig aufrechterhalten lassen. Diakonische Unternehmen, insbesondere größere, sind nach Aussage der Experten heute im Regelfall als Konzerne organisiert.[249]

Unter den aktuellen Bedingungen des Sozialmarktes und der Größe der Unternehmen besteht Einigkeit zwischen den Experten, dass Kapitalgesellschaften, bevorzugt die Rechtsform der gemeinnützigen Gesellschaft bürgerlichen Rechts (gGmbH) und die Stiftung, die bevorzugte rechtliche Organisationsform in diakonischen Unternehmen sind:

Kategorie: Diakonische Angebote lassen sich unter heutigen Bedingungen in Deutschland ab einer bestimmten Betriebsgröße nur in diakonischen Unternehmen organisieren. Größere Unternehmen sind als Konzerne organisiert.

In dem Prozess der Vermarktung sozialer Bedarfslagen wird durch einige Experten gefordert, dass sich die Diakonie mehr vom Sozialstaat emanzipieren sollte, um wieder ihrem Anspruch gerecht werden zu können, sich besonders für die sozial Benachteiligten in der Gesellschaft einzusetzen: Kritisiert wird, dass diakonische Angebote in ihrer Ausrichtung

---

247 Sofern sie nicht von bestehenden Unternehmen der freien Diakonie übernommen worden sind, wurden auch Unternehmen aus den Gemeinden bzw. Kirchenkreisen heraus gegründet. Verwiesen sei an dieser Stelle beispielhaft nur auf die in gemeinnützigen GmbHs organisierten Kindergärten oder Jugendwerkstätten, wie sie besonders in den letzten zehn bis fünfzehn Jahren entstanden sind.
248 Dies kann hier nur vermutet werden, ist aber aus den Experteninterviews ableitbar. Der empirische Beleg wäre einer weiteren Arbeit vorbehalten.
249 Welcher Unternehmensbegriff hier von den Experten verwendet wird, bleibt unklar. Dieser Fragestellung wird in Kap. 4, S. 151 ff. nachgegangen.

3. Unternehmerische Diakonie aus Sicht diakonischer Manager

sich nicht am Hilfebedarf und damit an den Bedürfnissen der Benachteiligten in der Gesellschaft orientieren, sondern zunehmend an den Bedürfnissen des Sozialstaats.[250] Dies führt einerseits zu einer materiellen Abhängigkeit des diakonischen Angebots von staatlichen Ressourcen. Zudem beraubt es andererseits diakonische Unternehmen ihrer Innovationskraft, die sie früher durch ihre klare Orientierung am Hilfebedarf vor Ort hatten: Gesellschaftliche Bedarfe werden nicht mehr ausreichend gesehen bzw. es werden für diese Bedarfe keine Angebote mehr entwickelt, weil sie nicht refinanziert werden.[251]

Ein Experte vertritt die von den anderen abweichende Auffassung, »... dass Diakonie immer aus einem ehrenamtlichen und charismatischen Nutzen heraus entsteht. Die kann's nur in der Gemeinde geben.« In diesem Verständnis können diakonische Unternehmen aufgrund ihrer Marktausrichtung neue Bedarfslagen selbst nicht erkennen, so dass sie »... fünf, sechs Satellitengemeinden um sich 'rum (haben sollten), aus dem immer wieder alle Forschungs- und Entwicklungsimpulse aus Eigeninitiativen kommen für Hilfefelder, die ab einem bestimmten Professionalisierungsgrad das Unternehmen dann besetzen kann.«[252]

Neben den Erlösen durch Selbstzahler und durch Entgelte des Staates wird als weitere, immer wichtigere Finanzierungsressource Spenden bzw. Fundraising von einigen Experten angesehen, wenn auch mit der Einschränkung, dass eine ausschließliche Finanzierung über diese Quelle(n) für ein ausreichendes diakonisches Angebot als nicht ausreichend angesehen wird.[253] Gleichwohl wird von einigen Experten die Notwendigkeit gesehen, die Finanzierungsquelle Fundraising weiter zu erschließen, und zwar aus zweierlei genannten Gründen: einerseits aus den zunehmenden Finanzierungslücken im sozialen System, so dass bestimmte Bedarfslagen gar nicht mehr refinanziert werden; andererseits aus der Notwendigkeit heraus, Mittel zu akquirieren, um genau diese Hilfebedarfe finanziell abdecken zu können. Diakonische Unternehmen sind in diesem Verständnis nicht prioritär gewinn-, sondern nutzenorientiert. Dieses Verständnis

---

250 S. S. 97
251 A.a.O., S. 97 ff.
252 A.a.O., 204; vgl. auch S. 128 ff.
253 Neben den Einnahmen aus Pflegeversicherung, diversen kommunalen Entgelten, der Bundesanstalt für Arbeit und der Kranken- und Rentenversicherung erzielt die Diakonie wie andere soziale Anbieter auch Einnahmen direkt von ihren Kunden bzw. Klienten, besonders in der Altenhilfe und in besonderen Beratungsangeboten, die als »Selbstzahler« bezeichnet werden.

3. Unternehmerische Diakonie aus Sicht diakonischer Manager

schließt aber eine Gewinnorientierung diakonischer Tätigkeit nicht aus, doch darf diese nicht Ultima Ratio diakonischer Tätigkeit sein.

Diakonische Tätigkeit findet in Deutschland somit als gemeinnützig anerkannte Tätigkeit statt, das heißt diakonische Unternehmen sind nicht gewinnorientiert, bzw. sie reinvestieren erzielte Überschüsse wieder im Unternehmen. Gleichwohl wird von den Experten auch festgestellt, dass zur Erwirtschaftung eines Kapitalstocks, der es auch möglich macht, neue Hilfebedarfe zu erschließen und eine gewisse finanzielle Unabhängigkeit zu gewährleisten, eine Umsatzrendite zwischen 3% bis 5% pro Jahr erwirtschaftet werden sollte.[254]

Zusammenfassend kann formuliert werden:

Kategorie: Diakonische Unternehmen sind nicht prioritär gewinn-, sondern nutzenorientiert. Ihre wesentlichen Finanzierungsquelle sind staatliche Entgelte, Vergütungen aus den Sozialversicherungen und Selbstzahler. Die Finanzierung diakonischer Angebote über Fundraising nimmt in ihrer Bedeutung zu.

Einigkeit besteht zwischen den Experten, dass diakonisches Handeln sein Fundament im christlichen Glauben hat, den nur jeder Einzelne für sich gewinnen kann: Dieser gibt uns mit, unser Leben schon auf Erden am Reich Gottes und seinem Willen auszurichten und zu begründen.[255] Dieser Sendungsauftrag drückt sich im Verständnis der Experten in den Unternehmen dahingehend aus, dass diakonische Unternehmen sich im Sinne christlicher Nächstenliebe für sozial benachteiligte und leidende Menschen einsetzen.[256]

In diesem (Selbst-)Verständnis steht der sozial benachteiligte und der leidende Mensch als Individuum wie auch als Gruppe mit seinen Bedarfslagen im Mittelpunkt eines diakonischen Unternehmens und zwar unabhängig von seiner religiösen, rassischen, nationalen o. ä. Zugehörigkeiten.[257] So kommen wir zu folgender kategorialen Aussage:

Kategorie: Die Verbesserung der Lebenslage des sozial benachteiligten, hilfebedürftigen bzw. leidenden Menschen als Individuum wie auch als

---

254 S. S. 127
255 S. auch S. 99 f.
256 ...und dies auch Teil ihres subjektiven Glaubensverständnisses ist; vgl. auch S. 121 ff.
257 S. S., 100 f.

3. Unternehmerische Diakonie aus Sicht diakonischer Manager

jeweils spezifische soziale Gruppe steht im Mittelpunkt diakonischer Unternehmenstätigkeit.

Das Selbstverständnis diakonischer Unternehmen, die ihren Unternehmenszweck quasi als Ausdruck ihres Glaubensverständnisses begreifen, führt zu Spezifika, die sie von anderen Sozialunternehmen unterscheiden. Diese Spezifika drücken sich neben dem Unternehmenszweck besonders im Selbstverständnis bzw. ihrer diakonischen Identität aus.[258] Alle Experten betonen z.B. die wesentliche Rolle, die für sie und ihr Unternehmen die jeweiligen Unternehmensleitbilder bzw. Missionen haben, die die christliche Fundierung des Unternehmenszweckes beschreiben.[259] Diese sind ein wesentlicher Bestandteile der *Diakonischen Identität* dieser Unternehmen:

Kategorie: Es gibt Spezifika bzw. Besonderheiten diakonischer Unternehmen, die sie von anderen Unternehmen unterscheiden und ihre diakonische Identität gestalten.

Selbstverständlich gehört zu dieser Diakonischen Identität aus Sicht der meisten Experten, dass auch die Verkündigung im Unternehmen und die Seelsorge durch entsprechende gottesdienstliche Angebote, Andachten u. ä. auf allen Ebenen des Unternehmens »gelebt« werden müssen, um zumindest eine »Auskunftsfähigkeit« der einzelnen Mitarbeiter über Kernbestandteile christlichen Glaubens und damit auch über die gesamte Ausrichtung des Unternehmens sicherzustellen.[260] Dabei kann die Durchdringung der Organisation auch mit Diakonen erfolgen, die diese Aufgaben übernehmen.[261]

---

258 Diese wie auch die folgenden Kategorien beantworten auch die 6. und 7. Frage aus Kap. 3.1.1 Ausgangsfragen und zum Verfahren von Experteninterviews, S. 75: »
Gibt es Spezifika diakonischer Unternehmen gegenüber anderen (Sozial)Unternehmen?« und »
Wenn es Spezifika geben sollte: Bedingen die Spezifika diakonischer Unternehmen Besonderheiten in der Organisation und der Führung bzw. dem Management diakonischer Unternehmen?«
259 Eine Mission beschreibt den Auftrag und das Ziel eines Unternehmens auf der Grundlage der normativen Dimension, vgl. Bleicher (7. Auflage 2004), S. 87 f.
260 Vgl. S. 108 ff.
261 A.a.O., S. 109 f.; Hierbei beschränken sich die Aufgaben, die genannt werden von den Experten, auf gottesdienstliche Angebote bzw. Andachten u.ä., weniger auf den ethischen Diskurs, wiewohl dieser auch organisatorisch in Ethikräten und dergleichen gepflegt wird, vgl. S. 115 ff.

3. Unternehmerische Diakonie aus Sicht diakonischer Manager

Selbstverständlich kann (und soll) es hierbei auch dazu kommen, dass Mitarbeiter Mitglied der evangelischen Kirche werden, doch kann Mission nicht den Mittelpunkt der Zwecksetzung diakonischer Unternehmen bilden.

Diakonische Identität soll sich auch in einer spezifischen Werthaltung des Unternehmens bzw. auch des einzelnen Mitarbeiters ausdrücken. Diese gestaltet sich nicht nach Meinung der Experten als ein statischer, sondern als ein dynamischer Prozess der Auseinandersetzung um ethische Fragen und Positionen, die in einem entsprechenden Rahmen wie Ethikbeiräten u. ä. organisiert werden.[262]

Dabei werden Unternehmensprozesse als Kommunikationsprozesse verstanden, die einen festen organisatorischen Rahmen benötigen. Inwieweit sich diese Prozesse im Rahmen einer Matrixorganisation im Unternehmen am besten organisieren lassen, ist zu untersuchen.[263]

Zusammenfassend lässt sich formulieren und damit auch die 8. Frage aus Kap. »3.1.1 Ausgangsfragen und zum Verfahren von Experteninterviews«, (s. S. 76) beantworten:[264]

Kategorie: Diakonische Identität bedarf der systematischen Organisation: Unternehmensprozesse sind als Kommunikationsprozesse so zu gestalten, dass Verkündigung und der Diskurs zwischen Theologie und den im Unternehmen notwendigen Fachdisziplinen stattfinden.

Spezifische christliche Werthaltungen als Teil diakonischer Identität sollten sich nicht nur in einer besonderen Haltung des einzelnen Mitarbeiters gegenüber dem Kunden bzw. Klienten ausdrücken.[265] Sie wirken auch

---

262 Vgl. S. 115 f.
263 S. auch S. 129; vgl. Kap. 4.4.2 Diakonische Unternehmen als Organisation, S. 184 ff. Dieses Verständnis im Zusammenhang mit der nachfolgenden Kategorie bildet die Basis für die Prozessgestaltung, vgl. Kapitel 4.6 Prozessorganisation, S. 191 ff.
264 Vgl. S. 76, Frage »
Wie können die Instrumente der Unternehmensplanung und -organisation und somit die Unternehmensprozesse ausgestaltet werden, dass sie dem Anliegen eines permanenten Diskurses zwischen Theologie und Ökonomie, Theologie und Pädagogik und weiteren Teildisziplinen, wie sie heute in diakonischen (Komplex-) Einrichtungen bzw. Unternehmen Anwendung finden, dienen?«, die auch partiell in den folgenden Kategorien eine Teilbeantwortung findet.
265 Diese sollen auch als Schwestern und Brüder gesehen werden. Inwieweit dies zu einer anderen Art von Pflege bzw. Zuwendung gegenüber dem einzelnen Kunden bzw. Klienten führen soll, wird von den Experten nicht ausgeführt.

3. Unternehmerische Diakonie aus Sicht diakonischer Manager

zurück auf die Ausgestaltung des Hilfeangebotes wie auch des Unternehmenshandelns insgesamt in einem diakonischen Unternehmen.[266]

Kategorie: Christliche normative Grundlagen bilden die Grundlage des Handelns des einzelnen Mitarbeiters wie auch des gesamten Unternehmens.

Ein diakonisches Unternehmen wird durch seine Führung maßgeblich gestaltet. Um die evangelische Prägung wie auch die Ausgestaltung des Diskurses über die diakonische Identität im Unternehmen zu gewährleisten, muss die Führung des Unternehmens eine verfasst-kirchliche Anbindung haben und zumindest mehrheitlich evangelisch geprägt sein.[267] Eine Kirchenzugehörigkeit für die gesamte Mitarbeiterschaft ist zur Aufrechterhaltung einer diakonischen Identität eines diakonischen Unternehmens nicht notwendig, hier besteht weitgehende Einigkeit zwischen den Experten. Dies hätte zur Folge, dass über die ACK-Klausel der Loyalitätsrichtlinie der EKD zu diskutieren wäre.[268]

Das Selbstverständnis einiger Vorstände ist auch, dass eigene Wertgrundsätze wie z.B. Nachhaltigkeit von einem Vorstand auch exemplarisch vorgelebt werden sollten.[269]

Es sollte eine multiprofessionelle und teamorientierte Führung im Vorstand geben, die sich zudem strategisch ausrichtet. Die Zusammensetzung mit einem theologischen und einem kaufmännischen Vorstand hat sich weitgehend durchgesetzt.[270] Aus dieser Ausrichtung ergibt sich auch die

---

266 Vgl. auch S. 116 f.; dies zeigt sich z.B. in der Diskussion um Sterbehilfe, die in einem Fall dazu führt, dass ein Krankenhaus keinen Gynäkologen weiterbeschäftigt, der sich auf Abtreibungen spezialisiert hat und diese in besonders hoher Anzahl durchführt.
Ob sich eine spezifisch christliche Haltung im tatsächlichen *Handeln* der einzelnen Mitarbeiter ausdrückt oder nicht vielmehr ein unterschiedlich gestaltetes spezifisches und christlich geprägtes *Angebot* sowie seine gesamte Ausrichtung die Spezifika eines diakonischen Unternehmens ausmachen (und wie dieser Prozess zu gestalten ist), ist Gegenstand der Untersuchung in Kapitel 4.
267 Vgl. S. 117 f.
268 Vgl. Kap. 3.3.2.2 Nicht die Kirchenzugehörigkeit der Mitarbeitenden, sondern die Haltung derselben muss diakonische Angebote prägen, S. 101 f. und Kap. 4.2.2 Diakonische Unternehmen als Diakoniegemeinde und Dienstgemeinschaft, S. 165 ff.
269 Vgl. S. 118 f.
270 Vgl. S. 117 f.

3. Unternehmerische Diakonie aus Sicht diakonischer Manager

Aussage, dass in Vorständen das Gesamtverantwortungsprinzip gelten sollte.[271]

Alle letztgenannten Punkte können aber nicht als ein Spezifikum eines diakonischen Unternehmens angesehen werden, sondern sind aus den heutigen Anforderungen an Unternehmen und deren Komplexität schlechthin begründet. So lässt sich spezifisch für diakonische Unternehmen formulieren:

Kategorie: Kirchenzugehörigkeit - und dabei eine mehrheitlich evangelische Kirchenzugehörigkeit - ist unverzichtbar für die Mitglieder der Führung eines diakonischen Unternehmens zur Sicherstellung einer evangelischen Prägung, nicht aber für die Mitarbeiterschaft des gesamten Unternehmens.

Theologische Kompetenz, vertreten durch einen Theologen bzw. Diakon, sollte in der Führung bzw. im Vorstand eines diakonischen Unternehmens vertreten sein. Es fällt auf, dass dies von einzelnen Experten anders gesehen wird, diese jedoch älter sind und selbst davon ausgehen, dass Theologen bzw. Diakone in einem Vorstand zukünftig vertreten sind. Noch vor wenigen Jahrzehnten war dies selbstverständlich und eher die Frage umstritten, inwieweit ein Kaufmann in einem Unternehmensvorstand vertreten sein sollte:[272]

Kategorie: Theologische Kompetenz sollte im Vorstand eines diakonischen Unternehmens vertreten sein.

Im folgenden Kapitel werden die gefundenen Kategorien nunmehr zu einer allgemeinen theoriebasierten Aussage über diakonische Unternehmen und deren Spezifik verdichtet.

3.3.8 Generalisierung der gefundenen Ergebnisse – Diakonische Unternehmen als kommunikatives Subsystem der sichtbaren evangelischen Kirche

Die bisherigen Auswertungen der Experteninterviews haben gezeigt, dass Unternehmen heute als Kommunikationssystem verstanden werden müs-

---

271 Vgl. S. 121 ff.
272 Vgl. Jäger (1984); vgl. auch S. 118 f.

sen. Aus soziologischer und organisationstheoretischer Sicht kann dies auf der Grundlage der Systemtheorie Luhmanns erfasst werden: Sichtbare evangelische Kirche kann als ein ausdifferenziertes Subsystem des Religionssystems beschrieben werden, in dem diakonische Unternehmen funktional gesehen ein Subsubsystem darstellen.[273]

Es ist hier nicht beabsichtigt, Kirche in allen Einzelheiten mit der Systemtheorie Niklas Luhmanns zu analysieren.[274] Vielmehr soll es darum gehen, inwieweit dieser theoretische Zugang für eine theoretische Fundierung und ein Modell diakonischer Unternehmen nutzbar gemacht werden kann. Dierk Starnitzke hat in einer grundlegenden Arbeit bezogen auf die Diakonie diese als soziales System unter Anwendung der Systemtheorie Luhmanns analysiert.[275] Hierbei hat er auch auf die aus theologischer Sicht bestehenden Grenzen der Anwendbarkeit des Funktionsbegriffs der Systemtheorie Luhmanns auf die Analyse von Religion und evangelischer Kirche mit Rückgriff auf die Kritik Wolfgang Pannenbergs hingewiesen.[276]

Die als konstitutiv für Luhmanns Theorie zu bezeichnende Trennung zwischen sozialen autopoietischen Systemen einerseits und psychischen autopoietischen Systemen (das der Menschen darstellt) andererseits, führt dazu, dass der Mensch als Umwelt des Systems definiert wird.[277] In die-

---

273 Verfasste evangelische Kirche(n), diakonische Einrichtungen und diakonische Unternehmen sind Teil einer sichtbaren evangelischen Kirche.
274 Vgl. Luhmann (1991, 4. Auflage)
275 »Seine Theorie erlaubt es, *sämtliche* für die Diakonische Arbeit relevanten Bezüge auf andere Gesellschaftssysteme mit Hilfe des *Systems/Umwelt-Schemas* zusammenzufassen und nach dem *Prinzip der funktionalen Differenzierung* miteinander zu vergleichen.«, Starnitzke (1996), 122 (Kursive Hervorhebung im Originaltext)
276 Bezogen auf die These Luhmanns, dass eine Institutionalisierung des Vorrangs einer Funktion wie z.B. Religion oder Recht oder Wirtschaft usw. nur auf Teilsystembasis möglich ist, steht das Selbstverständnis zumindest der christlichen Religion, eines »unverzichtbaren Allgemeingültigkeitsanspruch ihrer Glaubensinhalte für die gesamte Gesellschaft bzw. für alle Erscheinungsformen des Sozialen ... Universalitätsanspruch der funktionalen Analyse und der christlichen Glaubensaussagen scheinen damit grundsätzlich zu kollidieren«, zit. Starnitzke (2011), S. 169
277 »Wir behandeln soziale Systeme, nicht psychische Systeme. Wir gehen davon aus, dass die sozialen Systeme nicht aus psychischen Systemen, geschweige denn aus leibhaftigen Menschen bestehen. Demnach gehören die psychischen Systeme zur Umwelt sozialer Systeme. Sie sind freilich ein Teil der Umwelt, der für die Bildung sozialer Systeme in besonderem Maße relevant ist«, zit. Luhmann (1991, 4. Auflage), S. 346

3. Unternehmerische Diakonie aus Sicht diakonischer Manager

sem Verständnis ist der Mensch nur noch als »Person« Träger von Kommunikation im Sinne von speziellen Erwartungen, die das soziale System an einen einzelnen Menschen richtet, Teil des sozialen Systems.[278] Diese Trennung drohen den Menschen in seiner Integrität zu zerrütten, kritisiert Starnitzke im Anschluss an Ralf Dziewas und sieht deshalb im Diskurs zur Systemtheorie als eine Aufgabe der Theologie, die »schöpfungsmäßige Integrität menschlicher Existenz« zu betonen.[279]

Ohne auf die vielfältige Literatur zur Systemtheorie Luhmanns und deren Kritik im Einzelnen eingehen zu wollen, hat diesen Kritikpunkt besonders Gesa Lindemann aus soziologischer Sicht in Anschluss an die philosophische Anthropologie Helmut Plessners aufgegriffen.[280] Lindemann betrachtet wie Luhmann Interaktionen grundsätzlich mikrosoziologisch und bezieht diese in einem ersten Schritt auf eine Ego und Alter-(-Ego)-Kommunikation, die reaktiv ist, und, vermittelt über doppelte Kontingenz, emergente Ordnungen schafft.[281] Ausgehend von der Fragestellung »Wie unterscheiden soziale Akteure in konkreten Begegnungen zwischen sozialen Beziehungen und nichtsozialen Beziehungen?«, kommt Lindemann aufgrund empirischer Forschungsergebnisse zu dem Ergebnis, dass die Ego-Alter(-Ego)-Kommunikation als reaktive Kommunikation ausgestal-

---

278 »Psychische Systeme, die von anderen psychischen oder von sozialen Systemen beobachtet werden, wollen wir *Personen* nennen. Der Begriff personales System ist demnach ein Begriff, der eine Beobachterperspektive involviert, wobei Selbstbeobachtung (sozusagen: Selbstpersonalisierung) eingeschlossen sein soll. Da man unterstellen kann, dass jede Theorie psychischer Systeme eine Beobachterperspektive aktualisiert, wird man von psychischen und von personalen Systemen fast gleichsinnig sprechen können.«, a.a.O., S. 155
279 A.a.O., S. 157
280 Lindemann (2009), S. 131 ff.
281 Doppelte Kontingenz tritt auf, wenn eine Auswahl von Handlungen innerhalb einer sozialen Interaktion zufällig möglich wird: Die ausgewählten Handlungen zweier Interaktionspartner (»Alter« und »Ego«) sind wechselseitig von den vom jeweils anderen ausgewählten Handlungsalternativen abhängig. Kommunikation entsteht erst durch die Herausbildung von Erwartungen, die über verschiedene Situationen von den Interaktionspartnern verallgemeinert werden, vgl. Luhmann (4. Auflage 1991).
Zu Recht verweist Lindemann in kritischer Distanz zu allen allgemeingültigen Gesellschaftstheorien, zu denen sie auch Luhmanns Systemtheorie zählt, auch auf die zeitbedingte Abhängigkeit eben dieser Theorien: »Es kann als ein Spezifikum moderner Gesellschaften gelten, dass nur lebende Menschen in einem allgemein anerkannten Sinn soziale Personen sein können. Andere Gesellschaften ziehen die Grenzen des Sozialen in anderer Weise und beziehen etwa Götter oder Tiere in den Kreis legitimer Personen ein.«, a.a.O., S. 13

tet diese Frage nicht beantworten kann, sondern die Ego-Alter(-Ego)-Interaktion durch eine Dreierkonstellation Ego-Alter(-Ego)-Tertius ergänzt werden muss, will man emergente Ordnungen erklären.[282] »Tertius« könnte zum Beispiel die Ebene der Sozialtheorie sein, die sich selbst um eine Definition für die Beantwortung der Frage bemüht oder, auf der Ebene der Akteure, die Grenzziehungen des eigenen Sozialsystems.[283]

Im Anschluss an die Arbeit Starnitzkes und der neueren soziologischen Forschung und vor dem Hintergrund der bisherigen Auswertung der Experteninterviews ist eine systemtheoretische Analyse im Hinblick auf die Gestaltung von Organisationsstrukturen in diakonischen Unternehmen sinnvoll und soll im Folgenden angewendet werden:[284]

Diakonische Unternehmen sind somit kommunikative Systeme und als solche Subsysteme bzw. Organisationen des Systems sichtbare evangelische Kirche. Festgestellt werden kann zudem, dass sich diakonische Angebote unter heutigen Bedingungen zumindest in Deutschland, aber auch darüber hinaus, ab einer bestimmten Betriebsgröße nicht mehr über ehrenamtliche Strukturen organisieren lassen, sondern in diakonische Unternehmensformen überführt werden müssen, wollen sie längerfristig existieren.[285]

Diakonische Unternehmen sind zudem auch Teil des Wirtschaftssystems und agieren als solche in einem Sozialmarkt. Dass dieser nur - zumindest in Deutschland - als ein eingeschränkter Markt gesehen werden kann, sei nochmals angemerkt, soll aber im Hinblick auf die uns interes-

---

282 Als emergente Ordnung bezeichnet Luhmann ein soziales System, dessen Eigendynamik auf emergent (im Sinne von unvorhersehbar und offen) entstandenen Veränderungen basiert und nicht auf Eigenschaften ihrer Elemente zurückgeführt werden können: »Die bisher aufgezählten Merkmale, und zwar Sinn, Selbstreferenz, autopoietische Reproduktion und operative Geschlossenheit mit Monopolisierung eines eigenen Operationstyps, nämlich Kommunikation, führen dazu, dass ein Gesellschaftssystem eigene *strukturelle Komplexität* aufbaut und die eigene Autopoiesis damit organisiert. Oft spricht man in diesem Zusammenhang auch von `emergenten´ Ordnungen und will damit sagen, dass Phänomene entstehen, die nicht auf die Eigenschaften ihrer Komponenten, zum Beispiel auf die Intentionen von Handelnden zurückgeführt werden können.«, Luhmann (1997), S. 134 (Hervorhebung im Original)
283 Lindemann, a.a.O., S. 45 ff.
284 Vgl. Kap. 4, S. 151 ff.; siehe auch dort die Kritik zu der von D. Starnitzke vorgeschlagenen Codierung des Systems Diakonie
285 Vgl. auch S. 136

sierende Fragestellung hier nicht weiter verfolgt werden.[286] Wichtig ist festzustellen, dass diakonische Unternehmen auch als Subsystem des sozialen Systems Wirtschaft gesehen werden müssen und hiermit der Codierung Zahlung/Nichtzahlung unterworfen sind.[287] Ihr Agieren auf dem Markt wird hergestellt über das Medium Geld, das zu einer determinierenden Größe des eigenen Handels wird und damit zu dem System der sichtbaren evangelischen Kirche, dessen Teil das Unternehmen zugleich ist, zwangsläufig in einer permanenten Differenz steht.[288] Die Einbeziehung in

---

286 Eine Untersuchung über Möglichkeiten und Grenzen der marktwirtschaftlichen Gestaltung des »Sozialen« und somit über den Sozialmarkt unter den Bedingungen eines sozialen Rechtsstaates steht meines Erachtens noch aus. Es gibt viele Untersuchungen bzw. Aufsätze über den Altenhilfemarkt bzw. den Krankenhaussektor oder auch die Jugendhilfe usw. Oft sind diese aber rein deskriptiver Art bzw. unterstellen einfach die Existenz des Marktes vgl. z.B. Hauschildt, E./Heekeren, R., Der Markt als Feld der Diakonie, in Schibilsky (2004), S. 311-327; Coenen-Marx (2013); Budde (2009)

287 »Wie soziale Systeme überhaupt, sollen auch wirtschaftende Gesellschaften oder ausdifferenzierte Wirtschaftssysteme in Gesellschaften als Systeme begriffen werden, die aufgrund von Kommunikationen Handlungen bestimmen und zurechnen. Weder die Ressourcen, um die es geht, noch die psychischen Zustände der beteiligten Personen sind danach Elemente oder Bestandteile des Systems. Sie sind natürlich unerlässliche Momente der Umwelt des Systems. Über sie wird kommuniziert, und die Kommunikation nimmt ihrerseits Materielles und Psychisches in Anspruch. Sie wäre ohne diese Umwelt nicht möglich. Die Systembildung, um die es geht, liegt aber ausschließlich auf der Ebene des kommunikativen Geschehens selbst. Nur dies kann in einem genauen Sinne als soziale Wirklichkeit bzw. als soziales System bezeichnet werden ... Das Ausdifferenzieren eines besonderen Funktionssystems für wirtschaftliche Kommunikation wird jedoch erst durch das Kommunikationsmedium Geld in Gang gebracht, und zwar dadurch, dass sich mit Hilfe von Geld eine bestimmte Art kommunikativer Handlungen systematisieren lässt, nämlich *Zahlungen.«,* zit. Luhmann (1994), S. 14 (Hervorhebung im Original)

288 Wirtschaftliche Kommunikation und damit organisatorisches Handeln des diakonischen Unternehmens vermittelt sich über Geld: »Im Bereich der Wirtschaft ist das Geld die dafür nötige Voraussetzung. Geld ist instituierte Selbstreferenz. Geld hat keinen 'Eigenwert', es erschöpft seinen Sinn in der Verweisung auf das System, das die Geldverwendung ermöglicht und konditioniert. Da alle basalen Wirtschaftsvorgänge durch rechnerische bzw. zahlungsmäßige Geldtransfers parallelisiert sein müssen, heißt dies, dass alle Wirtschaftsvorgänge strukturell an Simultaneität von Selbstreferenz und Fremdreferenz gebunden werden. Selbstreferenz und Fremdreferenz werden zwangsweise (das heißt unter anderem: situationsunabhängig) gekoppelt. Sie bedingen sich wechselseitig. Und es ist *dieser Bedingungszusammenhang, der die Ausdifferenzierung des Wirtschaftssystems trägt.* Produktion ist nur Wirtschaft, Tausch ist nur Wirtschaft, wenn Kosten bzw.

3. Unternehmerische Diakonie aus Sicht diakonischer Manager

das Wirtschaftssystem führt zur Ausbildung von marktorientiert agierenden Unternehmen, die sich in ihren größeren Organisationsformen als Konzerne organisieren und sich zudem wie andere Sektoren der Volkswirtschaft in einem Konzentrationsprozess befinden. Die Einbeziehung ehrenamtlicher Arbeit, die in einem im Vergleich zu anderen Unternehmen verhältnismäßig hohem Maß in diakonischen Unternehmen gelingt, die nicht über das Medium Geld vermittelt ist und damit nicht der Codierung Zahlung/Nichtzahlung unterliegt, kann sicherlich zu einer anderen und damit spezifischen Unternehmenskultur beitragen, doch ändert dies nichts an der das Unternehmen determinierenden Ausrichtung auf den geldvermittelten Markt.[289]

Die Verbesserung der Lebenslage des sozial benachteiligten bzw. leidenden Menschen als Individuum wie auch als je spezifische Gruppe steht im Mittelpunkt diakonischer Unternehmenstätigkeit. Daher sind diese Unternehmen auch nicht prioritär gewinn-, sondern nutzenorientiert und entsprechend Nutzenmaximierer. Gewinne werden im Unternehmen selbst reinvestiert. Die Unternehmen sind insoweit gemeinnützig.[290] Besonders im Bereich der Alten- wie auch der Krankenhilfe sind wesentliche Finanzierungsquelle Selbstzahler; ansonsten sind es dort wie auch in den übrigen Hilfefeldern hauptsächlich staatliche bzw. Sozialversicherungsentgelte. Die Finanzierung diakonischer Angebote über Fundraising wie auch über die Einbeziehung ehrenamtlicher Arbeit nimmt in seiner Bedeutung zu.[291]

Gegenzahlungen anfallen.«, zit., Luhmann, a.a.O., S. 16 (Hervorhebung im Original).
289 Vgl. zu dem Anteil an ehrenamtlich Mitarbeitenden Kap. 1
290 § 52 Abgabenordnung definiert gemeinnützige Tätigkeit wie folgt: »Eine Körperschaft verfolgt gemeinnützige Zwecke, wenn ihre Tätigkeit darauf gerichtet ist, die Allgemeinheit auf materiellem, geistigem oder sittlichem Gebiet selbstlos zu fördern. Eine Förderung der Allgemeinheit ist nicht gegeben, wenn der Kreis der Personen, dem die Förderung zu Gute kommt, fest abgeschlossen ist, zum Beispiel Zugehörigkeit zu einer Familie oder zur Belegschaft eines Unternehmens...«, zit. http://www.vereinsbesteuerung. info/ao.htm (abgerufen am 09.02.2014). Genau dies sind Kennzeichen diakonischer Unternehmen. Doch es bedarf nicht unbedingt dieser spezifisch deutschen Regelungen des Gemeinnützigkeitsrechts, wie die internationale Diskussion zeigt; vgl. z.B. die Ausführungen des Friedensnobelpreisträgers Yunus über Sozialunternehmen, Yunus (2010) bzw. William Draytons Ashoka-Netzwerk, vgl. https://www.ashoka.org/about/leadership (abgerufen am 09.02.2014)
291 Ein Beispiel ist die Bedeutung der sozialen Kaufhäuser und der Sozialküchen, die kostenlos bzw. sehr preisgünstig die Versorgung entsprechend bedürftiger Men-

3. Unternehmerische Diakonie aus Sicht diakonischer Manager

Diakonische Sozialunternehmen weisen neben den vorgenannten Besonderheiten zu anderen Unternehmen weitere Spezifika auf, die ihre Kirchlichkeit ausmachen und die im Nachfolgenden unter dem Stichwort »Diakonische Identität« zusammengefasst werden.

Neben der formalen Zuordnung diakonischer Unternehmen zur Kirche über ihre Mitgliedschaft in Diakonischen Werken sind diakonische Unternehmen kommunikativ geprägte Organisationen, in denen Nutzen- und Gewinnorientierung permanent in einem Spannungsprozess zueinander stehen, da die Nutzenmaximierungsperspektive letztlich nach christlichem Verständnis nicht nach dem Eigennutzen bzw. den Kosten fragt, sondern Liebeshandeln ist. Dieses Handeln als Kommunikationsprozess verstanden, ist theologisch zu begleiten und auszugestalten, um ein Abgleiten des Unternehmens hin zu einem reinen Dienstleistungsunternehmen zu verhindern. Es müssen also Kommunikationsprozesse im Unternehmensalltag vorhanden sein, die den Diskurs zwischen Theologie einerseits und den im Unternehmen notwendigen Fachdisziplinen und den Mitarbeitenden andererseits gestalten.[292] Die Reduzierung der diakonischen Identität auf Aufrechterhaltung des Verkündigungsauftrages durch Gottesdienste, Aussegnungen und dergleichen mehr ist hierbei nicht ausreichend, da dies die spezifische Ausgestaltung der eigenen Arbeit nicht gewährleistet.[293] Auch sind diakonische Unternehmen heute - und zukünftig noch viel mehr - nicht ausschließlich mit Mitarbeitern besetzt, die im (evangelischen) Sinn gläubig sind bzw. einer ACK-Kirche angehören, so dass hier umso mehr ein Diskurs im Unternehmen stattfinden muss.[294] Dies ent-

---

schen sicherstellen wollen und deren Anzahl massiv seit den 1990ziger Jahren in Deutschland zugenommen hat. Diese Angebote finanzieren sich zu großen Teilen über Spenden und ehrenamtliche Arbeit.

292 Vgl. die S. 141 bzw. 143, sowie die Ausführungen in Kap. 4, S. 152 ff.

293 Vgl. auch die Ausführungen von Jörg Ohlemacher zu Wicherns Selbstverständnis der Diakonie als Innere Mission: »Das allgemeine Priestertum geht aus dem Wirken des Amtes hervor; es soll und muss indessen Raum zu eigenständiger Tätigkeit gewinnen. Diese Tätigkeit bezeichnet Wichern als den `Raum der inneren Mission´... Die innere Mission ist ja nichts weiter als der wie von selbst zur Tat werdende Glaube... Die innere Mission hat also eine dreifache Begründung in der Anschauung vom allgemeinen Priestertum, in der Charismenlehre des Neuen Testaments und in der Tatfolge des Glaubens.«, Ohlemacher (2008), S. 99 f.

294 So wie dies bei Andreas Einig durchscheint, wenn er das gesamte diakonische Unternehmen gegründet sieht auf der spirituell vermittelten Grundlage des christlichen Glaubens als »vornormative Dimension«, vgl. Einig (2012, unveröffentlichte Dissertation), S. 5 ff.

spricht dem Selbstverständnis von Diakonie, die immer auch Öffnung der Kirche nach außen ist.[295]

3.4 Zwischenergebnis: Diakonische Unternehmen als kommunikatives, prozessorganisiertes System und Subsystem der sichtbaren evangelischen Kirche

Zehn Experteninterviews von theologischen bzw. kaufmännischen Vorständen größerer diakonischer Unternehmen sind auf der Basis eines von Meuser und Nagel als qualitative Inhaltsanalyse für die Auswertung von Experteninterviews entwickelten Verfahrens ausgewertet worden mit dem Ziel, theoretische Grundaussagen für eine diakoniewissenschaftliche Theorie diakonischer Unternehmen zu gewinnen.

Diakonische Unternehmen können als eigenständige Diakoniegemeinde verstanden werden, wobei dieses Selbstverständnis nicht alle Experten bzw. in diakonischen Unternehmen Tätige teilen, dies aber sehr wohl theologisch begründet werden kann.[296]

Als weiteres Zwischenergebnis kann festgehalten werden, dass diakonische Unternehmen als kommunikatives System bzw. prozessual gestaltete Organisation zu begreifen sind, die sich im Spannungsfeld der Nutzenoptimierung für hilfebedürftige Menschen einerseits und des zahlungsbasierten Wirtschaftssystems andererseits bewegen. Sie sind als ein Subsystem im Subsystem der sichtbaren evangelischen Kirche zu begreifen, das wiederum als Teil des Religionssystems der sichtbaren Kirche verstanden werden kann. Zugleich sind sie als Unternehmen ein Subsystem im Subsystem Sozialmarkt des Wirtschaftssystems.

Um die diakonische Identität des Unternehmens zu gewährleisten, bedarf es einer Verankerung des Diskurses zwischen Theologie und den anderen Fachdisziplinen einerseits und im Unternehmensalltag mit allen Mitarbeitenden andererseits. Da Unternehmen als kommunikative Systeme bzw. Organisationen verstanden werden müssen, kann dies nur über die Ausgestaltung entsprechender Kommunikations- und Organisationsprozesse im Unternehmensalltag gewährleistet werden, die diesen Diskurs sicherstellen.

---

295 Vgl. Kapitel 1, 15 ff. und Kapitel 2.2 Diakonische Unternehmen, S. 41 ff.
296 Vgl. Kap. 2, S. 36 ff.

3. Unternehmerische Diakonie aus Sicht diakonischer Manager

Einigkeit besteht zwischen den Experten, dass diakonische Unternehmen Spezifika ausweisen, die sie von anderen Unternehmen unterscheiden und die ihre diakonische Identität ausmachen.

Im folgenden Kapitel sollen nunmehr diejenigen Elemente für eine theologisch fundierte sozioökonomische Theorie diakonischer Unternehmen herausgearbeitet werden, die hinsichtlich des Verständnisses des diakonischen Unternehmens als Diakoniegemeinde zentral sind und ein diakonisches Unternehmensverständnis begründen.

4. Diakonische Unternehmen als Diakoniegemeinde und kommunikatives System

4.1 Zu den Grenzen der Anwendbarkeit des betriebswirtschaftlichen Unternehmensbegriffs auf diakonische Unternehmen

4.1.1 Gibt es ein diakonisches Unternehmensverständnis?

Wie schon in Kap. 1 deutlich geworden ist, ist Diakonie in Deutschland nicht ausschließlich in Unternehmen organisiert, sondern in vielfältiger Form, sei es in Beratungsstellen und/oder Kindergärten als Teil der Parochien und damit der verfassten Kirchen, sei es in Schulwerken bzw. kirchlichen Stiftungen und dergleichen mehr. Diese sozialen Dienstleistungen sind teilweise schon seit Jahrhunderten wirtschaftliches Handeln der Kirche.[297]

Der Anteil der diakonischen Unternehmen bzw. Einrichtungen am gesamten diakonischen Hilfeangebot der Ev. Kirche in Deutschland nimmt kontinuierlich zu und ist heute zur dominierenden Organisationsform diakonischer Tätigkeit geworden.[298] Umso erstaunlicher ist es, dass es zu diakonischen Unternehmen noch keine ausformulierte Theorie diakonischer Unternehmen gibt bzw. ein diakonisches Unternehmensverständnis. In vielen Veröffentlichungen wird von diakonischen Unternehmen gesprochen, doch allein der Begriff und dessen Anwendung auf die Diakonie wird mit einem allgemeinen Hinweis auf eine angenommene Übereinstimmung mit gewöhnlichen Wirtschaftsunternehmen als richtig unterstellt, aber nicht theoretisch begründet.[299]

Alfred Jäger sieht Diakonie in ihrer Gesamtheit als christliches Unternehmen und begründet den wesentlichen Unterschied zu gewöhnlichen

---

297 Die Unterscheidung von wirtschaftlich/sozial/kulturell, wie sie allenthalben vorgenommen wird, wird schon in dieser Sichtweise problematisch: Kirche hat diese Leistungen nicht angeboten aus wirtschaftlichen, sondern ausschließlich aus religiös motiviertem sozialen Engagement. Alles wirtschaftliche Handeln ist soziales Handeln und Teil der Gesellschaft und damit ist diese begriffliche Unterscheidung nur in dem Sinne zu verstehen, dass Wirtschaft immer Teilsystem der Gesellschaft ist. Vgl. Luhmann (1994), S. 8 ff.
298 Vgl. Kap. 1, S. 13 ff.
299 Vgl. z.B. Budde (2009), Meyer-Najda (2012)

Wirtschaftsunternehmen mit der Tatsache, dass diakonische Unternehmen Non-Profit-Unternehmen sind und eine theologische Achse beinhalten. [300] Johannes Degen hat zu Recht 1994 kritisiert, dass das Unternehmensverständnis bei den Verfechtern dieser von Jäger skizzierten Auffassung nicht hinreichend geklärt ist.[301] Hans-Stephan Haas hat diese Diskussion jüngst aufgegriffen und versucht, den seines Erachtens Kälte anhaftenden Begriff des »Unternehmens« zu ersetzen durch »Unternehmen für Menschen«: »Er (der Begriff) übersetzt die humanitäre Überzeugung, in der sich der Grundkonsens des Mitarbeitenden mit den Erwartungen der Kunden deckt. Er korrigiert paradoxal den Eindruck eines Unternehmensverständnisses, in dem es nur um Zahlen und Strukturen geht. Der humanitäre Kern verweist auf die Schnittlinie von christlichen Grundüberzeugungen und humanistischem Erbe..«[302]

Doch Haas sieht selbst, dass diese Begrifflichkeit Grenzen hat, indem er fragt, welchem Unternehmen man die Orientierung am Menschen per se absprechen will.[303] Recht hat er mit diesem Zweifel, zumal auch Haas keine Definition des Unternehmens für Menschen vornimmt, sondern Teilbereiche versucht zu beschreiben.[304] – Im Nachfolgenden soll vor diesem Hintergrund versucht werden, den Unternehmensbegriff »Diakonisches Unternehmen« als Beitrag für eine Theorie diakonischer Unternehmen zu begründen. Dabei gilt es, die unterschiedlichen Dimensionen dieser Fragestellung schrittweise im Hinblick auf die Formulierung einer Definition für ein diakonisches Unternehmensverständnis zu untersuchen.

4.1.2 Grenzen des betriebswirtschaftlichen Unternehmensbegriffs

Unternehmen im wissenschaftlichen, besonders im wirtschafts-, rechts- bzw. sozialwissenschaftlichen Sprachgebrauch, beschreiben wirtschaftli-

---

300 Vgl. Jäger (1984), S. 22; eine Definition des diakonischen Unternehmens findet sich bei Jäger nicht, auch nicht in Jäger (1992); Gleiches lässt sich feststellen für Rückert (1990)
301 Degen (1994)
302 Zit. Haas (2012), S. 199
303 A.a.O., S. 199
304 A.a.O.; Haas greift immanent auf das Neue St. Gallener Unternehmensverständnis zurück, wie sowohl die von ihm verwendete Begrifflichkeit als auch verwendete Literatur ausweist. Ein theoretischer Bezugsrahmen wird aber nicht hergestellt.

4. Diakonische Unternehmen als Diakoniegemeinde und kommunikatives System

che Gebilde oder Funktionszusammenhänge bzw. Organisationen. Einen einheitlichen Begriff gibt es nicht: In der Volkswirtschaftslehre wird der Begriff für alle produzierenden Wirtschaftseinheiten einschließlich der Dienstleistungseinheiten im Gegensatz zu den Haushalten als den konsumierenden Wirtschaftseinheiten verwendet. In der Betriebswirtschaftslehre lässt sich auch keine herrschende einheitliche Begriffsbestimmung feststellen.[305] Oft wird der Begriff des Betriebs mit dem des Unternehmens gleichgestellt bzw. synonym verwendet.[306] Ähnlich verhält es sich in der Rechtswissenschaft, wo die Begriffe Betrieb und Unternehmen im Steuer-, Handels-, Gesellschafts- oder im Wettbewerbsrecht nicht einheitlich in Deutschland definiert sind.[307]

Die Definition des Unternehmensbegriffes ist somit abhängig von der Betrachtungsweise.[308] Wird er auf alle erwerbswirtschaftlich ausgerichteten Wirtschaftseinheiten bezogen, steht deren Zielsetzung im Mittelpunkt, im Regelfall die Gewinnerzielungsabsicht bzw. -maximierung. Produzierende Wirtschaftseinheiten aller Wirtschaftssysteme sind dabei durch systemindifferente Tatbestände charakterisiert wie die Kombination der produktiven Faktoren Boden, Arbeit und Kapital, die Aufrechterhaltung des finanziellen Gleichgewichts und das Handeln nach dem Wirtschaftlichkeitsprinzip.[309] In liberal-kapitalistischen Gesellschaftssystemen wie in Deutschland kommen neben diese allgemeinen Kennzeichen - folgt man der herrschenden ökonomischen Sichtweise - noch das »... Prinzip der äußeren Autonomie, das die Abstimmung zwischen Bedarf und Deckung in einer Volkswirtschaft den produzierenden Wirtschaftseinheiten überlässt, und ... das Prinzip der inneren Autonomie, in dem das Alleinbestimmungsrecht der Anteilseigner und der durch sie beauftragten Geschäftsführer zum Ausdruck kommt:«[310]

Erwerbswirtschaftliche Betriebe bzw. Unternehmen sind in diesem Verständnis »... planvoll organisierte Wirtschaftseinheiten, in denen Produktionsfaktoren kombiniert werden, um Güter und Dienstleistungen herzustellen und abzusetzen.«[311] Somit stellt die Betriebswirtschaft auf produzierende Wirtschaftseinheiten mit Leistungserstellung, Leistungsver-

---

305 Vgl. Kolbeck (1988, S. 65-71), S. 65, Wöhe (2010, 23. Aufl.), S. 27 f.
306 Wöhe, a.a.O., S. 30
307 Kolbeck, a.a.O., S. 65
308 Wir folgen hier wie im Folgenden Kolbeck, a.a.O.
309 Vgl. Gutenberg (1976, 22. Aufl.)
310 A.a.O., S. 66
311 Wöhe (2010, 23. Aufl.), S. 27

4. Diakonische Unternehmen als Diakoniegemeinde und kommunikatives System

wertung, finanzieller und rechtlicher (staatlicher) Sphäre ab. Dabei geht es mikroökonomisch um die effiziente Allokation knapper Ressourcen im Kontext arbeitsteiliger Wertschöpfung. Axiomatisch operiert die herrschende Ökonomie mit einem bestimmten Menschenbild, dem homo oeconomicus, dem *eigennutzenmaximierenden Individuum, das sich rational* in Märkten entscheidet nach Maßgabe *bekannter Präferenzen* und *Entscheidungsalternativen* auf der Basis beschränkten Wissens.[312] Die Aggregation dieses individuellen Verhaltens vieler in Märkten ergibt die entsprechend makroökonomisch zu erklärenden Phänomene.

Betriebe bzw. Unternehmen müssen sich nach dem Verständnis der herrschenden Betriebswirtschaftslehre selbst erhalten und grenzen sich insoweit von Non-Profit-Unternehmen ab, die soziale, kulturelle oder ökologische Ziele verfolgen und damit nicht dem marktwirtschaftlichen Verdrängungswettbewerb ausgesetzt sind und entsprechend keine Risikovorsorge durch Gewinnerzielung betreiben müssen.[313] In diesem Verständnis finanzieren sich Non-Profit-Unternehmen über Mitgliederbeiträge, Spenden oder über den finanziellen Schutz eines Gewährträgers.[314]

Wie in dem vorhergehenden Kapitel »3.3 Unternehmerische Diakonie aus Sicht ihrer Führung: Ergebnisse der Experteninterviews« dargelegt, lassen sich die vorgenannten Definitionen der herrschenden Betriebswirtschaft nicht einfach auf die heute bestehenden diakonischen Unternehmen anwenden.[315] Zum einen verstehen sie sich als Non-Profit-Organisationen, die nicht eine Gewinnerzielungsabsicht, sondern einen sozialen, kulturellen und/oder ökologischen Zweck verfolgen und die gleichwohl einem

---

312 Wöhe (2010, 23. Aufl.), S. 5 f.; Luhmann merkt hierzu an: »Heute kann man dagegen wissen, dass der ´homo oeconomicus´ ein soziales Konstrukt ist, das im Kontext wirtschaftlicher Transaktionen gerade deshalb erforderlich ist, *weil man nicht wissen kann, wie individuelle Bewusstseinsoperationen von Moment zu Moment tatsächlich ablaufen.*«, zit. Luhmann (2000), S. 83 (Hervorhebung im Original). Vor diesem Hintergrund ist dieses Menschenbild auch zu einfach als Basis für ein (diakonisches) Unternehmensverständnis.

313 Vgl. Wöhe (2010, 23. Aufl.), S. 25 ff.; Kolbeck weist darauf hin, dass die Begriffe Betrieb und Unternehmen je nach Standpunkt von der Gleichsetzung über die Verwendung jeweils als Ober- bzw. Unterbegriff bzw. beider als Unterbegriff zu einem anderen Oberbegriff verwendet werden, vgl. Kolbeck (1988, S. 65-71), S. 69. Für unsere Zwecke ist die synonyme Verwendung des Begriffs von Betrieb und Unternehmen ausreichend, zumal der Unternehmensbegriff sich in der diakoniewissenschaftlichen Diskussion weitgehend in seiner synonymen Verwendung mit dem Begriff des Betriebs durchgesetzt zu haben scheint.

314 Wöhe (2010, 23. Aufl.), S. 30 f.

315 Vgl. S. 92 ff.

4. Diakonische Unternehmen als Diakoniegemeinde und kommunikatives System

(staatlich gewollten) Verdrängungswettbewerb ausgesetzt sind.[316] Zum anderen müssen sie sich auch selbst erhalten, da es z.b. eine genuine Gewährträgerhaftung der evangelischen Kirche(n) nicht gibt.[317] Gleichwohl werden aber aktiv Spenden eingeworben und zumindest teilweise Mitgliedsbeiträge in Vereinen erhoben.[318]

Das axiomatische Menschenbild des homo oeconomicus lässt sich nicht einfach auf diakonische Unternehmen übertragen, da diese ihr Angebot aus ihrem Selbstverständnis heraus am individuellen Hilfebedarf in der Gesellschaft ausrichten und sich somit nicht eigennutzenmaximierend verhalten. Dies schließt nicht aus, dass andererseits in Teilbereichen Angebote vorgehalten werden, die zur Finanzierung bzw. Optimierung anderer Hilfeangebote herangezogen werden können.[319]

Festgestellt werden kann zudem, dass diakonische Unternehmen Gewinn anstreben, um ihre Investitionen refinanziert zu bekommen und neue Hilfeangebote entwickeln zu können und somit sich selbst zu erhalten. Doch verbleiben die Gewinne vollständig im Unternehmen im Unterschied zu gewöhnlichen Wirtschaftsunternehmen.[320] Es ist Rückert und anderen zu widersprechen, die dafür plädiert haben, die Gewinnmaximie-

---

316 Vgl. Jäger (1984), S. 22
317 Wöhe sieht diese Gewährträgerhaftung bzw. eine Steuerfinanzierung oder eine Finanzierung über eigene Mitgliedsbeiträge und Spenden als wesentliches Charakteristikum von Non-Profit-Unternehmen an, a.a.O. – Aus Sicht des Verfassers spricht im Übrigen einiges dafür, dass es diese Gewährträgerhaftung der Kirche gegenüber ihren diakonischen Einrichtungen und Unternehmen doch gibt. Doch ist dies gerade seitens der Kirchen sehr umstritten und bisher noch nicht rechtlich geprüft worden. Diese Fragestellung soll an dieser Stelle nicht weiter verfolgt werden.
318 Der Von-Bodelschwinghsche-Stiftung-Konzern (Bethel) beispielsweise soll allein 2013 rd. 35 Mio. € an Spenden eingenommen haben. Bei rd. 1 Mrd. € Umsatz sind dies gut 3% des Umsatzes. Wie Haas auf 5-7% kommt, ist dem Verfasser nicht nachvollziehbar, da seines Wissens Bethel nach wie vor einer der erfolgreichsten Spendenakquisiteure unter den diakonischen Unternehmen in Deutschland ist. Doch fehlen hier genaue empirische Erhebungen. Haas weist als Vorstand des Unternehmens »Stiftung Alsterdorf« als jährliches Spendenaufkommen 1% Umsatzanteil für 2011 aus, vgl. Haas (2012), S. 253; die Dachstiftung Diakonie-Gruppe erreicht ein etwa gleich niedriges Spendenaufkommen (2012). Kleinere, lokale diakonische Unternehmen, in deren Zahlen der Verfasser Einsicht hat, können auf im Schnitt 2%-5% des Umsatzes kommen.
319 Zum Beispiel die Vermietung von Wohnungen oder die Leistung von Verwaltungstätigkeiten im Rahmen steuerlicher Zweckbetriebe, wie sie in einigen diakonischen Unternehmen anzutreffen sind.
320 Vgl. Kap. 3.3.1, S. 93 ff.

rung auch auf diakonische Unternehmen anzuwenden, »um die Schwachpunkte der Durchsetzungsfähigkeit im Unternehmen selber und am Markt klarer zu lokalisieren.«[321] Die Ausrichtung des Unternehmens am Hilfebedarf des Einzelnen schließt dies aus, da bei einer Gewinnmaximierungsorientierung des Unternehmens notwendigerweise diesem übergeordneten Unternehmenszweck und damit der diakonische Auftrag der Gewinnmaximierung geopfert wird.[322] Die Gewinnerzielungsabsicht eines diakonischen Unternehmens ist daher nicht an einer Profitmaximierung, sondern am Erhalt des Unternehmens ausgerichtet und daran, eine Nutzenoptimierung im Sinne einer Bedarfsbefriedung für hilfebedürftige und leidende Menschen zu erreichen.

Im Folgenden wollen wir angesichts der uneinheitlichen Verwendung der Begriffe Betrieb und Unternehmen in der herrschenden Volks- und Betriebswirtschaftslehre in einem ersten Schritt von *Unternehmen* sprechen als planvoll organisiert wirtschaftende Einheiten, in denen Produktionsfaktoren kombiniert werden, um Güter und Dienstleistungen herzustellen und abzusetzen.

Die Herstellung von Gütern ist dabei im Regelfall ein Nebenprodukt der eigentlichen Dienstleistung. Ein Beispiel mag dies verdeutlichen: In der Eingliederungshilfe in der Arbeit mit körperlich bzw. geistig behinderten Menschen stellt die Produktion von Gütern in Werkstätten für behinderte Menschen (WfbM) bzw. in der Qualifizierungshilfe für sozial behinderte bzw. benachteiligte Menschen nicht den Hauptzweck der Tätigkeit des Unternehmens dar. Es geht hier vielmehr darum, über sinnvolle Arbeit den Alltag der betroffenen Menschen im Sinne von Teilhabe möglichst sinnvoll und produktiv zu gestalten bzw. über Qualifizierung in Arbeit die Teilhabemöglichkeiten der Betroffenen zu erhöhen. Im Fokus der Arbeit steht demnach die sozialarbeiterische, therapeutische, ärztliche und produktionsoptimierte Assistenz und damit die *Dienstleistungen*, die in diesen Prozessen erbracht werden. Sollte es diesen Hilfebedarf der Betroffenen nicht mehr geben, gäbe es für ein diakonisches Unternehmen prioritär keinen Grund, ein derartiges Angebot weiter aufrecht zu erhalten.[323]

---

321 Zit. Rückert (1990), S. 192
322 Vgl. Kap. 4.2.2 Diakonische Unternehmen als Diakoniegemeinde und Dienstgemeinschaft, S. 165 ff.
323 Vgl. Kap. 4.2.2 Diakonische Unternehmen als Diakoniegemeinde und Dienstgemeinschaft, S. 165 ff.. In der Dachstiftung Diakonie-Gruppe wurden entsprechend Teilangebote wie z.B. ein Blumenfachgeschäft oder ein Betriebsbereich

4. Diakonische Unternehmen als Diakoniegemeinde und kommunikatives System

Diakonische Unternehmen sind außerdem hinsichtlich ihrer Ausrichtung Non-Profit- bzw. »Social-Profit«-Unternehmen und allein dies zeigt schon das Spannungsfeld auf, dem diakonische Unternehmen ausgesetzt sind – einerseits als produzierende bzw. dienstleistende Wirtschaftseinheiten zu agieren, andererseits aber andere Zwecksetzungen zu verfolgen.[324] Zudem ist in dieser ersten Definition die Dimension des Unternehmens als soziales System und Kommunikationsprozess überhaupt noch nicht angesprochen.[325] –

Die bisher gefundene Unternehmensbegrifflichkeit ist somit noch nicht hinreichend, um diakonische Unternehmen zu beschreiben. Wie aber dann lassen sich diakonische Unternehmen definieren? – Um hier voranzukommen, sollten wir uns einer weiteren Dimension diakonischer Unternehmen und deren eigentlichen Zwecksetzung, dem sogenannten »Kunden«, zuwenden.

4.2 Diakonische Unternehmen als Assistent und Diakoniegemeinde

4.2.1 Diakonisches Handeln: Der Hilfeprozess als Partizipation und Assistenz

In einem Dienstleistungsunternehmen wie es diakonische Unternehmen sind, steht das Individuum mit seinen Hilfebedürfnissen im Mittelpunkt des unternehmerischen Handelns. Die Rechte des einzelnen Menschen in Deutschland sind heute vielfältig rechtlich geregelt und festgeschrieben.

Mit der erstmaligen Veröffentlichung der »Charta der Rechte hilfe- und pflegebedürftiger Menschen« durch die Bundesministerien für Gesundheit bzw. für Familie, Senioren, Frauen und Jugend im Herbst 2005 sind die schon in zahlreichen internationalen bzw. europäischen Verträgen erwähn-

---

»Maschinen – und Vorrichtungsbau« geschlossen, weil der Qualifizierungsbedarf nicht mehr gegeben war und die Bereiche zudem Defizite erwirtschafteten.
324 Haas weist zu Recht auf die Stärken des Begriffs »Social-Profit« hin, die er in folgenden Punkten sieht: (1) in der positiven Aufnahme des Profitbegriffs und damit auf die Sinnfälligkeit unternehmerischen Handels, (2) dem Hinweis auf die Gemeinwohlorientierung des Unternehmens und das (3) ein anderer Gewinnbegriff signalisiert wird im Sinne eines sozialen Mehrwerts durch höhere Teilhabe von Menschen in der Gesellschaft, vgl. Haas (2012), S. 197 f.
325 Vgl. Kap. 3.4, S. 149 ff. und Kap. 4.4.1 Diakonische Unternehmen als komplexes kommunikatives System, S. 179 ff.

ten bzw. für bindend erklärten Rechte hilfebedürftiger Menschen einer breiteren Öffentlichkeit zugänglich gemacht worden.[326] Insbesondere sind in diesem Zusammenhang die europäische Sozialcharta, die Charta der Grundrechte der EU sowie die Grundrechte des Grundgesetzes zu nennen.

Daneben sind die sozialen Rechte hilfebedürftiger Menschen in vielen weiteren Gesetzen in Deutschland formuliert, wie nachfolgende Tabelle 2 veranschaulicht.

Recht auf...	Sozialgesetzbuch (SGB)...
Teilhabe in der Gesellschaft	§ 1 SGB IX
Selbstbestimmung und Selbstständigkeit	§ 2 SGB XI
Aufklärung und Beratung	§ 7 SGB XI
Vorrang der Prävention und Rehabilitation	§ 5 SGB XI
Vorrang der häuslichen Pflege	§ 3 SGB XI
individuelle Leistungen	§ 33 SGB I
Rechte der Heimgesetze	§ SGB XII
Rechte des Sozialhilferechts	SGB XII, BSHG

Tabelle 2: Soziale Rechte hilfebedürftiger Menschen

Die Rechte der Hilfebedürftigen sind mittlerweile auch globalisiert worden, nicht zuletzt mit dem am 26. Mai 2009 in Deutschland in Kraft getretenen Übereinkommen der Vereinten Nationen über die Rechte von Menschen mit Behinderungen vom 03. Mai 2008, das mittlerweile von vielen Staaten der Welt übernommen wurde.[327]

Bis in die 1980er Jahre hinein hat eine mehr oder minder paternalistische Haltung gegenüber den Hilfebedürftigen die Arbeit nicht nur in der Diakonie geprägt. In Auseinandersetzung und bewusster Abgrenzung dazu wurde beispielsweise zu dieser Zeit in den bis heute gültigen Leitsätzen

---

326 Vgl. http://www.bmfsfj.de/BMFSFJ/Service/Publikationen/publikationen,did=92830.html (abgerufen am 10.03.2014)
327 Vgl. http://www.bmas.de/DE/Themen/Teilhabe-behinderter-Menschen/Politik-fuer-behinderte-Menschen/ Uebereinkommen-der-Vereinten-Nationen/rechte-von-menschen-mit-behinderungen.html (abgerufen am 09.02.2014)

eines diakonischen Unternehmens, den Diakonischen Heimen in Kästorf e.V., formuliert:

»Wer bei uns Hilfe sucht, ist Nachfrager unseres Leistungsangebotes; er zahlt dafür mit den Mitteln, die ihm gesetzmäßig zustehen bzw. gehören; wer unser Hilfeangebot in Anspruch nimmt, ist nicht Almosenempfänger, sondern Hilfe-Auftraggeber..«[328]

Hiermit entsprach dieses Unternehmen auch dem in den 1980ziger Jahren erreichten Stand der Gesundheits- und Sozialgesetzgebung, die den Hilfsbedürftigen rechtlich wie finanziell in die Lage versetzt hatte, unter unterschiedlichen Angeboten auswählen und für die Hilfeleistung - ggf. über entsprechende Ansprüche gegenüber der Sozialhilfe - zahlen zu können. Mit diesem Leitsatz der Diakonischen Heime Kästorf sollte auch die Selbstständigkeit und Selbstbestimmung des Einzelnen – gerade auch des hilfebedürftigen Mitmenschen – betont werden, der seine sozialen Rechte nicht durch die soziale bzw. gesundheitliche Lage, in der er sich befindet, verliert, sondern immer behält. Andererseits sollte zudem die Ausübung von »Herrschaft von Menschen über Menschen«, eine Gefahr, die im Dienst gerade gegenüber hilfebedürftigen Menschen immer besteht, soweit möglich ausgeschlossen werden. Insofern war das im Rahmen des Runden Tisches »Pflege« der Bundesministerien für Gesundheit bzw. für Familien, Senioren, Frauen und Jugend im Herbst 2005 formulierte »Recht (jedes hilfe- und pflegebedürftigen Menschen) auf Hilfe zur Selbsthilfe sowie auf Unterstützung, um ein möglichst selbstbestimmtes und selbstständiges Leben führen zu können« für Unternehmen wie die Diakonischen Heime Kästorf nichts Neues.[329]

Um dieses Grundverständnis weiter zu verstärken haben diakonische Unternehmen und Einrichtungen sich seit Ende der 1980er Jahren angewöhnt, im Umgang mit hilfebedürftigen Mitmenschen von »Kunden« zu sprechen.[330] Diese neue Terminologie mag in den 1980er Jahren notwendig gewesen sein, um das Neue in der Beziehung zum hilfebedürftigen Menschen im gelebten Alltag gerade auch gegenüber den eigenen Mitarbeitenden durchzusetzen und für hilfebedürftige Menschen erfahrbar zu machen. Doch sind für diakonische Unternehmen hilfebedürftige Men-

---

328 Vgl. http://www.diakonie-kaestorf.de/kaestorf_leitbild.html, (abgerufen am 09.02.2014)
329 Vgl. Art. 1 der »Charta der Rechte hilfe- und pflegebedürftiger Menschen«, a.a.O., S. 8 ff.
330 Vgl. auch viele Internetauftritte diakonischer Unternehmen

schen »Kunden«, wenn sich diese Unternehmen sogar als deren Anwälte verstehen und gesellschaftlich deren Rechte durchsetzen wollen?

Der Begriff »Kunde« stammt vom althochdeutschen *chundo*, was soviel meint wie »Kundiger«, »Eingeweihter« in einer bestimmten Sache bzw. in einen Gegenstandsbereich, »Bekannter«.[331] Mit der Ausbreitung des marktwirtschaftlich-kapitalistischen Wirtschaftssystems wurde dieser Begriff immer mehr auf die Kenntnis eines Produktes und die sich daraus ergebende Beziehung zwischen zwei Personen bzw. Organisationen bezogen. Demnach ist ein Kunde eine Organisation bzw. Person, die Güter oder Dienstleistungen bezieht. Insofern wird hier abgestellt auf die Beziehung des Kaufens und Verkaufens eines Produktes. Der einzelne Mensch interessiert also nicht als Person, sondern nur in Beziehung darauf, Güter- bzw. Dienstleistungen möglichst optimal zu verkaufen bzw. auszutauschen. Letztlich ist es in dieser Beziehung egal, inwieweit ein qualitativ hochwertiger Austausch stattfindet oder nicht. Hier kommt es nur darauf an, dass das Bedürfnis des »Kunden« zu seiner Zufriedenheit erfüllt wird, diese Zufriedenheit also im Extremfall nur geglaubt wird. Somit tritt der einzelne Mensch hinter den (wesenlosen) Warenaustausch zurück. Es bleibt das Geschäft.

Dieses Verständnis schlägt sich auch nieder in der DIN EN ISO 8402 und deren Neufassungen bis zur DIN EN ISO 9004: Diese definieren den Kunden als »Empfänger eines vom Lieferanten bereitgestellten Produkts« bzw. als Empfänger einer Dienstleistung, die zwischen Unternehmen und Kunde eine Vertragsbeziehung schafft.[332] Rechtlich gesehen wird zwischen Privat- und Geschäftskunde unterschieden: Ein Verbraucher im Sinne des § 13 BGB »…ist jede natürliche Person, die ein Rechtsgeschäft zu einem Zwecke abschließt, der weder ihrer gewerblichen noch ihrer selbstständigen beruflichen Tätigkeit zugerechnet werden kann.«[333] Im wirtschaftlichen Kontext ist der Kunde »…ein tatsächlicher oder potenzieller Nachfrager auf Märkten. Kunden können Einzelpersonen oder Insti-

---

331 Grimm (1971), Bd. 11, Sp. 2620 bis 2625
332 Vgl. DIN EN ISO 8402, zit. http://www.quality.de/lexikon/kunde.htm, (abgerufen am 17.02.2014)
333 Bürgerliches Gesetzbuch, Buch 1, zit. http://dejure.org/gesetze/BGB/13.html (abgerufen am 17.02.2014)

tutionen (organisationales Kaufverhalten) mit mehreren Entscheidungsträgern sein..«[334]

In der ehemaligen DDR wurde der Begriff »Kunde« – wohl in Abgrenzung zur positiven Bedeutung des Begriffs im kapitalistischen Westen – mehr für Angehörige einer Subkultur verwendet. So wundert es nicht, dass mein in Ostdeutschland heranwachsender Sohn den Begriff »Kunde« noch um 2007 als geläufiges Schimpfwort im Sinne einer minderwertigen, nicht ganz zurechnungsfähigen Person benutzte. Ein Wandel des Begriffs, der aufgrund seines Warencharakters möglich zu sein scheint.

Gewiss ist die Leistung einer diakonischen Einrichtung eine Dienstleistung wie sie auch von anderen Wohlfahrtseinrichtungen angeboten wird. Doch was macht diese Dienstleistung zu einer diakonischen Dienstleistung? Indem der hilfebedürftige bzw. leidende Mensch diakonische Dienstleistungen annimmt, steht im diakonischen Verständnis nicht nur der Austausch einer Ware »Dienstleistung« im Mittelpunkt des Bemühens, sondern eben auch der Andere als Ganzes, in seiner Würde als Mensch, in seiner Unverwechselbarkeit, der Empathie der Liebe zum Leben, zum Mitmenschen durch den eigenen christlichen Glauben.

In diesem Sinne verstehen sich viele diakonische Unternehmen auch als Anwalt für die Rechte hilfebedürftiger Menschen und können und dürfen diese gerade nicht nur als »Kunden« sehen, denn sonst ginge das Besondere des diakonischen Handelns verloren. Oder im christlichen Sinne ausgedrückt: Der liebenden Beziehung Gottes zum Menschen sollte die Beziehung zwischen Helfenden (oder: Mitarbeiter/innen) und Hilfebedürftigen entsprechen. Somit wird der hilfesuchende Mensch mit seinem Bedarf (nicht: der »Kunde«) zum Mittelpunkt des Handelns jedes/r einzelnen Mitarbeiters bzw. Mitarbeiterin einer diakonischen Einrichtung. Menschenzentrierung und der Bedarf des Menschen, nicht blinde Bedürfnisbefriedigung, ist der Mittelpunkt diakonischen Handelns und diakonischen Unternehmertums. Alfred Jäger sieht in diesem Handeln »Gott als ein(…) zwischenmenschliches Ereignis«.[335]

Es wird hier nicht das Wort geführt für eine Rückbesinnung in alte Zeiten der paternalistisch orientierten Diakonie, die vom »Hilfeempfänger« sprach und damit den hilfebedürftigen Menschen mehr zum Objekt von

---

334 Springer Gabler Verlag (Hg.) (2010, 17. Aufl.), zit. Stichwort: Kunde, online im Internet: http://wirtschaftslexikon.gabler.de/Archiv/2623/kunde-v7.html (abgerufen am 17.02.2014)
335 Jäger (1984), S. 213

4. Diakonische Unternehmen als Diakoniegemeinde und kommunikatives System

Hilfe degradierte als dem Einzelnen seine eigene selbstbestimmte Geschöpflichkeit zu lassen.[336] Hier ist mehr gemeint: Der hilfebedürftige Mensch gestaltet selber aktiv, soweit dies irgend geht, sein Umfeld. Somit ist er partizipativ auch direkt an der Gestaltung des begleitenden Hilfeprozesses in einem diakonischen Unternehmen zu beteiligen:[337] Beispielsweise sind Heimbeiräte in der Altenpflege nicht ausreichend, sondern sollten ergänzt werden um die Beteiligung der Bewohner/innen in der Organisation und Gestaltung des Unternehmens. Warum keine Beteiligung einer/s Bewohners/in an der wöchentlichen Dienstplanungssitzung eines Wohnbereichsteams? Warum sollte dies nicht auch in der Jugend- und Eingliederungshilfe mit Jugendlichen und in anderen Hilfefeldern analog möglich sein?[338] Franz-Xaver Kaufmann oder Michael Opielka haben die hier gemeinte selbstbestimmte Dimension auch gesellschaftlich unter dem Begriff der »Koproduktion« bzw. des »Welfare Mix« beschrieben und erweitert: Neben dem Hilfsbedürftigen tritt neben den sozialen Dienstleister die Familie und freiwillige Ehrenamtliche, die Hilfesysteme je nach Ausprägung überhaupt erst ermöglichen.[339]

---

336 Marti (1993), S. 12 und S. 76 f.
337 Partizipativ im Sinne von »[1] durch Beteiligung, Teilhabe oder Einbindung bestimmt; [2] aktiv und gleichberechtigt beteiligt sein«, zit. http://de.wiktionary.org/wiki/partizipativ (abgerufen am 09.03.2014)
338 In einem Tochterunternehmen der Dachstiftung Diakonie-Gruppe, der »Diakonischen Jugend- und Familienhilfe Kästorf GmbH (DJFK)«, wird die hier beschriebene Beteiligung von Jugendlichen erfolgreich seit Kurzem praktiziert.
339 Insoweit kann sich ein diakonisches Unternehmen auch nur in diesem systemischen Kontext begreifen, das diese Akteure bzw. »stakeholder« beinhaltet, und die sich in einem entsprechenden Unternehmensverständnis wiederfinden müssen, vgl. Kap. 4.4 Diakonische Unternehmen als komplexe kommunikative Organisation, S. 180 ff.; Kaufmann hat schon darauf hingewiesen, das als Akteure sozialer Sicherung und Wohlfahrt neben staatlichen und wirtschaftlich agierenden Institutionen der Gemeinschaftssektor immer bei der Erstellung sozialer Dienstleistungen mitwirkt, und darin insbesondere die Familien und Institutionen wie Organisationen der Zivilgesellschaft, vgl. Kaufmann (2003), S. 42 ff., Kaufmann in Günterr (2002), Opielka (2. Auflage 2008). Diese werden auch in der neueren Literatur als Institutionen bzw. Sektoren des Welfare Mix beschrieben: »Unter der Perspektive des Welfare Mix – auch gemischte Wohlfahrtsproduktion genannt – lässt sich diskutieren, wie genau ein »Arrangement der Wohlfahrtsproduktion« (Kaufmann 2003) unterschiedlicher Versorgungsformen aussehen kann und wie Versorgungsstrukturen zwischen unterschiedlichen Akteuren ausgehandelt, etabliert und immer wieder verändert werden. Mit dem flexiblen Konzept des »Arrangements der Wohlfahrtsproduktion« wird auf die Tatsache verwiesen, dass die Wohlfahrtsproduktion in und zwischen den verschiedenen Sektoren un-

4. Diakonische Unternehmen als Diakoniegemeinde und kommunikatives System

Um genau diese Selbstbestimmung des im Zentrum diakonischer Arbeit stehenden hilfebedürftigen Menschen sicherzustellen, bedarf es auf Seiten jedes Mitarbeitenden einer entsprechenden Haltung bzw. Selbstverständnisses der eigenen Arbeit, die am besten mit dem aus der Behindertenhilfe stammenden Begriff des/r »Assistent/in« bzw. des/r »Begleiters/in« ausgedrückt wird: Schon über die Begrifflichkeit wird hier die Selbstbestimmung des Gegenübers ausgedrückt und die Ausrichtung des eigenen Handelns am Willen und Bedarf des Gegenübers.[340]

Die heute oft noch gebräuchlichen Begriffe wie »Betreuung«, »Versorgung", »Pflege« werden nicht selten im Sinne von Fremdbestimmung und Bevormundung benutzt. In der Diakonie sollte statt vom Mitarbeiter/in zukünftig besser vom dem/r Assistenten/in gesprochen werden, gemeint als »Assistent = der in Anspruch genommene Nächste«.[341] Entsprechend sollte generell für die Beschreibung der Arbeit in den eigenen Dienstleistungssparten, ob nun in der Alten-, Jugendhilfe-, Behinderten-, Eingliede-

---

terschiedliche Formen und Ausprägungen annehmen kann. Nicht alle Sektoren sind zu gleichen Teilen an Produktionsprozessen beteiligt. Diese variieren je nach Sozialstaatsmodell und innerhalb eines Sozialstaats je nach Politikbereich sei es Altenhilfe, Familienhilfe oder Gesundheitswesen..«, zit. Theresa Hilse/Michael Opielka, Koproduktion und Welfare Mix, BBE-Newsletter 04/2014, http://www.b-b-e.de/fileadmin/inhalte/aktuelles/2014/ 03/NL04_ Gastbeitrag_Hilse_Opielka.pdf (abgerufen am 20.04.2014)

340 Das Assistenzkonzept entstammt den Auseinandersetzungen der »Selbstbestimmt-leben-Bewegung«, die sich seit den späten 1970ziger Jahren unabhängig voneinander in den USA und in Deutschland entwickelten und die besonders aus der Behindertenhilfe kam. In diesem Zusammenhang begegnet man oft auch dem Begriff der »Persönlichen Assistenz«, womit alle Hilfen gemeint sind, die der assistenznehmenden Person dazu verhilft, ihr Leben möglichst selbstbestimmt zu leben. Ihren Ausfluss findet dieses Selbstverständnis auch im Persönlichen Budget (§ 17 SGB IX). In diesem Selbstverständnis findet auch im Sinne von Inklusion eine Neubewertung des Begriffes Behinderung statt, wie er sich beispielsweise in den jüngsten Novellierungen der Behindertengleichstellungsgesetze von Brandenburg und Sachsen-Anhalt niederschlagen: Nicht allein die Behinderung beeinträchtigt die Teilhabe an der Gesellschaft, sondern auch einstellungs- und umweltbedingte Barrieren, wie amtliche Bescheide und Vordrucke, die in leicht verständlicher Sprache erläutert werden müssen, und dgl. mehr. Vgl. zur Geschichte Niehoff (2003, 4. Aufl., 53-64) wie auch zum Begriff »Begleitung« Hähner (2003, 4. Aufl.), Baumgartner (2002), 18 ff.

341 Vgl. Duden, http://www.duden.de/rechtschreibung/Assistent (abgerufen am 18.02.2014). Aus anderer Perspektive formuliert: Der hilfebedürftige bzw. leidende Mensch hat durch seine Not das Unternehmen und seine Mitarbeitenden theologisch gesehen im Sinne des Barmherzigen Samariters zu seinem »Nächsten« gemacht, zu Assistenten.

rungs- oder Krankenhilfe und dergleichen mehr, von »Assistenz« bzw. »Begleitung« gesprochen werden.[342]

Fassen wir das bisher Beschriebene zusammen: Diakonische Unternehmen sind planvoll organisierte, wirtschaftende und gewinnorientierte Einheiten, in denen Produktionsfaktoren kombiniert werden, um Dienstleistungen und Güter herzustellen und abzusetzen. Die Gewinnorientierung ist am Unternehmenserhalt und der Nutzenmaximierung ausgerichtet. Diakonische Unternehmen verfolgen als Social-profit-Organisationen als Unternehmenszweck, den Hilfebedarf von Individuen in einem als Assistenz organisierten partizipativen Prozess mit dem Ziel einer möglichst weitgehenden Heilung bzw. Inklusion in die Gesellschaft zu befriedigen.

Doch auch diese Definition ist noch nicht hinreichend, da sie das theologische Selbstverständnis bzw. Bekenntnis eines diakonischen Unternehmens noch nicht ausreichend reflektiert.

4.2.2 Diakonische Unternehmen als Diakoniegemeinde und Dienstgemeinschaft

Kirche konstituiert sich durch die Verkündigung des Evangeliums, Diakonie konstituiert sich durch das Zur-Welt-Kommen der Liebe Gottes durch Jesus Christus und in der Liebesbeziehung zum Mitmenschen.[343] In diesem Selbstverständnis liegt der Auftraggeber für alle Mitarbeitenden in der Diakonie außerhalb menschlichen Tuns in Christus und in denjenigen, die Christus uns nahelegt.[344] Andreas Einig bezeichnet diese Dimension

---

342 Diese Begrifflichkeit entspricht auch der Funktion bzw. Rolle des Einzelnen in einem Unternehmen bzw. Organisation, in der er/sie prioritär als Person gefragt ist: »Personen entstehen also durch Teilnahme von Menschen an Kommunikation. Sie tragen den Bedürfnissen des Beobachtens Rechnung, indem ihnen Konsistenz der Meinungen und Einstellungen, Zielstrebigkeit des Verhaltens, Eigeninteresse mit Aussicht auf Berechenbarkeit usw. unterstellt wird. Sie leben nicht, sie denken nicht, sie sind Konstruktionen der Kommunikation für Zwecke der Kommunikation. Sie verdanken ihre Einheit der Autopoiesis des sozialen Systems der Gesellschaft, dessen Produkte sie sind. Dabei wird als Kontext der Referenz freilich vorausgesetzt, dass Wahrnehmungen psychischer Systeme an individuellen Menschen (auch an sich selbst) identifizierbare Einheiten ausmachen können...«, zit. Luhmann (2000), S. 90 f., vgl. auch Kap. 4.4.1 Diakonische Unternehmen als komplexes kommunikatives System, S. 179 ff.
343 Vgl. Kap. »2.2 Diakonische Unternehmen sind Diakoniegemeinde«, S. 41 ff.
344 So auch Dabrock (2011), S. 218

als »vornormative spirituelle Dimension«, die einen transzendentalen Bezug menschlichen Lebens darstellt. Spiritualität meint Einig im Sinne Corinna Dahlgrüns, für die Transzendenz im christlichen Verständnis der dreieinige Gott ist. Spiritualität bezeichnet hier das Gottesverhältnis des Menschen.[345]

Einig geht aber weiter in seinem Verständnis über ein diakonisches Unternehmen, indem er über den personalen Bezug *für jeden einzelnen Mitarbeitenden* eine Determinierung für die gesamte Gemeinschaft im Unternehmen herstellt: »Im Rahmen von Personal- und Organisationsentwicklung diakonischer Unternehmen muss daher aus christlicher Perspektive ein Beitrag geleistet werden, der das ICH (den einzelnen Mitarbeiter), die Dienstgemeinschaft und die Organisation nicht nur durch sich selbst sowie die Umweltbezüge, sondern durch das Leben aus dem Geist in Christus begründet sieht..«[346] Und fährt fort: »Spiritualität in diakonischen Unternehmen ... bezieht sich aus dem Selbstverständnis heraus auf die christliche Religion (lat. *religio*, rückgebunden sein) im Sinne der Rückbindung an Gott..«[347]

Einig versteht somit das christliche Unternehmen als eines, in dem *alle* Mitarbeitenden Christen und somit Mitglied in der christlichen Kirche sein müssen.[348] Bei konsequenter Umsetzung würde dies vor dem Hintergrund der gesellschaftlichen Entwicklung eines kontinuierlichen Rückgangs an Kirchenmitgliedern zwangsläufig zu einem Rückzug der Kirche aus ihrem (unternehmerischen) diakonischen Engagement führen.[349] Muss das so sein und ist dieses Selbstverständnis richtig?

Diakonische Unternehmen als Diakoniegemeinde, wie wir sie hier verstehen wollen sind immer als »corpus permixtum« Teil der unsichtbaren

---

345 Einig (2012, unveröffentlichte Dissertation), S. 22 und Dahlgrün (2009), S. 4 f.
346 Zit. Einig, a.a.O., S. 25 (Hervorhebung im Original)
347 Zit. Einig, a.a.O., S. 27
348 Dies wird auch deutlich in seinem Verständnis von Spiritualität und Gemeinschaft, wenn er »Kirche als Gemeinschaft der Glaubenden und auch in der (Dienst-)Gemeinschaft diakonischer Unternehmen...« (a.a.O., S. 44 ff., S. 74, S. 138, S. 164) miteinander gleichsetzt. Gemeinschaft der Glaubenden im Bonhoefferschen Sinn ist aber nicht identisch mit der Dienstgemeinschaft, wie nachfolgend dargestellt wird, wiewohl – und hier kann Einig gefolgt werden - die Gemeinschaft der Glaubenden Diakonie konstituiert. Die hier geäußerte Kritik lässt sich ohne weiteres auch auf die Loyalitätsrichtlinie der EKD übertragen, vgl. nachfolgende Ausführungen.
349 Vgl. auch die Ausführungen zur Kirchenmitgliederentwicklung in Kap. 1, 13 ff.

4. Diakonische Unternehmen als Diakoniegemeinde und kommunikatives System

bzw. verborgenen Kirche.[350] Die Diakoniegemeinde als sichtbare Kirche gibt einen organisatorischen Rahmen für Verkündigung und diakonisches Handeln.[351] Dabei ist es selbstverständlich, dass in der Kirche bzw. Diakoniegemeinde »sine vi sed verbo« (CA XXVII, 21), also einzig durch das Mittel der Überzeugung, nicht durch Anordnung oder Zwang, gesteuert werden darf, weil man »... das Gewissen des Einzelnen in Glaubensfragen nicht binden darf (CA XXVIII, 50)..«[352] Kirche und Diakonie haben in diesem Verständnis die Aufgabe, menschliche, gesellschaftliche und auch religiöse Vielfalt zuzulassen und eröffnen somit neue Perspektiven auf eine inklusive Gesellschaft wie auch zu einem interreligiösen Dialog, im Unternehmen selbst wie in die Gesellschaft hinein.[353]

Dieses Verständnis hat zur Folge, dass nicht alle Mitarbeitenden in einem diakonischen Unternehmen Christen bzw. Mitglied einer Kirche sein müssen. Dies ist, wie in Kapitel 2 (s. S. 36) gezeigt, theologisch gesehen auch nicht notwendig. (s. S. 36).[354] Gott ist der Auftraggeber jedweder Diakonie und damit muss sich diakonisches Handeln ausschließlich am Bedarf des Nächsten ausrichten. Der Auftrag gilt gegenüber der Dienstgemeinschaft im Unternehmen als Gemeinschaft der Glaubenden, nicht gegenüber den einzelnen Mitarbeitenden. Die Zuordnung zur Kirche erfolgt dementsprechend auch als diakonisches Unternehmen. Somit muss das Unternehmen als solches diakonische Identität und Prägung ausweisen. Hierfür ist allein die Führung eines (diakonischen) Unternehmens verantwortlich, da nur der Vorstand bzw. die Geschäftsführung allein ein Unternehmen nach außen vertreten können.[355] Die Führung hat wiederum aus

---

350 Vgl. Kap. 2.2 Diakonische Unternehmen sind Diakoniegemeinde, S. 41 ff.
351 Vgl. Kap. 2.2.2 Kennzeichen von Kirche, Gemeinde und diakonischen Handeln, S. 42 ff. und Kap. 2.2.3 Diakonische Unternehmen als Kirche, S. 55 ff.
352 Zit. (Künkel 2013), S. 30
353 Ganz im Sinne der Barmer Theologischen Erklärung, Art. V, nach der Kirche in ihrem Handeln und in ihren Ordnungen dem göttlichen Willen entsprechen will, vgl. http://www.ekd.de/glauben/bekenntnise/barmer_theologische_erklaerung. html (abgerufen am 17.03.2014)
354 Vgl. Kapitel 1
355 Als Geschäftsführer wird eine Person bezeichnet, deren Aufgabe es ist, die rechtsgeschäftlichen Interessen von einem Verein, einer Partei, eines Unternehmens, einem Verband oder einer sonstige n Organisation wahrzunehmen. Ein Geschäftsführer ist direkt unterhalb des Vorstands angesiedelt mit Ausnahme der GmbH »Der Geschäftsführer ist das gesetzliche Organ der GmbH, er führt die Geschäfte der Gesellschaft und vertritt sie nach außen. Ohne Geschäftsführer ist die GmbH nicht handlungsfähig..«, zit. (Industrie- und Handelskammer Nürnberg für Mittelfranken (Hg.) Nürnberg), 1; vgl. auch § 6 GmbH-Gesetz, http://www.

Verantwortung gegenüber der Kirche einerseits und den Mitarbeitenden andererseits sicherzustellen, dass den Mitarbeitenden es überhaupt möglich ist, ihren Dienst dergestalt ausüben zu können, dass der liebenden Beziehung Gottes zum Menschen die Beziehung zwischen Assistent/in und hilfebedürftigen bzw. leidenden Nächsten entsprechen kann.[356]

Die reine Zugehörigkeit zur Kirche einzelner Assistent/inn/en gewährleistet nicht unbedingt eine diakonische Ausrichtung und Prägung eines Unternehmens. Damit ist die Loyalitätsrichtlinie der EKD in sich theologisch auch widersprüchlich, worauf nicht zuletzt Christoph Künkel hingewiesen hat.[357] So fordert sie in § 4 von den Mitarbeitenden bzw. Assistenten eine Haltung zu Schrift und Bekenntnis und zudem ein aktives Eintreten für den übertragenen Auftrag und meint, dies, allein, durch die kirchliche Zugehörigkeit aller Mitarbeitenden bzw. Assistenten eines diakonischen Unternehmens gewährleisten zu können.[358]

Das hierin zum Ausdruck kommende Verständnis von Dienstgemeinschaft sollte in dieser Form aus folgenden Gründen nicht Bestand haben,

---

gmbh-gesetz.de/paragraphen/ 006gmbhg.htm (abgerufen am 17.03.2014)
Der Vorstand vertritt die AG nach außen und leitet die Geschäfte im Innenverhältnis (alleiniges Geschäftsführungsorgan), hat also die alleinige Vertretungsmacht und Geschäftsführungsbefugnis (§§ 77, 78 AktG). Die Vertretungsbefugnis des Vorstands kann gem. § 82 (1) AktG nicht beschränkt werden, vgl. http://www.wirtschaftslexikon24.com/d/vorstand-der-ag/vorstand-der-ag.htm, (abgerufen am 17.03.2014). Analog gilt dies auch für Vorstände von Stiftungen, vgl. »Gesetz über die Bildung und Tätigkeit von Stiftungen (Stiftungsgesetz)«) und für Vereinsvorstände (vgl. § 26 BGB).

356 Wir übernehmen ab hier die Begrifflichkeiten aus dem Kap. 4.2.1   Diakonisches Handeln: Der Hilfeprozess als Partizipation und Assistenz, S. 157 ff.: Mitarbeitende sind Assistent/inn/en, Kunden bzw. Klienten sind Nächste.
357 Künkel (2013) hat die aus Sicht des Verfassers notwendige Weiterentwicklung der Loyalitätsrichtlinie gut begründet, geht aber nicht soweit, diakonische Unternehmen als eigenständige Gemeindeform zu definieren. Würde dies im Gebiet der EKD flächendeckend geschehen im Sinne unserer Ausführungen, wäre die Loyalitätsrichtlinie nach Meinung des Verfassers nicht mehr notwendig. Die Zuordnungsrichtlinie, wenn auch anders gefasst, wäre dann ausreichend; vgl. Richtlinie des Rates der Evangelischen Kirche in Deutschland nach Art. 15 Abs. 2 Grundordnung der EKD über die Zuordnung diakonischer Einrichtungen zur Kirche – Zuordnungsrichtlinie - vom 8. Dezember 2007 (ABl. EKD 2007 S. 405), zit. http://www.kirchenrecht-ekd.de/showdocument/i(d/4720 (abgerufen am 17.03.2014)
358 Evangelische Kirche in Deutschland (EKD) (2005), 1 f., vgl. https://www.ekd.de/EKD-Texte/loyalitaetsrichtlinie.html (abgerufen am 17.03.2014)

womit zugleich auch das Dienstgemeinschaftsverständnis einer Diakoniegemeinde charakterisiert ist:

Die »theologische Achse« bildet der organisierte kontinuierliche Dialog zwischen Theologie und christlicher Ethik einerseits und ökonomischen und anderen fachlichen Anforderungen und Ethiken im Unternehmen andererseits.[359] Personal gesehen kann dieser Dialog nur hergestellt werden durch eine entsprechende Ausgestaltung in der Führung und Organisation des Unternehmens. Dies geschieht über die leitenden Mitarbeitenden bzw. Assistenten in den unterschiedlichen Organisationseinheiten sowie über den Vorstand bzw. die Geschäftsführung(en), die alle in der Tat auskunftsfähig über ihren Glauben sein müssen, um diesen Dialog entsprechend führen zu können.

Da diakonische Unternehmen sich als evangelische Unternehmen verstehen und somit einem Bekenntnis zuordnet sind, muss dementsprechend zumindest einer der leitenden Mitarbeitenden bzw. Assistenten auf allen Ebenen in den unterschiedlichen Organisationseinheiten eines Unternehmens - von der einzelnen Jugendhilfeeinrichtung vor Ort, über die Gruppen-, Regional- und Heimleitungen bis in den Vorstand und das Aufsichtsgremium - Mitglied in der Ev. Kirche sein bzw. muss die theologische Kompetenz auch in der Führung des Unternehmens in Form eines/r Theologen/in oder zumindest Diakons/Diakonin vertreten sein, um eine professionelle Organisation des Dialogs einerseits und der Sicherstellung der diakonischen Identität andererseits zu gewährleisten.[360]

Aus dem diakonischen Auftrag als Liebestätigkeit gegenüber dem Nächsten kann die Aufgabe erwachsen, auch Angehörige anderer Glaubensrichtungen in einem Unternehmen anstellen zu müssen:

Zum einen aus der Tätigkeit selbst heraus – z.B. für verfolgte Muslima, denen ansonsten niemand zu Hilfe kommt, auch nicht von muslimischen Organisationen bzw. Einrichtungen aufgrund der gesellschaftlichen nachrangigen Stellung der Frau in vielen Ausformungen des Islam.

Zum anderen bedingt allein aus der Veränderung der Gesellschaft und dem abnehmenden Anteil konfessionell gebundener Menschen, die die Unternehmen zwingen, nicht konfessionell gebundene Menschen anzustellen, wollen sie überhaupt noch ihre Hilfeangebote aufrechterhalten.

---

359 Theologische Achse im Sinne Jäger (1984), S. 34 ff.
360 Warum mindestens ein Mitarbeitender bzw. Assistent Mitglied der Ev. Kirche auf allen Hierarchiestufen sein sollte, hängt mit der Ausgestaltung des Diskurses im Rahmen des normativen Managements zusammen, vgl. Kap. 4.6.2 ,S. 195 ff.

4. Diakonische Unternehmen als Diakoniegemeinde und kommunikatives System

Doch dies entbindet ein Unternehmen nicht, bei der Einstellung die Eignung zur Mitarbeit in der Diakoniegemeinde (und Kirche) zu prüfen auf der Grundlage entsprechend formulierter Eignungsvoraussetzungen. Die Eignung kann sich nur an der (fachlichen) Handlungskompetenz der Assistenten ausrichten und an der persönlichen Motivation und Bereitschaft, im Sinne des Leitbildes der Einrichtung als Teil der Dienstgemeinschaft tätig zu sein, aber nicht an der konfessionellen Bindung. Damit ist die Eignung nicht mehr generell an die Kirchenzugehörigkeit gebunden.

Künkel betont zu Recht, dass es Aufgabe der Leitung eines diakonischen Unternehmens ist, einerseits Anforderungen verständlich, plausibel abgeleitet, erlernbar und konkret umsetzbar, zu formulieren und andererseits auch darzulegen, was das Unternehmen bereit ist zu tun, damit sich Assistenten auf ihrem Arbeitsplatz mit ihren Fähigkeiten und Überzeugungen gut aufgehoben fühlen.[361] Von diesen Assistenten kann auf dieser Grundlage aber sehr wohl erwartet werden, Auftrag und Ziel des kirchlichen bzw. diakonischen Handelns zu bejahen und sich zumindest dem entsprechenden Dialog im Unternehmen zu stellen, selbst wenn sie nicht in der evangelischen Kirche Mitglied sind bzw. einer anderen Glaubensgemeinschaft angehören.

Dienstgemeinschaft meint somit die Gemeinschaft von kirchlich-gebundenen Glaubenden und nicht-kirchlich gebundenen Mitarbeitenden bzw. Assistenten in einer Diakoniegemeinde, die sich einem übergeordneten Unternehmenszweck verpflichtet wissen, der durch eine vornormative spirituelle Dimension begründet ist. Dienstgemeinschaft in diesem Verständnis meint organisatorisch eine klare Zuordnung von Verantwortlichkeiten in einem Unternehmen an den einzelnen Mitarbeitende bzw. Assistenten und an die leitenden Angestellten bzw. die Führung des Unternehmens im Besonderen. Besonders deshalb, weil die Führung des Unternehmens für die Ausgestaltung des diakonischen Handels im Unternehmen letztlich allein verantwortlich ist.

---

361 Wir folgen hier (Künkel 2013), 39 ff.

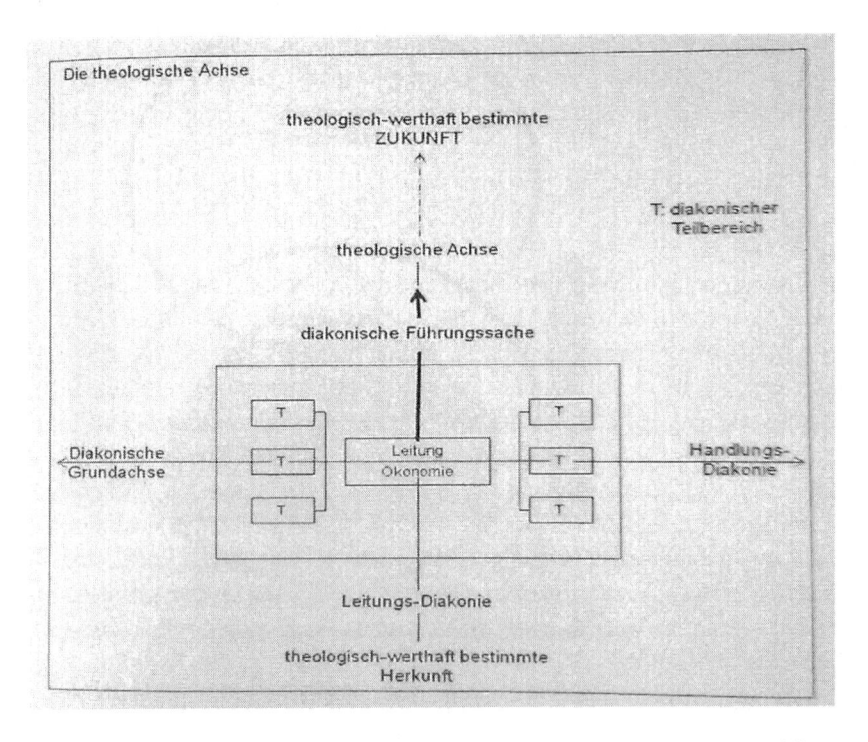

4. Diakonische Unternehmen als Diakoniegemeinde und kommunikatives System

Abbildung 2: Theologische Achse eines diakonischen Unternehmens[362]

Somit liegt der wesentliche Unterschied zu anderen europäischen Sozialunternehmen gerade nicht im finalen Zweck, sondern »in Auftrag und Begründung des jeweiligen Handelns«, wie Künkel zu Recht ausführt, und der organisatorischen Ausgestaltung und Führungszusammensetzung des Unternehmens, wie wir hier ergänzen müssen.[363] Biblisch und ethisch fundierter Auftrag und nicht die Glaubwürdigkeit bzw. der »Mehreinsatz« im Sinne eines »unique selling point« der Mitarbeitenden bzw. Assistenten entscheidet über die Wirksamkeit der Verkündigung wie auch das diakonische Handeln in einer Diakoniegemeinde.[364]

---

362 Aus Einig (2012, unveröffentlichte Dissertation), 146
363 Zit. Künkel (2013), S. 19; vgl. auch nachfolgende Ausführungen
364 In dieser Auffassung folgen wir Künkel, a.a.O., 19 ff., der in diesem Zusammenhang vom »supererogatorischen Irrtum« spricht, wenn das Diakonische abhängig gemacht wird von der Überzeugungskraft seiner Mitarbeitenden. »Der Begriff der `Supererogation´ bezieht sich auf das – in lateinischer Übersetzung formulierte – Angebot des barmherzigen Samariters an den Wirt, ihm auch das an Pflege-

4. Diakonische Unternehmen als Diakoniegemeinde und kommunikatives System

Und in diesem Sinn kann dann auch im Anschluss an Jäger von einer theologischen Achse eines diakonischen Unternehmens gesprochen werden (vgl. Abbildung 2).

Die in Kap. 4.2.1 Diakonisches Handeln: Der Hilfeprozess als Partizipation und Assistenz gegebene Definition kann wie folgt ergänzt werden: Diakonische Unternehmen sind als Diakoniegemeinde Teil der evangelischen Kirche. Alle Mitarbeitende bzw. Assistenten der Diakoniegemeinde verstehen sich als Teil einer Dienstgemeinschaft von Glaubenden und ggf. nichtkirchlich gebundenen Mitarbeitende bzw. Assistenten, die sich einem übergeordneten Unternehmenszweck verpflichtet wissen, der durch eine vornormative spirituelle Dimension, den trinitarischen Gott, begründet ist.

Doch in dieser Definition ist das diakonische Unternehmen noch nicht hinreichend beschrieben, da sie noch keine Beschreibung dessen enthält,

- *wie* die Herstellung von Dienstleistungen im Unternehmen erfolgt,

- *wie* die theologische Achse im Unternehmen sichergestellt wird und

- *wie* dies in angemessenen Kommunikationsstrukturen organisiert und gestaltet werden kann.

Es bleibt ebenso offen, *wie* das Unternehmen sich *abgrenzt* gegenüber der Umwelt, um als solches bestehen zu können.

4.3 Zum kommunikativen Dienstleistungsprozess in der Dienstgemeinschaft eines diakonischen Unternehmens

4.3.1 Zum kommunikativen Dienstleistungsprozess in diakonischen Unternehmen

Diakonische Unternehmen erstellen im Wesentlichen Dienstleistungen. Im alltäglichen Gebrauch des Wortes steht Dienstleistung für einen »Dienst, den jemand freiwillig leistet oder zu dem jemand verpflichtet ist« bzw. im wirtschaftlichen Kontext für eine »Leistung, Arbeit in der Wirtschaft, die

---

aufwand zu entgelten, was er über die Anzahlung hinaus [supererogatio] benötigen würde (Lk 10, 35)«, zit. Künkel (2013), a.a.O., S. 19

nicht unmittelbar der Produktion von Gütern dient« bzw. für die Erstellung immaterieller Güter.[365]

Typisch für immaterielle Güter ist »die Gleichzeitigkeit von Produktion und Verbrauch... (z.B. Taxifahrt, Haarpflege in einem Frisiersalon, Theateraufführung)..«[366] Oder soziale, therapeutische und ärztliche Arbeit jeglicher Art, wie man die Beispiele ergänzen könnte: Hier ist die personale Bindung zwischen Produzenten und Verbraucher offensichtlich. Hiervon zu unterscheiden sind personal ungebundene Dienstleistungen, »für die eine zeitliche und räumliche Entkoppelung von Produktion und Verbrauch durchaus charakteristisch ist..«[367] Bei diesen ungebundenen Dienstleistungen handelt es sich besonders um produktions- oder unternehmensbezogene Dienstleistungen wie z. B. Küchen- und Reinigungsleistungen, Finanz- bzw. techn. Dienstleistungen.[368]

Diakonisches Handeln ist als kommunikativer Prozess in einer Organisation einerseits somit *personal* gebunden, andererseits ist es als *personelles* Handeln kontingentes Handeln im Rahmen des Organisationssystems und schafft als solches das Organisationssystem als kommunikatives Dienstleistungssystem, das immer über den einzelnen handelnden Menschen hinausweist und diesen selbst als Umwelt begreift.[369] Diakonisches Handeln ist als personales Handeln auf der Mikroebene immer an den handelnden Menschen bzw. Assistenten gebunden, der bzw. die sich dem Nächsten zuwendet und in dem der Nächste den handelnden Menschen auch wiederum zum Nächsten macht. Als Assistent ist der Mitarbeitende zugleich Person und nimmt als solches eine Rolle als Mitglied in der Organisation »Unternehmen« wahr.[370]

---

365 Zit. Duden, http://www.duden.de/rechtschreibung/Dienstleistung#Bedeutung (abgerufen am 19.03.2014)
366 Zit. Gabler-Verlag (1963), 224, http://wirtschaftslexikon.gabler.de/Definition/dienstleistungen.html#definition (abgerufen am 19.03.2014)
367 Zit. a.a.O.
368 A.a.O.
369 Die personelle Dimension wird in den nachfolgenden Unterkapiteln behandelt.
370 »Sachlich ermöglicht die Mitgliedschaft eine *doppelte Rahmung* der kommunikativen Operationen des Systems. Nach außen grenzt sich das System durch die Unterscheidung von Zugehörigkeit/Nichtzugehörigkeit ab. Nichtzugehörigkeit markiert prinzipielle Indifferenz, die nur ausnahmsweise nach Maßgabe der Eigendynamik des Systems in Relevanz umgewandelt wird. Intern entsteht durch die geringe Spezifikation der Mitgliedschafts-anforderungen ein Medium, das weiterer Spezifikation bedarf; also ein Medium, das Formen benötigt, um Operationen erzeugen zu können; oder nochmals anders: ein Medium, das weitere interne Unterscheidungen als Rahmen ermöglicht, in denen dann das Verhalten mit

4. Diakonische Unternehmen als Diakoniegemeinde und kommunikatives System

Personal ungebundene Dienstleistungen sind in diakonischen Unternehmen auch notwendig, wenn an die Leistungen des Personalwesens, der Buchhaltung, der Reinigungs- und Küchenleistungen in der Altenhilfe usw. gedacht wird. Letztere stellen in diesem Sinn aber Unterstützungsprozesse dar, sofern sie den eigentlichen Geschäftsprozess, Hilfebedarf des hilfebedürftigen Nächsten mit Fachkräften bedienen zu können bzw. den Assistenzprozess der Altenpfleger, des Sozialarbeiters, des Pflegers usw. zu ermöglichen, unterstützen.[371] Auch Vorstandstätigkeiten sind in dieser Perspektive Unterstützungstätigkeiten.[372]

Der Begriff des immateriellen Guts zur Charakterisierung einer Dienstleistung macht es schon deutlich: In dem Erstellungsprozess fallen Produktion, also die Assistenzleistung der Mitarbeitende bzw. Assistenten eines diakonischen Unternehmens wie auch der Verbrauch der Assistenz durch den hilfebedürftigen Nächsten zusammen. Es entsteht ein »Wir«, in dem der Nächste nicht nur zum Verbraucher wird, sondern auch als Koproduzent der Dienstleistung auftritt, da er den Erfolg bzw. Misserfolg einer Dienstleistung maßgeblich mitgestaltet.[373] Aber nicht nur er allein: Es gibt Koproduzenten wie Familie und Ehrenamtliche, die diesen Prozess mitgestalten.[374] Arnold Picot u.a. sprechen hierbei in Anlehnung an Kenneth J. Arrow auch von einem Dienstleistungsparadoxon. Die Beurteilung

---

einem Rest an Spontaneität, aber erwartbar, festgelegt werden kann. «. «. « Und dieses Medium ist »…Zeit, die man braucht, um diese Ungewissheit schrittweise abzuarbeiten.«, zit. Luhmann (2000), S. 112 f.

371 Vgl. Günther Müller-Stewens, der sich auf die Wertschöpfungsketten-Ansatz von M.E. Porter bezieht in Dübs (2004), Bd. 2, S. 58 ff.
372 Insoweit dient der Vorstand dem Unternehmen.
373 Koproduzent verstanden in Anlehnung an Corsten. Koproduzenten bringen mehr Unsicherheit und Variabilität in den Geschäfts- bzw. Produktionsprozess, andererseits entlasten sie ein Unternehmen durch die Einbringung produktiver Kapazitäten z.B. durch Selbstbedienung, unmittelbare Kritik usw., vgl. Corsten (2007). Es gibt eine breite Literatur zur Optimierung von Dienstleistungen, zu Wertschöpfung und Wertaneignung in Dienstleistungsunternehmen, der Skalierbarkeit von Dienstleistungen usw. mit Forschungsergebnissen, deren wissenschaftliche Aufarbeitung für diakonische Unternehmen ein Residuum darstellt, vgl. Corsten, a.a.O., Picot (6. Auflage 1997/2012). Der Begriff muss hier noch erweitert verstanden werden, um die »Koproduzenten« Familie, Ehrenamtliche u.a., vgl. Kap. 4.2.1 Diakonisches Handeln: Der Hilfeprozess als Partizipation und Assistenz, S. 157 ff.
374 Vgl. Kap. 4.2.1 Diakonisches Handeln: Der Hilfeprozess als Partizipation und Assistenz, S. 157 ff. und die Ausführungen zur Koproduktion und Kaufmann, Opielka (2. Aufl. 2008)

4. Diakonische Unternehmen als Diakoniegemeinde und kommunikatives System

einer Dienstleistung ist erst nach ihrem Verbrauch möglich, dann kann aber auch eine Rückgabe nicht mehr realisiert werden.[375]

Der »Wir«-Bezug kann in diesem Kontext als individualisierter Prozess zwischen Therapeut, Sozialarbeiter usw. als Assistenten einerseits bzw. hilfebedürftigen bzw. leidenden Nächsten andererseits im Rahmen einer Organisation - wie sie ein Unternehmen darstellt – gedacht werden.[376] Dieser Prozess ist zugleich eingebunden in den sozialen Kontext einer Dienstgruppe bzw. Dienstgemeinschaft eines Unternehmens. Der Nächste ist in diesem Prozess somit nicht nur als »Kunde« zu verstehen, sondern ist auch zugleich »Lieferant«: Über die Rückmeldung bzw. Kommunikation im Erstellungsprozess der Dienstleistung selbst erfolgt auch ein Teil von Erneuerung wie auch ggf. Optimierung der Dienstleistung.[377] Insoweit wird die Außenbeziehung des Unternehmens als System gedacht in zweifacher Hinsicht selbstreflexiv:[378] Zum einen in Bezug auf die Dienstgemeinschaft - und hier in spiritueller Hinsicht ggf. auch auf die Gläubigen als ein Teil der Dienstgemeinschaft -, zum anderen in Bezug auf die Ausgestaltung des unternehmenseigenen Geschäftsprozesses.[379] Anders formuliert: Diakonie bezieht sich immer auf den Nächsten und somit auf die Kommunikation zwischen zwei menschlichen Systemen; Diakonie als »Go between« im Sinne Collins ist somit der kommunikative Prozess zwischen dem Mitarbeitenden bzw. Assistenten und dem Nächsten, z.B. in einem diakonischen Unternehmen.[380]

---

375 Vgl. Picot (6. Auflage 1997/2012), S. 274; Arrow (1974)
376 Zum Organisationsverständnis vgl. Kap. 4.4.2 Diakonische Unternehmen als Organisation, S. 183 ff.
377 Inwieweit tatsächlich hieraus Innovationen entstehen können, ist abhängig von der absorptiven Informationsverarbeitungskapazität und damit von den Kommunikationsstrukturen eines Unternehmens.
378 Vgl. zum Begriff der Selbstreflexivität Beck (1986)
379 Es ist auffällig, dass der Nächste als der eigentliche Unternehmenszweck bei Einigs Konzept eines Unternehmensmanagementmodells gar nicht auftaucht, vgl. Einig (2012, unveröffentlichte Dissertation), sehr wohl aber der personale Aspekt bezogen auf die *gläubigen* Mitarbeitenden eines Unternehmens aus Sicht des Verfassers schlüssig hergeleitet wird.
380 Collins übersetzt Diakonie als ein *go between*, als ein Dazwischengehen bzw. eine Vermittlung zwischen Menschen, Collins (2009); vgl. zur Diskussion im Zusammenhang mit Dienen auch Haslinger (2009), S. 348 ff.

4.3.2 Diakonisches Handeln und Führen in einer Dienstgemeinschaft

Inwieweit diakonisches Handeln in einem diakonischem Unternehmen zum Tragen kommt, ist stark abhängig von der Management- und Unternehmenskultur und damit auch von der Führung des Unternehmens, die in einem diakonischen Unternehmen gelebt wird und die Dienstgemeinschaft prägt.[381]

Haas unterscheidet hier im Rückgriff auf R. Wunderer verschiedene Gemeinschaftsmodelle, die auch nebeneinander in einem Unternehmen existieren können und auch immer in ihrem geschichtlichen Kontext begriffen werden müssen.[382]

Dienstgemeinschaft in diesem Verständnis ist demnach nicht nur im Hinblick auf den Gemeindebegriff zu verstehen, sondern auch im Hinblick auf die vorherrschende Kultur gemeinschaftlicher Kommunikation, die durch unterschiedliche Management- bzw. Führungsmodelle geprägt wird.

Tabelle 3 soll hierzu einen Eindruck geben:

---

381 Wie sich dies in einem Managementmodell wie auch für die Aufbau- und Ablauforganisation konkret auswirkt, vgl. Kap. 4.6 Prozessorganisation und -gestaltung in diakonischen Unternehmen, S. 191 ff.
382 Haas (2012), S. 232 f.

4. Diakonische Unternehmen als Diakoniegemeinde und kommunikatives System

Konzept	Interner Markt	Internes Soziales Netz-Netzwerk	Hierarchie	Bürokratie/ Technokratie
Legitimationsgrundlage	Wettbewerb	Kooperation	Herrschaft	Profession
Legitimationsmittel	Leistung Erträge	Vertrauen Verpflichtung	Entscheide Weisungen	Gesetze Regeln
Führungsstil	gewinnorientiert	beziehungsorientiert	weisungsorientiert	professionell
Rollenschwerpunkt	Unternehmer/in	Kollege/in	Untergebene/r	Experte
Vorherrschende Bezugsgruppenausrichtung	Nächstenzufriedenheit	Vorgesetzten-, KollegInnen-, Mitarbeitendenzufriedenheit	Vorgesetztenzufriedenheit	Zufriedenheit Systemloyalität
Kulturell vorherrschende Wirkung zu anderen Unternehmenseinheiten	abgrenzend ausschließend	integrierend entschleunigend	autoritär aufteilend ausschlieschließend	integrierend hemmend

Tabelle 3: Auswirkungen von Führungsstilen auf die Gemeinschaft eines Unternehmens[383]

---

383 Aus a.a.O., S. 60 bzw. S. 232; eigene Überarbeitung

4. Diakonische Unternehmen als Diakoniegemeinde und kommunikatives System

Die Übersicht macht deutlich, dass je nach Führungsstil und organisatorischer Ausgestaltung unterschiedliche Momente das tatsächliche Leben einer Dienstgemeinschaft beeinflussen können. Beispielsweise fördert eine (Management-)Holdingstruktur, mit Tochtergesellschaften und Zentralbereichen in der Holding, die ihre Geschäftsbeziehung untereinander allein schon aus rechtlichen Erfordernissen über preislich bewertete Leistungen im Rahmen von Geschäftsbesorgungsverträgen organisieren (müssen), durch eben diese Organisationsstruktur, die organisationale Abgrenzung und damit auch Verselbstständigung der einzelnen Einheiten durch die etablierte, interne Wettbewerbsstruktur. Aus organisatorischer Sicht auf das Unternehmen als Ganzes werden hierdurch integrierend wirkende Kräfte und damit die Dienstgemeinschaft der Gesamtgruppe geschwächt, während die Dienstgemeinschaft der Einheit bzw. Tochtergesellschaft gestärkt wird durch die Abgrenzung nach außen.

Ein hierarchischer Führungsstil kann durch seinen autoritär wirkenden Stil schnell zu einer abwartenden und auf Rückdelegation von Verantwortung geprägten Kultur im faktischen Leben des Unternehmens führen, gleichzeitig aber enorm schlagkräftig sein. Hiermit einher geht sicherlich auch eine Entmündigung der Mitarbeitenden bzw. Assistenten, was wiederum die Dienstgemeinschaft nicht stärken wird.

Wir wissen aus Erfahrung, dass ohne interne Netzwerke die eigene Arbeit in Organisationen, egal welcher Art, auf Dauer nicht erfolgreich umgesetzt werden kann – gerade auch über die eigenen Organisationsgrenzen, z.B. eines Tochterunternehmens zu seiner Holdingzentrale. Dies setzt Vertrauen voraus in die Arbeit anderer und ist damit beziehungsorientiert, denn Vertrauen entsteht durch einen längeren kommunikativen Prozess zu anderen Menschen. Doch dies hat auch einen erhöhten Abstimmungsaufwand zur Folge, was wiederum die Schlagkräftigkeit einschränken kann.[384]

Haas ergänzt zu Recht: (Dienst-)Gemeinschaft in diakonischen Unternehmen bedarf

- einer inhaltlichen Mitte im Sinne einer »Überzeugungsgemeinschaft«, wie sie über den Auftrag bzw. Leitbild, aber auch die (oft lange) Geschichte diakonischer Unternehmen entsteht;

---

384 Dieser Koordinationsaufwand ist nicht nur eine Frage des Selbstverständnisses, sondern auch organisationsinhärent, vgl. Kap. 4.4.2 Diakonische Unternehmen als Organisation, S. 183 ff.

4. Diakonische Unternehmen als Diakoniegemeinde und kommunikatives System

- einer rituellen Vergewisserung, wie Einführungsgottesdienst für neue Mitarbeitende, Jahresfeste usw.;

- einer spirituellen Praxis, wie Gottesdienst und gemeinsame Andachten, wie auch einem entsprechenden Raum, wie er im Regelfall in den jeweiligen Kirchengebäuden bzw. Andachtsräumen gegeben ist;

- einer Kultur des Teilens: Alle müssen die Möglichkeit haben, sich selbst mit ihren persönlichen Nöten in den Gemeinschaftsalltag einbringen zu können;[385]

- einer Organisationsstruktur, die den Diskurs untereinander in den Unternehmensprozessen fest implementiert und damit erfahrbar macht;[386]

- eines kontinuierlich wiederkehrenden zeitlichen Rahmens, indem außerhalb des alltäglichen Arbeitskontextes, über Grundsatzfragen der eigenen Dienstgemeinschaft und des Unternehmens in kleinen Gruppen diskutiert werden kann.[387]

Die Beispiele sollen deutlich machen: Führungsstil und organisatorische Struktur eines Unternehmens führen zu unterschiedlich wirkenden Kräften im tatsächlichem Alltagsleben der Gemeinschaft eines Unternehmens. Um diese Kräfte nicht nur bewusst in einer Organisation bearbeiten zu können, sondern auch im Sinne eines Leitbildes eines Unternehmens zu fokussieren, bedarf es einer ständigen Kommunikation. Die »theologische Achse« kann somit auch nur als Kommunikationsprozess innerhalb der Dienstgemeinschaft eines diakonischen Unternehmens gedacht werden.[388]

Fassen wir ergänzend zu den bisherigen Ausführungen zum Unternehmensverständnis zusammen:

Der Dienstleistungserstellungsprozess bezieht sich in einem diakonischen Unternehmen immer auf den Nächsten und somit auf die Kommunikation zwischen mindestens zwei Menschen (oder systemtheoretisch

---

385 Haas (2012), S. 337 ff.
386 Als Prozess, wie hier zu ergänzen ist; vgl. Kap. 4.6 Prozessorganisation, S. 191 ff.
387 Vgl. Kap. 4.6 Prozessorganisation, S. 191 ff.
388 So auch Jäger (1984)

ausgedrückt: personalen Systemen). Über die Partizipation der Nächsten in diesem Prozess und das personelle Handeln der Mitarbeitenden bzw. Assistenten im Unternehmen wird kontinuierlich der sich ändernde Hilfebedarf in das Unternehmen getragen und trägt somit zur Weiterentwicklung und Innovation desselben bei.

Die theologische Achse eines Unternehmens kann vor diesem Hintergrund nur als ein kontinuierlich stattfindender, notwendiger Kommunikationsprozess in einem Unternehmen beschrieben und ausgestaltet werden. Normatives Management ist ein Teil dieses Prozesses.[389]

Inwieweit theologische Prägung und Innovation zum Tragen kommen kann in einem Unternehmen, ist stark abhängig von der Führungs- bzw. Managementkultur eines Unternehmens.

4.4 Diakonische Unternehmen als komplexe kommunikative Organisation

4.4.1 Diakonische Unternehmen als komplexes kommunikatives System

Dienstgemeinschaft, wie auch der Prozess der Erstellung einer Dienstleistung, ist, wie wir bis hierher entwickelten, ohne Kommunikation nicht denkbar.[390] Unter Kommunikation ist »eine sich selbst aus eigenen Produkten reproduzierende Operationsweise, in anderen Worten: als die Operationsweise eines `autopoietischen´ Systems (zu verstehen). Sie erfordert, dass eine Synthese von Information, Mitteilung und Verstehen erreicht wird, die in ihrem Sinn so weit konvergieren, dass die Kommunikation fortgesetzt werden kann..«[391]

In der Erstellung einer Dienstleistung kommunizieren in der kleinsten Einheit zwei Menschen miteinander, die sich als je personal geschlossene Systeme zueinander verhalten.[392] Als kommunikatives Verhalten bezeichnet ein Beobachter ein solches Verhalten, das mit einer sozial dauerhaften

---

389 Wie dieser Prozess ausgestaltet werden kann, wird in Kap. 4.6 Prozessorganisation, S. 191 ff. beschrieben.
390 Zum Kommunikationsbegriff im engeren Sinn, den wir hier aus systematischen Gründen nicht weiter verfolgen wollen, vgl. z.B. Poensgen (1988)
391 Zit. Luhmann (2002), S. 41
392 Wir setzen an dieser Stelle die systemtheoretischen Grundlagen voraus, vgl. für die frühe Rezeptionsphase Baetge (1988), für die Weiterentwicklung bis heute Simon (4. Auflage 2009), Baecker (1999), Simon (2. Auflage 2009), Starnitzke (1996) und die dortigen Literaturangaben.

strukturellen Kopplung und somit in einem sozialen System, in unserem Fall im Subsystem Unternehmen, stattfindet.[393]

Kommunikation findet in Organisationen statt. Menschen sind dabei wie alle Lebewesen durch ihre autopoietische Organisation charakterisiert.[394] Sie sind autopoietische Systeme, da »das einzige Produkt ihrer Organisation sie selbst sind, das heißt, es gibt keine Trennung zwischen Erzeuger und Erzeugnis...« und in soweit sind sie rekursiv und selbstreferenziell organisiert.[395] Zusammengefasst sind »autopoietische Systeme ...*geschlossene Systeme* insofern, als sie das, was sie als Einheit zu ihrer eigenen Reproduktion verwenden (also: ihre Elemente, ihre Prozesse, sich selbst) nicht aus ihrer Umwelt beziehen können. Sie sind gleichwohl *offene Systeme* insofern, als sie diese Selbstreproduktion nur in einer Umwelt, nur in Differenz zu einer Umwelt vollziehen können. Mit Heinz von Foerster kann man auch formulieren, dass Schließung nur als Einschließung möglich ist, also als Ziehung einer Grenze, die anderes ausgrenzt..«[396]

Der Mensch wird in dieser Luhmannschen Perspektive als ein psychisches System begriffen, das als solches autonom ist. Es kann von anderen psychischen oder von sozialen Systemen beobachtet werden und wird in dieser Rolle als Person wahrgenommen: »Der Begriff personales System ist demnach ein Begriff, der eine Beobachterperspektive involviert, wobei Selbstbeobachtung (sozusagen: Selbstpersonalisierung) eingeschlossen sein soll. Da man unterstellen kann, dass jede Theorie psychischer Systeme eine Beobachterperspektive aktualisiert, wird man von psychischen und von personalen Systemen fast gleichsinnig sprechen können..«[397]

In diesem Verständnis konstituieren sich soziale Systeme als Einheit aus der Differenz zwischen System und Umwelt. Umwelt und System selbst können unabhängig voneinander nicht existieren. Der Mensch ist somit nicht Teil des Systems Gesellschaft oder des Systems Wirtschaft oder des Systems Unternehmen, sondern er wird als Teil der Umwelt des jeweiligen Systems begriffen. Soziale Wirklichkeit bildet sich in diesem Verständnis allein aus der Kommunikation der Elemente eines jeweiligen

---

393 Vgl. Maturana (2009), S. 210 f.; Luhmann (1991, 4. Auflage), S. 242 ff.
394 Vgl. Maturana (2009), 55 ff.; die Bildung von organischen Molekülen wie den Proteinen ermöglichte in der Erdgeschichte überhaupt erst die Bildung autopoietischer Systeme und damit von Leben, a.a.O., 58; Luhmann (1991, 4. Auflage), S. 346 ff.
395 Zit. a.a.O., S. 56
396 Luhmann (1994), 49 (Hervorhebungen im Original)
397 Zit. Luhmann (1991, 4. Auflage), S. 155

spezifischen Systems heraus ab und wird als je spezifisches soziales System Wirtschaft, Religion, Gesellschaft usw. begriffen.[398]

Unternehmen sind neben Haushalten jeweils eigenständige Subsysteme des (Kommunikations-)Systems Wirtschaft, dessen Kommunikationsmedium Geld Zahlung/Nicht-Zahlung als den kommunikativen Funktionszweck des Systems konstituiert.[399] Das Wirtschaftssystem wird durch das Subsystem Unternehmen penetriert.[400] Dies hat zur Folge, dass Unterneh-

---

398 A.a.O., 155. Luhmann führt diesen Gedanken konsequent zu Ende: »Gewonnen wird mit der Unterscheidung von System und Umwelt aber die Möglichkeit, den Menschen als Teil der gesellschaftlichen Umwelt zugleich komplexer und ungebundener zu begreifen, als dies möglich wäre, wenn er als Teil der Gesellschaft aufgefasst werden müsste; denn Umwelt ist im Vergleich zum System eben derjenige Bereich der Unterscheidung, der höhere Komplexität und geringeres Geordnetsein aufweist. Dem Menschen werden so höhere Freiheiten im Verhältnis zu *seiner* Umwelt konzediert, insbesondere Freiheiten zu unvernünftigem und unmoralischem Verhalten. Er ist nicht mehr Maß der Gesellschaft..«, a.a.O., S. 289

399 »Wie soziale Systeme überhaupt, sollen auch wirtschaftende Gesellschaften oder ausdifferenzierte Wirtschaftssysteme in Gesellschaften als Systeme begriffen werden, die aufgrund von Kommunikationen Handlungen bestimmen und zurechnen. Weder die Ressourcen, um die es geht, noch die psychischen Zustände der beteiligten Personen sind danach Elemente oder Bestandteile des Systems. Sie sind natürlich unerlässliche Momente der Umwelt des Systems. Über sie wird kommuniziert, und die Kommunikation nimmt ihrerseits Materielles und Psychisches in Anspruch. Sie wäre ohne diese Umwelt nicht möglich. Die Systembildung, um die es geht, liegt aber ausschließlich auf der Ebene des kommunikativen Geschehens selbst. Nur dies kann in einem genauen Sinne als soziale Wirklichkeit bzw. als soziales System bezeichnet werden ... Das Ausdifferenzieren eines besonderen Funktionssystems für wirtschaftliche Kommunikation wird jedoch erst durch das Kommunikationsmedium Geld in Gang gebracht, und zwar dadurch, dass sich mit Hilfe von Geld eine bestimmte Art kommunikativer Handlungen systematisieren lässt, nämlich *Zahlungen*. In dem Maße, wie wirtschaftliches Verhalten sich an Geldzahlungen orientiert, kann man deshalb von einem funktional ausdifferenzierten Wirtschaftssystem sprechen, das von den Zahlungen her dann auch nichtzahlendes Verhalten, zum Beispiel Arbeit, Übereignung von Gütern, exklusive Besitznutzungen usw., ordnet..«, Luhmann (1994), S. 14

400 Die Begrifflichkeit folgt Luhmann: »Von *Penetration* wollen wir sprechen, wenn ein System die eigene *Komplexität* (und damit: Unbestimmtheit, Kontingenz und Selektionszwang) *zum Aufbau eines anderen Systems zur Verfügung stellt*. In genau diesem Sinne setzen soziale Systeme ´Leben´ voraus. *Interpenetration* liegt entsprechend dann vor, wenn dieser Sachverhalt wechselseitig gegeben ist, wenn also beide Systeme sich wechselseitig dadurch ermöglichen, dass sie in das jeweils andere ihre vorkonstituierte Eigenkomplexität einbringen. Im Falle von Penetration kann man beobachten, dass das *Verhalten* des penetrierenden Systems durch das aufnehmende System mitbestimmt wird (und eventuell außerhalb die-

4. Diakonische Unternehmen als Diakoniegemeinde und kommunikatives System

men vom Wirtschaftssystem hinsichtlich der Ausrichtung auf einen vom Unternehmen als Systemumwelt erlebten Markt beeinflusst werden: Für ihre Leistungen müssen sie Preise bilden, die durch das »Kommunikationsmittel« Geld sowie die Funktion Zahlung/Nicht-Zahlung im Wirtschaftssystem realisiert werden. All dieses wirtschaftliche Handeln »ist soziales Handeln, daher ist eine Wirtschaft immer auch Vollzug von Gesellschaft..«[401]

Daneben sind Unternehmen komplexe Systeme: Die Vielfalt von Elementen des Systems und deren Wechselwirkungen und Beziehungen unter- und zueinander führen dazu, dass sich Systemelemente herausbilden, die ein Eigenverhalten gegenüber anderen Elementen aufweisen. Eigenverhalten einerseits und hieraus notwendigerweise entstehende Rückkoppelungen führen zu einer ständigen, nur begrenzt vorhersehbaren Entwicklung des Systems. Interaktionen und Beziehungen der Elemente untereinander bedingen das Verhalten des Unternehmens als System und sind somit emergent; das heißt, dass Unternehmenshandeln ist in keiner Weise auf Eigenschaften bzw. Verhalten einzelner Elemente zurückzuführen, sondern ergibt sich aus dem Zusammenwirken und der Interaktionsdynamik und deren (auch kulturellen) Mustern der Systemelemente.[402]

Fassen wir zusammen: Unternehmen sind soziale, komplexe, kommunikative Subsysteme des Wirtschaftssystems und, in der uns hier interessierenden Betrachtung, ausgerichtet auf die Erstellung von Dienstleistungen, Nutzenoptimierung für den Nächsten wie auch Gewinn. Der Nächste ist neben Familie, Ehrenamtlichen u.a. als Koproduzent aktiver Teil und möglicher Innovator eines diakonischen Unternehmens, eingebettet in den Kommunikationsprozess der Assistenzleistung der Mitarbeitenden. Damit

---

ses Systems orientierungslos und erratisch abläuft wie das einer Ameise ohne Kontakt zum Ameisenhaufen). Im Falle von Interpenetration wirkt das aufnehmende System auch auf die *Strukturbildung* der penetrierenden Systeme zurück; es greift also doppelt, von außen und von innen, auf dieses ein. Dann sind trotz (nein: wegen!) dieser Verstärkung der Abhängigkeiten größere Freiheitsgrade möglich. Das heißt auch: dass Interpenetration im Laufe von Evolution das Verhalten stärker individualisiert als Penetration..«, a.a.O., S. 289 (Hervorhebungen im Original)

401 Zit. Luhmann (1994), S. 357
402 Beschreibung in Anlehnung an Rüegg-Stürm (2. durchgesehene Auflage 2005), 18 f.; dies fasst theoretisch die Unterscheidung zwischen personaler und personeller Ebene, wie in Kap. 4.3.1 Zum kommunikativen Dienstleistung, S. 172 ff. hergeleitet.

ist der Nächste »Kunde« wie auch »Lieferant« im Wertschöpfungsprozess eines diakonischen Unternehmens.

Das diakonische Unternehmen ist als Organisation Subsystem bzw. Umwelt nicht nur für das System Wirtschaft, sondern in dieser systemtheoretischen Sicht zugleich im Luhmannschen Sinne einer Penetration auch als Diakoniegemeinde Subsystem des Systems sichtbare Kirche (Vgl. Tab. 4).

Betrachtungsebene	System Wirtschaft	System Religion
als 1. Subsystemebene	(Sozial-) Unternehmen	Sichtbare Kirche
als 2. Subsystemebene	Diakonische Unternehmen	Diakoniegemeinde und Dienstgemeinschaft
Funktion	Zahlung/Nichtzahlung	Glaube/Nichtglaube

Tabelle 4: Systemtheoretische Betrachtungsebenen

Doch sind in dieser Beschreibung auch die Eigenschaften des diakonischen Unternehmens als Organisation hinreichend erfasst? Dieser Frage wollen wir im Folgenden nachgehen.

4.4.2 Diakonische Unternehmen als Organisation

Menschen sind auf organisiertes Verhalten angewiesen: Immer wenn sie miteinander zu tun haben, koordinieren sie ihr Verhalten zueinander und organisieren dementsprechend ihre Handlungen untereinander. Organisationen, wie wir sie heute kennen und ohne die überhaupt keine Gesellschaft mehr denkbar ist, sind eine »Erfindung« der Neuzeit. Der Begriff Organisation (griech. *organon*: »Werkzeug«, »Instrument«, »Organ«) entstand begrifflich als Abgrenzung für soziale Formationen besonderer Art

4. Diakonische Unternehmen als Diakoniegemeinde und kommunikatives System

im 19. Jahrhundert.[403] Hintergrund war die industrielle Entwicklung, die durch die Mechanisierung der Arbeit, die damit einhergehende weitergehende Arbeitsteilung und die Schaffung von Fabriken für eine Entkoppelung von Menschen und ihren Handlungen sorgte. Fabriken organisierten ein zielgerichtetes (rationales) Verhalten, dessen Ideal die »Rationalität des Maschinenmodells« war.[404]

Zeitlich parallel hierzu beschreibt Max Weber Bürokratie als Idealtypus formalisierter Prozesse, die in einer hierarchisch strukturierten Organisation nach logisch-deduktiven Regeln befolgt werden als Teil der Legitimitätsgeltung legaler Herrschaft.[405] Ziel hierbei war es u.a., den Aufwand in der Praxis der Verwaltung auf ein handhabbares Maß zu reduzieren. Wir wollen uns hier nicht verlieren in der schier unübersehbaren Vielfalt an organisationswissenschaftlichen Veröffentlichungen und (Detail-) Ergebnissen, die im Gefolge von Weber als Organisationswissenschaft sich entwickelten, sondern uns im Hinblick auf unsere Fragestellung auf die Herausarbeitung der Spezifika von diakonischen Unternehmen als Organisation konzentrieren.[406]

Eine Weiterentwicklung des Organisationsbegriffs ist die später sich entwickelnde systemtheoretische Sichtweise, die von der handlungstheoretischen Ebene, die an das konkrete Handeln von Menschen gekoppelt ist, abstrahiert: Organisationen sind »Systeme von bewusst koordinierten Verhaltensweisen oder Kräften von zwei und mehr Personen..«[407] Nicht der einzelne Mitarbeiter oder die Produktionsmittel, sondern das Verhalten bzw. die Kommunikationsmuster bilden eine Organisation, die vom konkreten Menschen abstrahiert und damit Standardisierung überhaupt erst ermöglicht. »Die Differenz zwischen der Organisation und ihren Mitgliedern (wird) zu einem konstituierenden Merkmal von Organisationen..«[408]

---

403 Definition nach Simon (2. Auflage 2009), 12; zur Entstehungsgeschichte vgl. Luhmann (2000), S. 11 ff.
404 Zit. Simon (2. Auflage 2009), S. 13, der besonders auf Taylors Fabriken als Maschinen und die von Henry Ford eingeführte Fließbandarbeit abhebt.
405 Weber (1980), S. 122 ff. und wendet sich damit auch gegen den allenthalben damals vorherrschenden Klientelismus in staatlichen Verwaltungen.
406 Vgl. beispielhaft Corsten (2007), Picot (6. Auflage 1997/2012) und die dortigen Literaturangaben
407 Chester I. Bernard (1938), zit. nach Simon (2. Auflage 2009), S. 13
408 Zit. Simon, a.a.O., S. 14

4. Diakonische Unternehmen als Diakoniegemeinde und kommunikatives System

Der Mensch erscheint hier als *Person*, der wiederum in einer Organisation Aufgaben bzw. Rollen wahrnehmen kann.[409]

Unternehmen operationalisieren sich wie andere Organisationen durch Kommunikation und grenzen sich als eigenständiges System zur ihrer Umwelt ab, indem sie zwischen Mitgliedern und Nichtmitgliedern, sprich zwischen Mitarbeitenden bzw. Assistenten und Nichtmitarbeitenden unterscheiden.[410] Vor diesem Hintergrund ist leicht verständlich, warum die Einbeziehung von Ehrenamtlichen in ein Unternehmen sich immer wieder als schwierig erweist und Anlass zu vielfältigen Diskussionen und Störungen im System Unternehmen gibt.

Ihre Autopoiese basiert auf selbstgarantierter Fortsetzbarkeit von Entscheidungsprozessen, wobei sich die Verantwortlichkeit der Entscheidungen über die Zugehörigkeit zum Unternehmen definiert.[411] Sie sind von daher auch nicht von außen in ihrer Reproduktion als eigenständiges System determinierbar und haben damit die Fähigkeit,»auch angesichts einer weithin unbekannten, überraschenden, turbulenten Umwelt die eigene Reproduktionsweise fortsetzen zu können, nämlich Entscheidungen durch Entscheidungen zu produzieren und die dazu notwendigen Strukturen entweder beizubehalten oder zu variieren (Selbstorganisation)...«[412] Sie sind somit in der Lage, im eigenen Namen verbindliche Erklärungen abzugeben und sich nach außen binden zu können, da sie ihre eigenen Mitglieder bzw. Mitarbeitenden bzw. Assistenten verpflichten können, außenwirksame Entscheidungen als eigene Entscheidungen zu akzeptieren.[413] Insoweit bilden Organisationen auch Hierarchien aus, da diese

---

409 Vgl. Kap. 4.4.1 Diakonische Unternehmen als komplexes kommunikatives System, S. 179 ff.; vgl. auch Luhmann (2000), S. 279 ff, Simon (2. Auflage 2009), S. 41 ff.
410 »Wie die Gesellschaft und ihre Funktionssysteme sind auch Organisationen autopoietische Systeme aus eigenem Antrieb. Sie können sich nur innerhalb der Gesellschaft, also auch nur als Vollzug von Gesellschaft bilden, denn auch ihre Operationsweise ist nichts anderes als Kommunikation. Sie setzen also die Ausdifferenzierung von Gesellschaft, Sprache und Funktionserfüllungen aller Art als ihre Umwelt voraus. Wenn und solange dies gesichert ist, bilden und reproduzieren sie aber eigene Grenzen, eigene Einschnitte in das Kontinuum der gesellschaftlichen Kommunikation, und zwar dadurch, dass sie zwischen Mitgliedern und Nichtmitgliedern unterscheiden..«, zit. Luhmann (2002), S. 230 f.
411 A.a.O., S. 231
412 A.a.O., S. 232
413 Luhmann ergänzt im Hinblick auf die Religion: »In dem Maße, wie sich gesellschaftlich vorgegebene konstante Rahmenbedingungen für Religion auflösen, religiöse Kommunikation freigegeben und dadurch mit Strukturierungsnotwendig-

4. Diakonische Unternehmen als Diakoniegemeinde und kommunikatives System

ihnen die Möglichkeit geben, unter den Bedingungen einer per se unsicheren Umwelt ihre Selbstorganisation aufrecht zu erhalten.[414] Mitarbeitende bzw. Assistenten akzeptieren Entscheidungen selbst dann, wenn sie sie inhaltlich nicht voll teilen, da sie ansonsten aus dem System ausgeschlossen werden können.[415]

Georg Kneer hat zu Recht in diesem Kontext darauf hingewiesen, dass Organisationen als Umwelt zu den Systemen, z.B. von Wirtschaft bzw. Religion, gedacht werden müssen, gleichwohl aber Teil der Gesellschaft sind.[416] Als geschlossenes System sind Unternehmen selbstreferenziell einerseits, aber fremdreferenziell durch ihre Grenze nach außen und insoweit immer ein offenes System. So können Unternehmen als Organisationen Kontakte mit der innergesellschaftlichen Umwelt unterhalten: »Die Gesellschaft stellt die Möglichkeit innergesellschaftlicher Kommunikation über Subsystemgrenzen hinweg zur Verfügung.«[417]

Somit sind Organisationen wie beispielsweise diakonische Unternehmen in der Lage, mit anderen Organisationen zu kommunizieren – einerseits als Diakoniegemeinde mit der Organisation Kirche als eine für das Unternehmen wesentliche Organisation bzw. eines Subsystems des Systems Religion, andererseits als wirtschaftendes Unternehmen mit dem System Wirtschaft. Diakonische Unternehmen sind also immer als Unternehmen zu verstehen und können nicht nur als diakonische Organisationen bzw. Einrichtungen angesehen werden, da dabei ihre wirtschaftliche Ausrichtung und Prägung schon in der Bezeichnung verloren geht.[418]

Diakonische Unternehmen sind demnach wirtschaftlich ausgerichtete Organisationen, da sie auf die Nutzenoptimierung des Hilfebedarfs einzelner Menschen bzw. von Gruppen von Menschen ausgerichtet sind, eine Gewinnerzielungsabsicht im Sinn des Erhalts des Unternehmens verfolgen

---

keiten überhäuft wird, nimmt auch der Bedarf für Selbstmodifikation, also für Kommunikation von Entscheidungen zu..«, zit. a.a.O., S. 235

414 »Hierarchien verringern, anders gesagt, die Kosten der Konfrontation mit Ungewissheit.«, zit. Luhmann (2002), S. 236
415 Vgl. Luhmann (2000), S. 110 ff.
416 Kneer (2001), S. 416 ff.
417 Zit. Luhmann (2000), S. 52
418 Hass macht entsprechende Ausführungen, bleibt aber dann doch beim Unternehmensbegriff, vgl. Haas (2012)

4. Diakonische Unternehmen als Diakoniegemeinde und kommunikatives System

und aktives Subsystem durch ihre Ausrichtung auf dem (Sozial-)Markt in das Wirtschaftssystem einer Gesellschaft sind.[419]

Innerhalb der Organisation eines diakonischen Unternehmens kommt es dabei zu einer Spannung: Einerseits ist die Organisation, wie wir gesehen haben, durch Entscheidungsprozesse konstituiert, die problemlos mit dem System Wirtschaft arbeiten kann, da dieses Entscheidungen der Organisation z.B. im Sinne von Preisbildung und Vermittlung von Leistungen über Märkte erfordert. Religion ist per se aber nicht durch Entscheidungen bestimmt, sondern durch Glauben.[420] Diakonische Unternehmen erhalten ihren Auftrag und somit ihre organisatorische Zweck- und Daseinsbestimmung durch ihren Glauben an den dreieinigen Gott. Insoweit konstituiert die Glaubensgemeinschaft ein diakonisches Unternehmen, die sich der evangelischen Kirche zugehörig weiß und damit auch die Zuordnung zur evangelischen Kirche determiniert. Andererseits ist diese Glaubensgemeinschaft Teil der Dienstgemeinschaft, die die Diakoniegemeinde des diakonischen Unternehmens bildet.

Es ist auffällig, dass beide Systeme, Religion und Wirtschaft, allein schon aufgrund ihrer organisatorischen Unterschiedlichkeit, nicht unmittelbar miteinander in einer Organisation zu denken sind und doch in einem diakonischen Unternehmen wirken: Die Systeme Religion und Wirtschaft sind in ihren jeweiligen Funktionen, Glauben/Nichtglauben und Zahlung/Nichtzahlung mit der Organisation »diakonisches Unternehmen« operativ und strukturell gekoppelt. Von einer strukturellen Kopplung kann dann gesprochen werden, wenn ein System bestimmte Eigenschaften seiner operativ unerreichbaren Umwelt dauerhaft voraussetzt.[421] Diakonische Unternehmen setzen Märkte als Kommunikationsmedium des Wirtschaftssystems voraus.[422] Sie setzen aber ebenso die Existenz von sichtbarer Kirche als Teil des Religionssystems voraus und verstehen sich als ein Subsystem desselben.[423]

---

419 Wie auch immer dieser Markt ausgestaltet sein mag; vgl. Kap. 3.3.1.1 Ein unvollständiger Sozialmarkt und zunehmend private Wettbewerber prägen das diakonische Umfeld in Deutschland, S. 93 ff.
420 Ggf. für den Einzelnen in dem einzigen Moment der Offenbarung des Glaubens, wo er/sie sich entscheiden kann, vgl. Ausführungen zu Bonhoeffer in Kap. 2.2.2 Kennzeichen von Kirche, Gemeinde und diakonischen Handeln, S. 44
421 Vgl. Luhmann (2000), S. 417 ff.
422 Auch wenn diese unvollkommen sein mögen.
423 Vgl. hierzu Luhmann (2002), Starnitzke (1996)

4. Diakonische Unternehmen als Diakoniegemeinde und kommunikatives System

Will man beide (Kommunikations-)Systeme Wirtschaft und sichtbare Kirche in einem diakonischen Unternehmen miteinander kommunizieren lassen, müssen beide Systeme ihren jeweiligen Platz in der Organisation eines diakonischen Unternehmens in einem Kommunikationsprozess finden: Theologischer und ethischer Austausch braucht seine eigenen spezifischen Räume im Alltagsprozess eines Unternehmens und muss neben den wirtschaftlichen Entscheidungsprozessen und mit diesem kontinuierlich kommunizierend gedacht und organisiert werden.[424]

Bevor wir uns der Ausgestaltung dieser spezifischen Prozesse in einem diakonischen Unternehmen und ihren Auswirkungen auf die Aufbau- und Ablauforganisation zuwenden in Kapitel 4.6 Prozessorganisation und -gestaltung in diakonischen Unternehmen, kann eine mögliche Definition für ein diakonisches Unternehmen nachfolgend formuliert werden.

4.5 Definition des diakonischen Unternehmensverständnisses

Diakonische Unternehmen sind als Diakoniegemeinde Teil der evangelischen Kirche. Alle Mitarbeitenden bzw. Assistenten der Diakoniegemeinde verstehen sich als Teil einer Dienstgemeinschaft von Glaubenden und ggf. nichtkirchlich gebundenen Mitarbeitenden bzw. Assistenten. Alle Mitarbeitenden bzw. Assistenten wissen sich einem übergeordneten Unternehmenszweck verpflichtet, der durch eine vornormative spirituelle Dimension, dem trinitarischen Gott, begründet ist.

Diakonische Unternehmen sind als Sozialunternehmen ein komplexes kommunikatives System:

- Im Wesentlichen sind sie Dienstleistungs- und kommunikationsbasiertes Unternehmen; als Social-profit-Organisationen organisieren sie den Hilfebedarf der hilfebedürftigen und leidenden Nächsten in einem als Assistenz organisierten partizipativen Koproduktionsprozess. Zwecksetzung des Dienstleistungsprozesses ist eine möglichst weitgehende Heilung bzw. Inklusion des hilfebedürftigen bzw. leidenden

---

[424] »Nach all dem scheint der Kontrast zwischen der Eigenlogik von Organisation und dem, was die Gesellschaft ihren Funktionssystemen zumutet, im Falle des Religionssystems besonders scharf auszufallen. Es fehlen Einrichtungen, die zwischen den Organisationen oder auch zwischen Organisationen und gesellschaftlichen Sinnerwartungen vermitteln - Einrichtungen wie etwa die Märkte des Wirtschaftssystems..«, zit. Luhmann (2002), 240 f. - Diese Vermittlungsfunktion können diakonische Unternehmen als Diakoniegemeinde wahrnehmen.

4. Diakonische Unternehmen als Diakoniegemeinde und kommunikatives System

Nächsten bzw. einer Gruppe hilfebedürftiger bzw. leidender Nächster in die Gesellschaft;[425]
- diakonische Unternehmen kombinieren Produktionsfaktoren und Wissen in einem planvollen Prozess und
- sind insoweit gewinnorientiert, wie es zum Unternehmenserhalt und der Weiterentwicklung des Hilfeangebotes (Innovation) notwendig ist.

Zusammenfassend lassen sich somit folgende wesentliche Spezifika diakonischer Unternehmen gegenüber anderen privatwirtschaftlich organisierten Unternehmen beschreiben (vgl. Tab. 5, s. S. 172 f.): Das hier entwickelte »Diakonische Unternehmensverständnis« erfordert eine entsprechende Ausgestaltung in einem spezifischen diakonischen *Managementmodell*, das sich wiederum auch in der Aufbau- und Ablauforganisation diakonischer Unternehmen niederschlagen müsste. Doch wie könnte dieses Modell aussehen?

---

425 Die »Anwaltsfunktion« für den benachteiligten Nächsten, der sich in vielen Satzungen diakonischer Unternehmen wiederfindet, kann nicht Hauptzweck sein, da der Nächste als Individuum mit seinem unmittelbaren Hilfebedarf im Mittelpunkt steht. Die anwaltliche Begleitung muss hinter dieses Ziel zurücktreten und kann somit nur abgeleitete, begleitende Aufgabe sein. Im Übrigen sollte diese anwaltliche Funktion einerseits über die Kirchen selbst, andererseits , da es um die Durchsetzung von Rechten gegenüber der Politik geht, besonders über die diakonischen Werke als Spitzenverband der Wohlfahrtspflege, die Fachverbände bzw. die europäischen Interessenvertretungen wahrgenommen werden.

4. Diakonische Unternehmen als Diakoniegemeinde und kommunikatives System

Gegenstand	Diakonisches Unternehmen	Privatwirtschaftliches Unternehmen
Selbstverständnis	Zuordnung zur (ev.) Kirche als Diakoniegemeinde	freies Unternehmen bzw. Personengesellschaft
Spiritualität	Trinitarischer Gott als vornormative Dimension konstitutiv	Weltliche Ausrichtung
Zwecksetzung	Nutzenoptimierung gemäß Bedarfslage des hilfebedürftigen Nächsten unter der Restriktion ökonomischer Überlebensfähigkeit	Gewinnmaximierung
Eigentümer/ Management	Generelle Trennung von Eigentümer und Geschäftsführung/Vorstand	Kaum Trennung Eigentümer/Geschäftsführer in kleineren und mittleren Unternehmen, Trennung von Eigentümer und Geschäftsführung/Vorstand erst in größeren Unternehmen vorherrschend;
Ethik	Nächstenliebe als Wertfundament ökonomischer Rationalität	Freiheit des Einzelnen, dessen Grenzen durch das Unternehmen und die Gesellschaft definiert werden (Rechtsstaat)
Organisationsstruktur	Diakoniegemeinde Dienstgemeinschaft	Mitgliedschaft im Unternehmen
Gemeinnützigkeit	Regelfall	Ausnahme
Vorherrschende rechtliche Organisationsform	gemeinnütziger Verein, gemeinnützige GmbH; gemeinnützige Stiftung	GmbH und Aktiengesellschaft Personengesellschaft

4. Diakonische Unternehmen als Diakoniegemeinde und kommunikatives System

Gegenstand	Diakonisches Unternehmen	Privatwirtschaftliches Unternehmen
Unternehmenszweck bzw. -gegenstand	Definiert über soziale Notlagen des Einzelnen und/oder einer Gruppe in der Gesellschaft	Definiert über die Nachfrage auf Märkten
Führung	Theologe/Diakon, Kaufmann, ggf. Vertreter Fachdisziplin (ehrenamtl. Vorstand)	Fachmann, Techniker, Kaufmann
Vorherrschende Prozessorganisation	Nutzenoptimierung	Produktoptimierung
Mitarbeiterverständnis	Assistent	Mitarbeiter
Einnahmeorientierung	Über das Produkt und Spenden	Ausschließlich über das Produkt

Tabelle 5: Unterschiede zwischen privatwirtschaftlichen und diakonischen Unternehmen

4.6 Prozessorganisation und -gestaltung in diakonischen Unternehmen

4.6.1 Zum Führungs- und Managementprozess als Netzwerk

Wie in Kap. 4.1 Zu den Grenzen der Anwendbarkeit des betriebswirtschaftlichen Unternehmensbegriffs auf diakonische Unternehmen (s. S. 151) gezeigt, ist der Kontext von Management die organisierte Gesellschaft, in der Menschen immer im Rahmen von Organisationen deln - sei es produzieren oder konsumieren, lernen, regieren, sich fortpflanzen und spielen, wie Fredmund Malik es trefflich formulierte. Dies geschieht heute in einer Wirtschaft, in der nicht allein Rohstoffe, Boden, Kapital und manuelle Arbeit die wesentlichen Ressourcen, sondern Wissen, Zeit und Dienste weitere entscheidende Komponenten sind, um Leistung zu erzielen und Wohlstand zu schaffen.[426]

---

426 Vgl. Berger (5. Aufl. 1969/2012); Drucker (4. Aufl. 2005); Malik (2009)

4. Diakonische Unternehmen als Diakoniegemeinde und kommunikatives System

Es gibt zwischenzeitlich eine schier unüberschaubare Definition in Wissenschaft und Praxis für Management. Allen gemein sind folgende wesentliche Charakteristika:

Führung ist Management eines Unternehmens: Fredmund Malik hat schon in den 1990ziger Jahren vorgeschlagen, »Management als die Transformation von Wissen in Leistung und Nutzen zu verstehen«, wobei er zwischen Management und Führung nur graduelle Unterschiede zu erkennen vermag.[427]

Management dient der Bewältigung von Komplexität: der inneren Komplexität in einem Unternehmen wie auch der Komplexität, die sich aus dem Zusammenspiel mit der Systemumwelt bzw. den Stakeholdern ergibt.

Führung im Sinne von Gestaltung, Lenkung und Entwicklung eines Unternehmens als Ganzem wie auch einer Einheit eines Unternehmens sind Grenzen gesetzt: Dynamische Modelle sind unmöglich in ihrer vollkommenen Komplexität zu erfassen und zu beschreiben, geschweige denn von einem zentralen Punkt aus. Wie ein solches System beschrieben wird, hängt also immer vom Standpunkt bzw. Kontext ab, indem das beobachtete interpretiert wird, somit vom Beobachtungsausschnitt des Beobachters. Die sprachlichen Möglichkeiten des Beobachters sind zudem begrenzt und schränken die Wahrnehmung von Komplexität ein. Beobachtung und Interpretation in einem Unternehmen sind somit immer selektiv und mit kontingenten Selektionsleistungen (im Sinne einer prinzipiellen Offenheit menschlicher Lebenserfahrungen) verbunden.[428]

Wie in Kap. 4.1 dargelegt, hängt heute sehr viel von der Führung ab – auf allen Ebenen und in allen Organisationen. Jede Organisation oder Institution benötigt Management als gestaltendes, bewegendes und lenkendes Organ. Somit ist die Leistungsfähigkeit wie auch die Leistungen selbst einer Gesellschaft abhängig vom Management ihrer (gesellschaftlichen) Organisationen. Durch Management wird letztlich der gesamte Ressourcenfluss wie auch die Innovationsfähigkeit, Veränderungsbereitschaft usw. einer Gesellschaft gesteuert. Ein Unternehmen ist somit heute keine statische Größe, sondern ein gesteuerter Managementprozess und damit eine allseits dynamische Größe in der Zeit.

---

427 Malik (2008, 4. Aufl.), S. 115 f.
428 Vgl. Rüegg-Stürm (2. durchgesehene Auflage 2005), 19 f., Luhmann (1991, 4. Auflage), Kap. 4.4.1 Diakonische Unternehmen als komplexes kommunikatives System, S. 179 ff.

4. Diakonische Unternehmen als Diakoniegemeinde und kommunikatives System

Führung bzw. Management ist in diesem Verständnis nicht als hierarchischer Prozess, sondern organisch zu verstehen: Allein schon der Dienstleistungserstellungsprozess – in dem z.B. der Nächste auch zum Produzenten wird - wie auch das dargelegte Organisationsverständnis diakonischer Unternehmen macht deutlich, dass sich aufgrund ständig ändernder Umweltbedingungen Unsicherheit in den Unternehmensabläufen erhöhen und damit Hierarchien wie auch ganze Unternehmenskulturen permanent in Frage gestellt werden.[429] Diese Unsicherheiten werden in einem Unternehmen durch Entscheidungen auf allen Hierarchieebenen ersetzt, die wiederum permanent kommuniziert werden müssen, was eine Zunahme an interner Komplexität zur Folge hat. Um diese Komplexität wiederum abzubauen sind flache Hierarchien notwendig, um Kommunikationsstrukturen in einem Unternehmen einerseits überschaubar, andererseits auch im Sinne von Veränderung und Anpassungsfähigkeit des Unternehmens transparent zu gestalten.

Alles, was in einem Dienstleistungsunternehmen stattfindet, hängt somit zentral ab von der Ausgestaltung von Kommunikations*prozessen* im Unternehmen. Die Ausgestaltung von Kommunikation ist somit eine zentrale Aufgabe von Management, die auf allen Ebenen der Organisation greifen muss: Mechanische Arbeitsteilung und hierarchische Organisation wird durch interaktive Arbeitsteilung und durch (interne wie externe) Netzwerke ersetzt.[430] Die organisatorische Gestaltung von Unternehmen kann somit nur eine netzwerkorganisatorische sein (vgl. Abbildung 3) wobei das Viereck ein Unternehmen symbolisieren soll). Auch ein matrixorganisatorischer Aufbau, wie er heute in vielen größeren diakonischen Unternehmen anzutreffen ist, entspricht nicht mehr diesen Anforderungen, da er letztlich rein hierarchisch strukturiert ist und den Anforderungen einer netzwerkorientierten Organisation nicht gerecht wird.

---

429 Vgl. Kap. 4.4.2 Diakonische Unternehmen als Organisation, S. 183 ff.
430 Vgl. Luhmann (1991, 4. Auge), S. 291 ff.; Baecker (1999), S. 17 ff., Simon (2. Auflage 2009), S. 66 ff.

4. Diakonische Unternehmen als Diakoniegemeinde und kommunikatives System

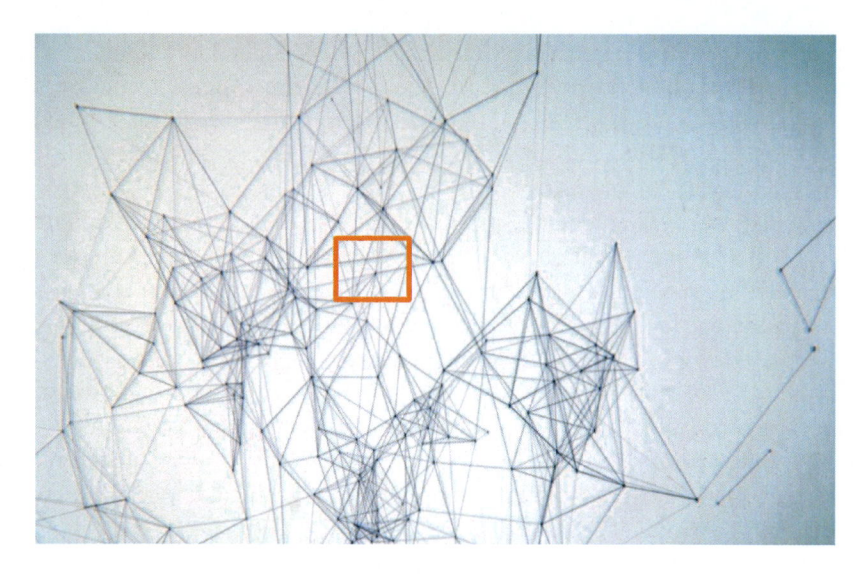

Abbildung 3: Mögliche Netzwerkstruktur eines Unternehmens[431]

Ein Managementmodell muss dementsprechend als netzwerkoffene, kommunikative Prozessorganisation gedacht werden. Dies könnte sich wie folgt auswirken in der Aufbauorganisation eines diakonischen Unternehmens: Ein Vorstand wird sich in der »Mitte« einer Unternehmensorganisation stehend verstehen, um den sich in eine Netzwerkstruktur die einzelnen Unternehmenseinheiten gruppieren, die wiederum miteinander vernetzt sind bzw. sein können. Zentralfunktionen wie Personalwesen, Betriebswirtschaft (Controlling, Buchhaltung), IT, Öffentlichkeitsarbeit, Fundraising und kirchliche Arbeit werden sich, soweit möglich, dezentralisiert organisieren, und bilden hierdurch zu den einzelnen Einheiten entsprechende aufgabenbezogene Netzwerke mit den zentralen Einheiten. Die eigentliche operative Tätigkeit findet soweit möglich vor Ort statt, doch sollten die dezentral operativ arbeitenden Einheiten der Zentralein-

---

431 Abbildung von der hfma, http://www.google.de/imgres? img-url=http%3A%2F%2Fwww.hfmakademie.de%2Fsystem%2Fattachment%2Ffile%2F50895235ddb4f969be012b69%2FNetzwerk.jpg&imgrefurl=http%3A%2F%2Fwww.hfmakademie.de%2Fde%2Fpages%2Fnetzwerk&h=1168&w=3146&tbnid=kWvLnjPvMdZZzM%3A&zoom=1&docid=csKT1lyZuXAF_M&ei=Z3cxU6eTMKGI4ATYrIGADg&tbm=isch&iact=rc&dur=672&page=1&start=0&ndsp=26&ved=0CHMQrQMwCQ (abgerufen am 25.03.2014)

heit zumindest aufgabenbezogen zugeordnet sein. Managementholdings in diesem Verständnis konzentrieren sich auf

- Strategische Ausrichtung und Weiterentwicklung des Unternehmensverbundes,

- übergeordnete Aufgaben wie beispielsweise Personalentwicklungs-, Abrechnungs-, Aus- und Weiterbildungsgrundsätze, Buchungsordnung, Jahreswirtschaftsplanung und Berichtswesen u. ä.. sowie

- die Ausgestaltung der kirchlichen Arbeit als Dienstgemeinschaft und Diakoniegemeinde.

Doch wie könnte die Ausgestaltung der kirchlichen Arbeit und somit die theologische Achse in einem diakonischen Unternehmen als Prozess gestaltet werden? Dies ist eine operative Frage im Rahmen der Ausgestaltung des normativen Managements, der im folgenden Abschnitt nachgegangen wird.

4.6.2 Die theologische Achse als Prozessgestaltung des normativen Managements

Hans Ulrich hat in den 1970ziger Jahren zuerst damit begonnen, neben der bis zu diesem Zeitpunkt üblichen Aufteilung der Managementlehre in strategisches und operatives Management als dritte wesentliche Unterscheidung das normative Management einzubeziehen, das als St. Galler Management-Modell bekannt wurde.[432] Knut Bleicher hat diesen Ansatz in den 1980ziger Jahren zu einem ganzheitlichen und integrierten St. Galler Management-Konzept weiterentwickelt und ausdifferenziert.[433] Dies tat Bleicher aus einem klaren Praxisbezug heraus, denn es war seine Überzeugung, dass der Zweck der Managementlehre ist, Handlungsanweisungen für praktisch handelnde Menschen zu entwickeln.[434]

---

432 Ulrich (3. Auflage 1974)
433 Ulrich (2. Auflage 1987), Ulrich (1984); vergl. an Ulrich anschließend Bleicher (7. Auflage 2004)
434 Vgl. Dyllick, Thomas/Probst, Gilbert in Ulrich (1984), S. 11

4. Diakonische Unternehmen als Diakoniegemeinde und kommunikatives System

In der Managementlehre wird seitdem zwischen drei Ebenen unterschieden: dem normativen, dem strategischen und dem operativen Management. Aufgabe des normativen Managements ist es nach Ulrich, durch den Aufbau unternehmenspolitischer Verständigungsprozesse Konflikte zwischen Interessengruppen bzw. Stakeholdern, mit denen ein Unternehmen Berührung hat, (besser) lösen zu können und damit eine Legitimität des eigenen unternehmerischen Handelns herzustellen und aufrecht zu erhalten.[435]

Martin Büscher hat zu Recht darauf hingewiesen und dies mit einer empirischen Untersuchung unterlegt, dass Unternehmen dies erst können, wenn sie sich selbst intern über ihre eigene Wertdimension klar geworden sind, um überhaupt nach außen ethisch fundiert auftreten zu können. Büscher unterscheidet hierbei zwischen drei Stufen des normativen Managements:

- der Wertewahrnehmung, verstanden als methodische Sensibilisierung für die Wahrnehmung von Werten und Wertstrukturen,

- der Wertereflexion, verstanden als Identifizierung und Systematisierung der wahrgenommenen Werte und

- der Wertegestaltung/-bildung, verstanden als Abwägung und Meinungsfindung zu Werten bzw. Wert- und Zielkonflikten.[436]

Letztere Dimension bedarf der Integration in die betriebliche Prozessorganisation und ist - ebenso wie Dienstleistungserstellungsprozesse kommunikative Geschäftsprozesse darstellen - in einem diakonischen Unternehmen als kommunikativer Geschäftsprozess zu organisieren. Erst so kann gewährleistet werden, dass in einem diakonischen Unternehmen normatives Management als Aufgabe der alltäglichen Ausgestaltung als Diakoniegemeinde und Dienstgemeinschaft wahrgenommen wird: Nach innen wirkend auf seine Mitarbeiter bzw. Assistenten zur Förderung des Diskurses hinsichtlich Ethik und Glauben und der Gestaltung des gemeindlichen bzw. dienstgemeinschaftlichen Lebens, nach außen als Akteur »Diakoniegemeinde« und diakonisches Unternehmen gegenüber Dritten. Die so verstandene theologische Achse eines diakonischen Unternehmens muss im

---

435 Vgl. Ulrich (1970); Ulrich (1987, 2. Aufl.)
436 Büscher (2008), S. 178 ff.

4. Diakonische Unternehmen als Diakoniegemeinde und kommunikatives System

Sinne der systemischen Unternehmensorganisation ausgestaltet sein, die aus drei wesentlichen Einheiten gebildet wird:

1. Sicherstellung theologischer Professionalität in der Geschäftsführung bzw. Vorstand eines (größeren) diakonischen Unternehmens;

2. Sicherstellung eines stabilen diakonisch-ethischen Diskurses in einem diakonischen Unternehmen;

3. Sicherstellung der diakonischen Identität in der strategischen Ausrichtung eines diakonischen Unternehmens.

Zu (1):
Ein wesentlicher Aspekt der kirchlichen Arbeit ist sicherlich die Verkündigung und Aufrechterhaltung spiritueller Angebote im Unternehmen wie Gottesdienste, liturgische Feste, Andachten, Gebete und dergleichen mehr. Entsprechend gibt es eine kirchliche Arbeit als Organisationseinheit in einem diakonischen Unternehmen, die mit Theolog/inn/en und/oder Diakon/inn/en besetzt sein sollte. Um sicherzustellen, dass diese Arbeit auch professionell im Unternehmen geführt und ausgestaltet ist, bedarf es in jedem zumindest etwas größeren diakonischen Unternehmen eines/r Theologen/in bzw. Diakon/in in der Geschäftsführung bzw. im Vorstand.[437]

Zu (2):
Ein weiterer gleichwertiger Aspekt ist die Frage, wie Nächstenliebe als zentrale normative Ausrichtung des Unternehmens systemisch im Unternehmen gelebt wird, also in der Vernetzung und Bedingtheit von Person, Organisation und den Elementen des Systems wie auch nach außen zur Umwelt bzw. den Stakeholdern des Systems Unternehmen. Da es *die* Werte und somit *die* Nächstenliebe nicht gibt, so gibt es auch nicht *die* Ethik. Büscher kann zugestimmt werden, wenn er ausführt: »Moral bezeichnet ein *gegebenes* Wertesystem, während Ethik die Reflexion, das

---

[437] Um diese Struktur zukünftig finanzierbar auszugestalten, müssen Pfarrer/inn/en auch bereit sein, sich in normale Dienstpläne einbinden zu lassen, um diese über die Personalschlüssel dann auch refinanziert zu bekommen. Seelsorge ist längst in vielen Leistungsvereinbarungen als Dienstleistung von den Kostenträgern anerkannt worden, doch sind die Pfarrer/inn/en oft nicht bereit, sich hier entsprechend verpflichtend einbinden zu lassen. Dies wird sich sicherlich noch ändern lassen.

4. Diakonische Unternehmen als Diakoniegemeinde und kommunikatives System

Nachdenken über Werte und Wertkonflikte unter den Leitfragen des guten Lebens, des verantwortlichen Handelns (Ergänzung Verfasser: ... und der Nächstenliebe) und des gerechten Zusammenlebens meint. Heute ist das Erkennen, Beraten und Finden richtiger Balancen von Werten (`bottom up´) zentraler als das Setzen und Ableiten von Werten (`Top Down´)..«[438]

Da die Wertedimension von individuellem Handeln und Organisationshandeln in den Unternehmensalltag integriert ist, gilt es induktiv die Werte und Normen, die ein Unternehmen zusammenhalten mit den Mitarbeitenden bzw. Assistenten zu diskutieren, um die »in jedem Handeln und Denken *innewohnenden* Werte als Triebkraft für das Handeln zu verstehen..«[439] Dies setzt auch entsprechende Räume und Zeit voraus wie auch eine entsprechende organisatorische Sicherstellung dieses Diskurses. Hierbei kann gut angesetzt werden an den Werten der Mitarbeitenden bzw. Assistenten.[440]

Wie in Kap. 4.2.2 Diakonische Unternehmen als Diakoniegemeinde und Dienstgemeinschaft (vgl. S. 164 ff.) ausgeführt, bedarf dies auch der Sprachfähigkeit zum Diskurs. Hier ist das Unternehmen gefordert, dafür Sorge zu tragen, dass es genügend Mitarbeitende in einem Unternehmen mit einer diakonischen Zusatzausbildung gibt, die diesen Diskurs kontinuierlich, z.B. ausgerichtet an alltäglichen Wertekonflikten, aus christlicher Perspektive heraus führen können.[441] Insoweit ist auch eine Aufwertung des Diakonats dringend erforderlich.[442] Nur wenn es gelingt, in allen Unternehmenseinheiten, selbstständigen Wohngruppenangeboten usw. entsprechend zusätzlich ausgebildete - dass meint im Regelfall als Zusatzausbildung - Mitarbeiter zu haben, ist überhaupt die Voraussetzung geschaffen, einen Diskurs über die Wertedimension des Unternehmens *systemwirksam und kontinuierlich* zu führen.

Dieser Diskurs bedarf eines auch zeitlichen Rahmens. Angesichts der sehr knappen Refinanzierungsbedingungen diakonischer Arbeit spricht ei-

---

438 Zit. Büscher (2008), S. 182 f. (Hervorhebungen im Originaltext)
439 A.a.O., S. 184
440 Heinemann spricht von einer Personalentwicklung im Bereich der Ethik, vgl. Heinemann (2010), S. 237 ff.
441 Vgl. z.B. Hanselmann (2007), mit seinen Ausführungen zu »Kulturstandards«, S. 32 ff., in der Werteprinzipien die Grundlage jeglicher Qualitätskultur darstellen.
442 Vgl. die Diskussion hierzu in Noller (2013); auf eine Begründung zu dieser Aussage muss hier im Hinblick auf die handlungsleitende Fragestellung verzichtet werden.

4. Diakonische Unternehmen als Diakoniegemeinde und kommunikatives System

gentlich nichts dagegen, auf Vereinbarungsebene mit der Mitarbeitervertretung bzw. den arbeitsrechtlichen Kommissionen bzw. Tarifparteien dahingehend sich zu verständigen, die aktuell wohl in den westlichen Bundesländern bzw. deren Kirchen gültige Arbeitszeit von 38,5 Wochenstunden für die unternehmerische Diakonie auf 40 Wochenstunden ohne Lohnausgleich anzuheben mit dem Ziel, Zeit für eben diesen kontinuierlichen Diskurs fest in den Unternehmensalltag zu implementieren:[443]

Ein- bis zweimal pro Monat treffen sich kleinere Diskussionsgruppen unter der Leitung der Diakone bzw. Theologen und diskutierten über grundsätzliche Konfliktpunkte, z.B. auch mit in den Diskurs selbstverständlich aktiv zu beteiligenden Stakeholdern vor Ort, Werte und Normen der eigenen Arbeit, mögliche neue Hilfebedarfe, über zentral gesetzte Grundsatzthemen usw..[444]

Die entsprechende zusätzlich notwendige Betreuung und Fort- und Weiterbildung der Diakone bzw. Theologen wird über die kirchliche Arbeit der Managementholding sichergestellt, z.B. unter der Verantwortung des theologischen bzw. diakonischen Vorstandes.

Auf diese Art und Weise könnte ein diakonisch-ethischer Diskurs als Teil des normativen Managements prozessual dauerhaft im Unternehmen implementiert und zudem sichergestellt werden, dass Leitbilder bzw. formulierte Missionen/Visionen einer Balanced-Scorecard (BSC) reflexiv und erfahrbar für die Mitarbeitenden bzw. Assistenten werden.

---

443 Stand 2014: Vgl. z.B. § 9 Arbeitsvertragsrichtlinien der Konföderation Ev. Kirchen in Niedersachsen (AVR-K), http://www.ag-mav.de/cweb/cgi-bin-noauth/cache/VAL_BLOB/10950/10950/8144/AVR-K%20Stand%2001.11. 2010.pdf (abgerufen am 25.03.2014). In den ostdeutschen Bundesländern bzw. Kirchen gilt aktuell noch die 40-Stundenwoche, die analog angepasst werden könnte.

444 Wie eine *inhaltlich ethische Ausgestaltung* dieses Diskurses aussieht, ist nicht Gegenstand dieser Arbeit und bedarf weitergehender Forschung. Zur aktuellen Diskussion vgl. Heinemann (2010), Haas (2012), Heller (2003), Starnitzke (2011)

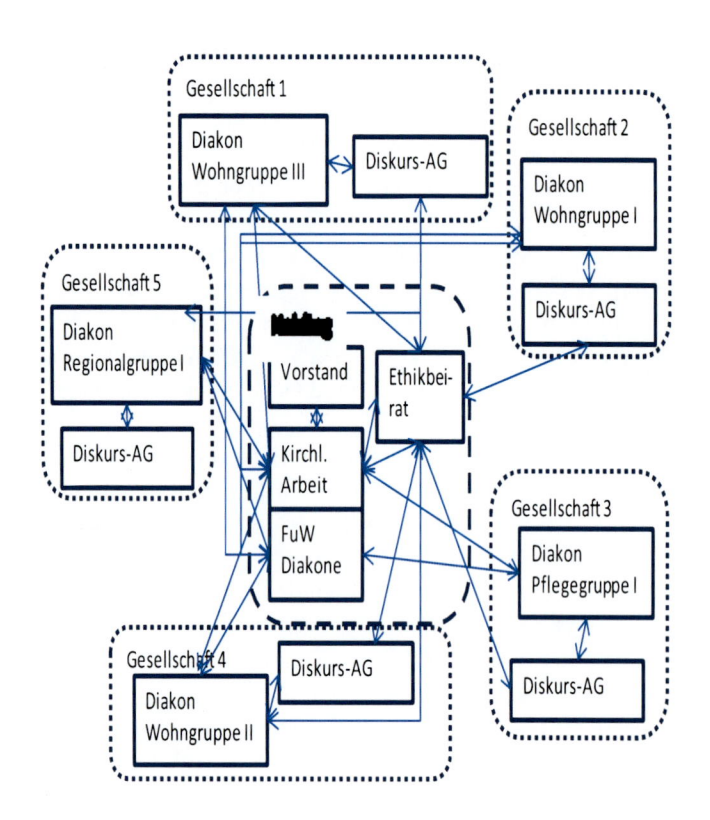

4. Diakonische Unternehmen als Diakoniegemeinde und kommunikatives System

Vorstand: Verantwortlich für die Führung der Kirchlichen Arbeit.

Kirchliche Arbeit: Gruppe von Theologen/Diakonen, verantwortlich für Diakoniegemeinde und die Sicherstellung von genügend zusätzlich ausgebildeten Diakonen auf allen Ebenen des Unternehmens; Koordination Fort- und Weiterbildung Diakone/Theologen im Unternehmen, ggf. in mehreren dezentralen Einheiten.

Ethikbeirat: Verantwortlich für ethische Grundsatzfragen, die sich aus der täglichen Arbeit ergeben können und der von der Kirchlichen Arbeit gesteuert wird auf Anforderung der Gesellschaften bzw. der Diakone.

Diskurs-AG: Findet regelmäßig ein- bis zweimal/Monat statt unter Leitung des Diakon/Theologen zu zu ethischen Fragestellungen aus der eigenen Arbeit; berichtet Ergebnisse

Abbildung 4: Theologische Achse als prozessuales Netzwerk[445]

---

445 Eigene Darstellung

4. Diakonische Unternehmen als Diakoniegemeinde und kommunikatives System

Abbildung 4 zeigt exemplarisch die Netzwerkstruktur einer theologischen Achse eines diakonischen Unternehmens als kontinuierlich organisierten Kommunikationsprozess, die je nach Größe des Unternehmens an Komplexität zunehmen kann und verdeutlichen soll, dass, aufgrund der dezentralen Organisation der Diskurs-AGs vor Ort in den unterschiedlichen Tochtergesellschaften, innerhalb derselben ein theologisch-ethisch fundierter Diskurs ebenso stattfindet, wie auch zwischen der Holding und den einzelnen AGs bzw. deren Leitungen. Auf diese Weise ist eine zeitnahe Anpassung an aktuell sich verändernde Rahmenbedingungen auch über die normative Ebene möglich und kann wiederum Eingang finden in die entsprechenden Steuerungsinstrumente des Unternehmens, auf die nachfolgend eingegangen wird.[446]

Zu (3):
Für die strategische Ausrichtung eines Unternehmens bedarf es entsprechender Planungs- und Steuerungsinstrumente. Mit der Balanced-Scorecard (BSC) gibt es ein erfolgreiches Führungsinstrument, das auch in einigen größeren diakonischen Unternehmen implementiert worden ist.[447] Dieses Instrument lässt die Definition einer eigenständige Dimension »Diakonische Identität« bzw. »Christliche Identität« zu, in der spezifische Maßnahmen definiert werden können, die zur diakonischen Identitätsbildung bzw. –sicherung, wie auch zu einem entsprechenden Diskurs mit den Stakeholdern beitragen können, und die gespeist wird aus den Ergebnissen

---

446 Markus Will hat in seiner Habilitationsschrift über ein wertorientiertes Kommunikationsmanagement die hier dargestellte »innenorientierte« Prozessgestaltung ergänzt durch den Kommunikationsprozess zu den Stakeholdern unter Einbeziehung der Erfordernisse einer medial orientierten Öffentlichkeit, wobei er sich besonders auf größere Unternehmen mit Aktionären konzentriert, vgl. Will (2007), S. 208 ff.. Will begründet hiermit eine aus Sicht des Verfassers notwendige Ergänzung des Neuen St. Galler Managementmodells (NSGMM) auf der Ebene der Interaktionsthemen, vgl. Ausführungen in Kap. 4.7 Diakoniegemeindliches Unternehmensmanagementmodell, S. 206 ff.
447 Es kann hier nicht darum gehen, dass Instrument im Einzelnen darzustellen. Dazu sei auf die weitverbreitete Literatur hingewiesen; vgl. die Entwickler dieses Instruments Kaplan (1996), Michell-Auli (2008). Die Von-Bodelschwingh-Stiftungen (Bethel), die Dachstiftung Diakonie-Gruppe wie auch die Barmherzigen Brüder Trier-Gruppe (vgl. Einig (2012, unveröffentlichte Dissertation), S. 194 ff.) und die Agaplesion gAG, um nur einige Beispiele zu nennen, haben die BSC als Führungsinstrument implementiert.

der Diskurs-AGs.[448] Im Planungsprozess, wie auch jährlich wiederkehrend im Zielvereinbarungsprozess im Rahmen von Jahreswirtschaftsplanungen, wird über dieses Instrument die Dimension »Diakonische Identität« kontinuierlich über die gesamte Gruppe im Diskurs gehalten und prozessual weiterentwickelt.

Die Entwicklung von Leitbildern und Rahmenzielen allein reicht vielleicht aus, um eine Qualitätsentwicklung zu initiieren in einem Unternehmen, ist aber nicht ausreichend, einen ständigen Qualitätsprozess im Sinne einer permanenten wertebezogenen Diskussion in einem Unternehmen aufrechtzuerhalten. Selbstverständlich findet in diesem Prozess auch Mission statt, ist aber nicht das prioritäre Ziel des Prozesses. Das Ziel des Prozesses ist die kontinuierliche Reflexion darüber, inwieweit die im Unternehmensleitbild vorgegebenen Maßgaben im konkreten Unternehmensalltag auch gemeinsam gelebt werden (können) in Auseinandersetzung mit den Stakeholdern vor Ort.[449]

Larissa Krainer hat 2001 in ihrer Habilitationsschrift als erste ein prozessethisches Organisationsmodell erarbeitet, das dieses Verständnis von Ethik aufnimmt. Das Modell wurde von Andreas Heller und Thomas Krobath 2003 wie auch von Lauritsch, Berger und anderen weiterentwickelt und führte 2007 zur Gründung des »Instituts für Interventionsforschung und Kulturelle Nachhaltigkeit« an der österreichischen Universität Klagenfurt.[450] Prozessethik geht davon aus, dass Ethik nicht an Experten delegiert werden kann und »…in jedem Menschen ihren Anfang nimmt, somit ihm selbst `gehört´ …(und) was soviel heißt, als dass Differenzen institutionalisiert werden (entsprechend dem `Differenzwesen´ Mensch)..«[451] Dieses Verständnis geht vom Kantschen »Primat des Prakti-

---

448 In der Dachstiftung Diakonie-Gruppe wird neben den vier üblichen Dimensionen der BSC (Finanzperspektive [Return] und die Kundenperspektive [Output], die Prozessperspektive [Prozess] und die Potenzial- oder Mitarbeiterperspektive [Input]) als weitere Dimension »Diakonische Identität« wie auch »Geschäftsprozesse« definiert. Eine sehr gute Beschreibung des Instrumentes BSC wie auch *eine* mögliche Ausgestaltung derselben findet sich in Einig (2012, unveröffentlichte Dissertation), S. 194 ff.
449 Hiermit wird das zentrale Defizit vieler Leitbildprozesse im Rahmen von Qualitätsentwicklung, wie sie von Jäger (vgl., Jäger (1992)), Haas (Haas (2004), Hanselmann (2007) u.a. beschrieben worden sind, gelöst.
450 Darstellung folgt Krainer (2010), S. 11; das Buch gibt einen guten Überblick über Gegenstand und Methode der Prozessethik, dort sind auch weitere Literaturangaben zur Prozessethik zu finden.
451 Zit. a.a.O., S. 162

schen« aus, in dem jeder Mensch seine Freiheit nur selbst vertreten kann. Prozessethik umfasst in diesem Verständnis konkrete soziale und organisatorische Maßnahmen mit dem Ziel eines für jeden möglichen ethischen Kompetenzerwerbs, der in dem hier dargestellten Kontext entsprechend christlich begründet und gestaltet werden muss und als prozessethisches Verfahren, wie in Abbildung 5 dargestellt, durchgeführt werden kann.[452]

---

452 Krainer (2010), S. 163 ff.; das prozessethische Verfahren ist detailliert dargestellt ab 207 ff., Zur inhaltlichen Ausgestaltung des ethischen Diskurses, die nicht Gegenstand dieser Arbeit ist, vgl. Müller (2001), Nissing (2009), Mackie (2009), Haas (2012), Starnitzke (2011), Hergesell SJ (2011) auch in Abgrenzung zur herrschenden wirtschaftsethischen Diskussion, über die einen ausführlichen Überblick Korff (2009) gibt.

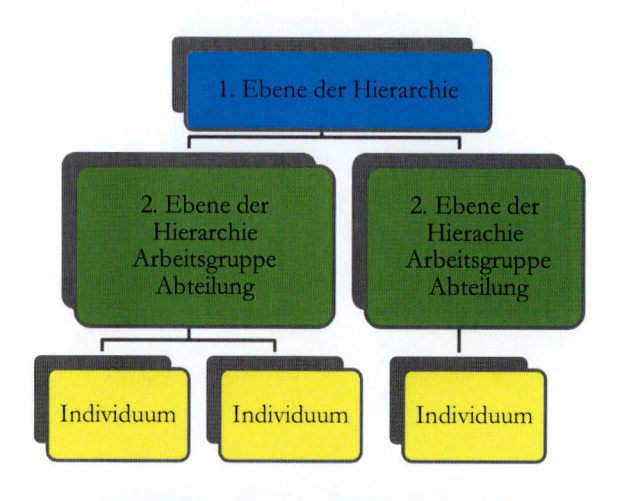

4. Diakonische Unternehmen als Diakoniegemeinde und kommunikatives System

Vergemeinschaftung der kollektiven Selbstreflexion
Treffen von Entscheidungen über delegierte Themen
Redelegation der getroffenen Entscheidungen
Vergemeinschaftung der individuellen Selbstreflexion
Kollektive Selbstreflexion
Klärung der Entscheidungskompetenz
Setzen von Maßnahmen oder Delegation
Individuelle Selbstreflexion
Klärung der Entscheidungskompetenz
Setzen von Maßnahmen oder Delegation

Abbildung 5: Das Prozessethische Verfahren nach Krainer u.a.[453]

---

453 Aus Krainer (2010), 221

Ergänzt werden kann dieses Verfahren durch die Einrichtung von Ethikbeiräten auf der Ebene 1 des prozessethischen Verfahrens, die in vielen Unternehmen schon eingerichtet sind und die für Grundsatzfragen, die sich im Unternehmensalltag stellen, z.B. wie positioniert sich ein Krankenhaus zur Präimplantationsdiagnostik?, versuchen, Antworten zu formulieren. Doch: Ethikbeiräte ersetzen nicht den vorgenannten, beschriebenen unternehmensweiten Diskursprozess, der zusammengefasst wie folgt als Prozess im Unternehmen gestaltet werden kann:

Es sollte deutlich geworden sein: Diakonische Identität bedarf der Gestaltung eines auf allen Ebenen eines diakonischen Unternehmens geführten kontinuierlichen, prozessual gestalteten Diskurses, der, wie vorgenannt beschrieben, ausgestaltet werden könnte. Dieser würde damit auch der Forderung aus der Praxis entsprechen und gleichzeitig ein bisher bestehendes Defizit der Unternehmen beheben:[454] Leitbilder werden zwar formuliert, aber nicht permanent mit der gelebten Unternehmenswirklichkeit im Diskurs konfrontiert wie auch *Diakoniegemeinde und Dienstgemeinschaft als kontinuierlichen Diskursprozess* bisher nicht ausgestaltet werden. Haltungen und Wertorientierungen von Mitarbeitenden bzw. Assistenten können so im Diskurs von diesen selbst überprüft und weiterentwickelt werden.

4.7 Diakoniegemeindliches Unternehmensmanagementmodell

Nach den bisherigen Ausführungen wird verständlich, dass ein auf die Spezifika diakonischer Unternehmen modifiziertes »Neues St. Galler Management-Modell« sinnvoll für das Grundverständnis diakonischer Unternehmen in der heutigen Zeit ist und in vielen Publikationen der Diakonie als Grundlage des eigenen Managementverständnisses genommen wird.[455]

---

454 Vgl. Diskussion auf S. 141
455 Vgl. z.B. Jäger (1984), Lohmann (2003), die noch an das ältere St. Galler Managementmodell anschließen. Haas (2006), S. 114 ff., schließt explizit an das neuere Modell an. Zur Darstellung des Modells selbst vgl. Dübs (2004). Eine sehr gute kurze Übersicht gibt Rüegg-Stürm (2. durchgesehene Auflage 2005), der auch zu Recht betont, dass es sich beim NSGMM weniger um ein »Modell« als vielmehr um ein Rahmengerüst handelt, das jeweils nach der Bedarfslage eines Unternehmens von diesem an die je spezifischen Bedingungen angepasst und gefüllt werden muss.

4. Diakonische Unternehmen als Diakoniegemeinde und kommunikatives System

Dieses Managementmodell hat ein systemisch-konstruktivistisches Grundverständnis und geht somit davon aus, dass die Entstehung von Strukturen, seien es Aufbau- oder Ablaufstrukturen, selbst einen Prozess darstellen.[456] Diese Strukturen stehen in diesem Verständnis in einem rekursiven und reflexiven zirkulären Verständnis. Sie werden von Menschen gemacht, die einerseits außerhalb des Systems Unternehmen stehen, andererseits aber das System Unternehmen selber in jedem Moment reproduzieren.

Dabei muss immer zwischen einer Sach- und einer Beziehungsebene unterschieden werden:

- als Beziehungsebene zwischen den Menschen entlang der Zusammenarbeit im Sinne einer Zugehörigkeit, Identität, Grundhaltung, Beziehungs- bzw. Interaktionsformen und -themen,

- als Sachebene entlang der Wertschöpfungskette im Sinne von Management, Geschäfts- und Unterstützungsprozessen, Ablaufroutinen und Aktivitätsmustern.[457]

Es wird somit davon ausgegangen, dass Menschen auch in ihrem Verhalten, Denken und Überzeugungen durch Kommunikation veränderbar sind.

Es soll im Folgenden nicht darum gehen, dass Neue St. Galler Managementmodell in allen seinen Details darzulegen und zu erläutern, da dies andernorts schon vielfach erfolgt ist.[458] Im Folgenden wird sich auf die Punkte konzentriert, die im Sinne eines *diakoniegemeindlichen Managementmodells* verändert werden müssen, wie sich dies aus den bisherigen Ausführungen zum diakonischen Unternehmensbegriff herleitet.

Das St. Galler Managementmodell geht von folgenden Begriffs- bzw. Grundkategorien als zentrale Dimensionen des Managements aus:[459]

- *Umweltsphären*: Zentrale Kontexte unternehmerischer Tätigkeit, die ein Unternehmen beeinflussen.

---

456 Dübs (2004), Bd. 1, S. 96 f.
457 Wir folgen hier Haas, der zu Recht darauf hinweist, dass dieser Bezug zur Kommunikationstheorie zu wenig bei Dübs (2004) ausgeführt wird, vgl. Haas (2006), 130 f.; vgl. auch Will, der diese Lücke versucht zu schließen, a.a.O.
458 Vgl. Lit. in Fußnote 455; Einig (2012, unveröffentlichte Dissertation)
459 Die Darstellung folgt Rüegg-Stürm (2. durchgesehene Auflage 2005), S. 21 ff.

4. Diakonische Unternehmen als Diakoniegemeinde und kommunikatives System

- *Anspruchsgruppen* (Stakeholder) sind organisierte bzw. nicht organisierte Gruppen von Menschen, Organisationen, Institutionen, die von den unternehmerischen Aktivitäten betroffen sind.

- *Interaktionsthemen* sind verschiedene Typen von Inhalten kommunikativer Prozesse mit den Anspruchsgruppen eines Unternehmens. Sie können sich einerseits auf personen- und kulturgebundene Elemente wie Anliegen und Interessen bzw. Normen und Werte und/oder andererseits auf objektgebundene Elemente wie Ressourcen beziehen.

- *Ordnungsmomente* geben dem Alltagsgeschehen eine kohärente Form, strukturieren den Alltag durch eine entsprechende Ordnung und damit auch den Wertschöpfungsprozess eines Unternehmens.

- Der *Prozessbegriff* in diesem Modell bezieht sich auf die sachliche und zeitliche Logik in Kommunikations- und Tätigkeitsabläufen im Vollzug spezifischer Aufgabenfelder in einem Unternehmen. In diesem Sinne ist ein Unternehmen als prozessual gestalteter kommunikativer Prozess zu begreifen.

Aufbauend auf dem Neuen St. Galler Managementmodell ist ein *»Diakoniegemeindliches Unternehmensmanagementmodell«* (vgl. Abbildung 6) durch folgende Besonderheiten charakterisiert:[460]

- Übergreifende spirituelle Dimension, in dessen Kontext sich der Unternehmenszweck eines diakonischen Unternehmens begründet, ist der Dreieinige Gott. Diese spirituelle Dimension kann als solche nur eigenständig sein und stellt somit *keine* Umweltsphäre im engeren Sinne dar.

- Ein diakonisches Unternehmen ist Diakoniegemeinde und versteht sich als solche als Teil der sichtbaren und unsichtbaren Kirche. Dies wirkt sich im Modell in dreifacher Hinsicht aus:

---

[460] Der Vergleich wird hier hergestellt zum Modell von Dübs (2004), 70 bzw. Rüegg-Stürm (2. durchgesehene Auflage 2005), S. 22

4. Diakonische Unternehmen als Diakoniegemeinde und kommunikatives System

- Die Umweltsphäre Gesellschaft muss erweitert gedacht werden um die Dimension der (sichtbaren) Kirche. Hier wirkt Kirche, z.B. unmittelbar durch ihre Gesetzgebungsmöglichkeiten; daher wäre hier beispielsweise anzusiedeln die nunmehr notwendige, innerhalb der Kirchen zu führende Diskussion um die kirchengesetzliche Anerkennung diakonischer Unternehmen als Diakoniegemeinde;

- bei den Ordnungsmomenten wird die Kultur des Unternehmens durch die Dienstgemeinschaft geprägt und es findet hier auch die Ausgestaltung des kommunikativen kontinuierlichen Diskurses als theologische Achse des Unternehmens statt;[461]

- in den Anspruchsgruppen bilden eine wesentliche Gruppe die (parochialen) Gemeinden der verfassten Kirche, die als Ideengeber für (neue) Aktivitäten des Unternehmens ebenso dienen können, wie auch als vernetzte Organisation in der Gewinnung von ehrenamtlichen Mitarbeitenden bzw. Assistenten, im Bereich Fundraising usw..

Diakonische Unternehmen sehen sich spezifischen Anspruchsgruppen gegenüber: In ihrer Funktion als Sozial- und Dienstleistungsunternehmen sind die Kostenträger wie Landkreise und Gemeinden sowie die Sozialversicherungen zentrale Anspruchsgruppen. Daneben gibt es den »Kunden«, gesehen als »Nächster«, wie auch in seiner Funktion als Koproduzent zugleich als »Lieferant«.[462] Bei den Verbänden sind besonders die diakonischen Werke als Landesverbände sowie das Diakonische Werk für Diakonie und Entwicklung (EWDE) als Bundesverband sowie die zahlreichen evangelischen Fachverbände zu nennen, mit denen auch ein gegenseitiges Netzwerk durch personale Durchdringung bzw. Mitgliedschaften besteht.[463] Bei Partnern bzw. Kooperationen ergeben sich diese prioritär

---

461 Vgl. Kap. 4.2.2 Diakonische Unternehmen als Diakoniegemeinde und Dienstgemeinschaft, S. 165 ff. und Kap. 4.6.1 Zum Führungs- und Managementprozess als Netzwerk, S. 191 ff.
462 Vgl. 4.3.1 Zum kommunikativen Dienstleistungsprozess in diakonischen Unternehmen, S. 172 ff.
463 Vgl. Starnitzke (1996); die genaue Analsyse dieser Vernetzungsstruktur ist nicht Gegenstand unserer Fragestellung und wird hier im Rahmen des Modells nur als Stakeholder erwähnt. Vgl. im Übrigen die Selbstdarstellung des EWDE http://www.diakonie.de/verbandsstruktur-9134.html (abgerufen am 25.04.2014); hier findet sich auch eine Übersicht einschließlich Verlinkung zu den evangelischen Fachverbänden in Deutschland.

aus dem kirchlichen Bereich, doch können diese selbstverständlich auch mit anderen weltlichen Organisationen bestehen.

Will hat zu Recht herausgearbeitet, dass in der heute medienvermittelten Wirklichkeit unserer Gesellschaft ein wertorientiertes Management zentral die Stakeholder (Anspruchsgruppen) in den Fokus nehmen und entsprechend das NSGMM noch im Bereich der Interaktionsthemen um die Dimension des Relationship Managements erweitert werden muss.[464]

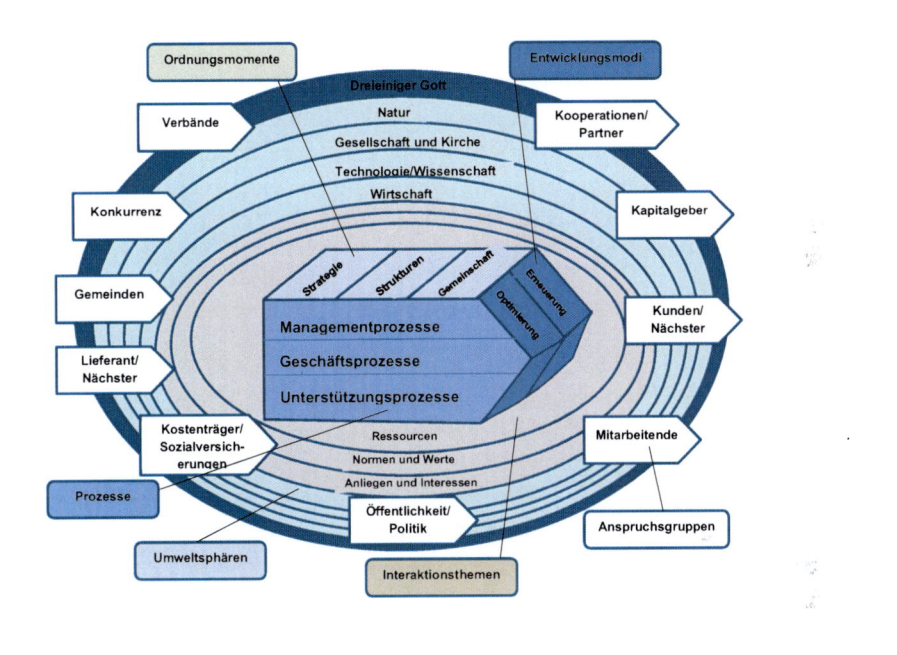

Abbildung 6: Diakoniegemeindliches Unternehmensmanagementmodell[465]

---

464 Vgl. a.a.O., S. 208 ff. und S. 299. ff.. Meyer-Najda hat ohne Bezugnahme auf Will eine entsprechende Erweiterung des Diakonischen Corporate Governance-Verständnis im Hinblick auf den Nächsten als Kunden und Lieferanten von »Liebespflege« begründet, vgl. a.a.O., S. 27 ff.

465 In Anlehnung an das Neue St. Gallener Managementmodell, vgl. Rüegg-Stürm (2. durchgesehene Auflage 2005), 22 ff., Dübs (2004), 70 ff.; eigene Ergänzungen

4. Diakonische Unternehmen als Diakoniegemeinde und kommunikatives System

Diese Betrachtung steht im Zusammenhang mit einer erweiterten Sichtweise auf das Corporate Governance-Verständnis, das dessen ursprüngliche Zielsetzung zur Offenlegung der finanziellen Verhältnisse börsennotierter Unternehmen um die Dimension der Glaubwürdigkeit eines Unternehmens als Ganzen in der Öffentlichkeit – und hier sind die Stakeholder gemeint - wie auch der Führung insbesondere erweitert. Im Anschluss an Bruhn/Reichwald versteht Will dementsprechend Führungstätigkeit immer auch als personenbezogene Informations- und Kommunikationsprozesse.[466] Entsprechend wirkt sich Relationship Management in der Aufbauorganisation wie auch in den Führungsinstrumenten eines Unternehmens aus.[467] Diese zentrale Wirkung nach außen ist im Rahmen des hier skizzierten Prozesses durch entsprechende gezielte Einbeziehung der Stakeholder vor Ort in den Diskurs zu berücksichtigen.[468]

Im Folgenden soll nunmehr abschließend untersucht werden, ob es einer spezifischen Unternehmensaufbauorganisation für diakonische Unternehmen bedarf oder nicht.

---

466 A.a.O., S. 92 f.; vgl. auch Bruhn (2005)
467 Will entwickelt als eine neue Kategorie das »Communications Capital« im Rahmen eines »Intellectual Capital«: Dieses zeichnet insbesondere dafür verantwortlich, »…die **Verbindung** zwischen **Communication Relations** zu den Anspruchsgruppen sowie den **Communication Programs** für die Ausgestaltung von integrierten Kommunikationskonzepten (über Branding und Campagning) und dem sich daran anschließenden **Communication Controlling** herzustellen« und dabei in die Aufbau- und Ablauforganisation eingreifen zu können, »…um die Kommunikationsperspektive der Unternehmensführung gestalten und entwickeln zu können.«, zit. a.a.O., S. 181 (Hervorhebungen im Original). Will verweist zu Recht darauf, dass Relationship Management gerade bei börsennotierten Unternehmen auch direkt wertschöpfend wirksam ist (a.a.O., S. 181 ff., bes. Fußnote 142), wenn man sich beispielsweise nur die Auswirkungen von Öffentlichkeitsarbeit auf die Börsennotierungen einer Aktiengesellschaft vor Augen führt. Für diakonische Unternehmen sind nur in Ausnahmefällen (Agaplesion) Aktionäre als Stakeholder interessant und sind eher durch den Nächsten einerseits bzw. Kostenträger/Sozialversicherungen und/oder evangelische Gemeinden andererseits als Zielgruppe zu ersetzen.
468 Vgl. auch die Darstellungen Wills hinsichtlich der Struktur des Wertorientierten Managements, a.a.O., 209 ff. und der Communication Tools, a.a.O., S. 299 ff.

4.8 Diakonische Unternehmen als (Management-) Holding

Die Vielfältigkeit der Geschäfts- bzw. Hilfefelder sind in der Diakonie nicht neu. Sie führten schon sehr früh zu einer hohen Komplexität und spätestens in den letzten dreißig Jahren zu der Frage, inwieweit die wohl bis heute vorwiegende Organisationsform des Vereins den spätestens mit dem Ausbau des bundesdeutschen Sozialstaates seit 1949 zwischenzeitlich längst entstandenen, zum Teil sehr großen, diakonischen Unternehmen gerecht werden kann. Der im Zuge der Vertiefung des europäischen Binnenmarktes und der Globalisierung zunehmende Wettbewerb auch zwischen Sozialunternehmen, zu denen diakonische Einrichtungen bzw. Unternehmen gezählt werden können, die Änderungen des Sozialrechts, der Corporate Governance wie auch die Herausforderungen an ein modernes (Führungs-)Management führten vielerorts zu Rechtsformänderungen und zu der Frage, welche Rechts- und Organisationsform die für diakonische Unternehmen adäquate und zur Erfüllung ihres diakonischen Auftrags sinnvollste und effizienteste ist.

Die Rechtsform des Vereins wurde und wird vielerorts als überholt angesehen: Die Anforderung der Märkte, schnell und effizient entscheiden zu können und dabei eine funktionierende Rollenteilung zwischen Geschäftsführung bzw. Vorstand und Aufsichtsgremium zu gewährleisten, wird der Verein mit seinen meist ehrenamtlichen Vorständen einerseits und den spezifischen Entscheidungsstrukturen einer Mitgliederversammlung andererseits heute kaum noch gerecht. Wachsende Unternehmen stehen in der Sozialwirtschaft wie auch in der Diakonie daher oft zentral vor der Frage, wie sie sich den Herausforderungen an steigender Komplexität der Unternehmensgröße und der Beschleunigung der Märkte organisatorisch stellen können. Immer häufiger wird diese Fragestellung in der Diakonie mit einer Holdingbildung beantwortet, die als solche zunehmend die diakonische Landschaft in Deutschland prägen.

Doch was genau ist eine Holding und welche Art der Holding eignet sich für die Diakonie besonders? In der Fachliteratur gibt es keinen einheitlichen Begriff der Holding. Entsprechend gibt es auch keine allgemein anerkannte Definition.[469] Die Holding ist eine Organisationsform, aber nicht an eine Rechtsform gebunden.

In der Regel kann die Holding nach Art und Umfang der Unternehmensführung, der Unternehmensorganisation sowie der Unternehmens-

---

469 So Zeiss (2006), 24, Lutter (1995), S. 8 ff.

steuerung unter dem Begriff des Konzerns zusammengefasst werden. Oft sind Holdings als Aktiengesellschaften organisiert in der Definition des § 18 Abs. 1 AktG: »Sind ein herrschendes und ein oder mehrere abhängige Unternehmen unter der einheitlichen Leitung des herrschenden Unternehmens zusammengefasst, so bilden sie einen Konzern; die einzelnen Unternehmen sind Konzernunternehmen...«[470] Aber es gibt auch einige als GmbH oder als Personengesellschaften aufgestellte Holdingunternehmen; Ausnahmefälle bilden Stiftungen als Obergesellschaften.[471]

Als wesentliche Kennzeichen für eine Holding kann festgehalten werden, dass diese aus einer Muttergesellschaft und mindestens einer Tochtergesellschaft bestehen und somit einen Konzern bilden sowie durch eine (gewisse) einheitliche Leitung charakterisiert sind. Vor diesem Hintergrund lassen sich Holdingunternehmen auf drei Ebenen idealtypischer Weise unterscheiden bzw. typologisieren nach

1. der Funktion der Zentrale (Stammhauskonzern oder Holdingkonzern),

2. dem Führungsanspruch der Zentrale (Management- oder Finanzholding) bzw.

3. der Durchgriffstiefe der Funktionen der Zentrale auf die Tochterunternehmen (operative oder strategische Managementholding).[472]

Zu 1.:
Stammhäuser: Die Zentrale selbst übernimmt Produktionstätigkeiten bzw. ist in den wesentlichen Leistungsbereichen am Markt tätig neben den Tochterunternehmen und/oder gründet Tochterunternehmen nur zur Unterstützung (z.B. Servicegesellschaften) oder zur Erweiterung des Kerngeschäfts (z.B. im Ausland).

---

470 Zit. http://www.juraforum.de/gesetze/aktg/18-konzern-und-konzernunternehmen, (abgerufen am 24.03.2014) mit genauerer Beschreibung vgl. auch § 290 Abs. 1 HGB (Konzern), a.a.O.
471 Die sich aber als Organisationsform besonders in der Diakonie anbieten, vgl. Vgl. die Ausführungen zum Beispiel der Dachstiftung Diakonie-Gruppe zu Ziff. 1.
472 Diese Einteilung folgt im Wesentlichen Zeiss (2006), S. 27 ff., der bei den Aufgaben noch weitergehend unterscheidet zwischen Information, Kohäsion, Direktion, Koordination und Führung. Eine ähnliche Aufteilung wie hier vorgeschlagen findet sich auch bei Lutter (1995), S. 9 ff. und Haas, a.a.O., S. 213. Die begriffliche Unterscheidung in Ziff. 3 folgt Haas, a.a.O., S. 214 f.

Holding: In der Muttergesellschaft selbst werden keine operativen (Produktions-)Tätigkeiten ausgeübt.

Zu 2.:
Managementholding: Die Zentrale erhebt einen Führungsanspruch in strategischer und/oder operativer Hinsicht gegenüber den Tochtergesellschaften. Dies erfolgt durch die Definition strategischer Geschäftsfelder im Kontext einer Gesamtstrategie, die Steuerung des Kapitalflusses und der Finanzierung, durch die Besetzung von Leitungsfunktionen sowie ggf. der Standardisierung bestimmter Prozesse innerhalb der Holding zur Hebung von Synergien und der Sicherstellung einer Steuerung durch die Zentrale.[473]

Die Varianz von Typen dürfte sehr breit sein von relativ losen Einflussnahmen über Gesellschafterversammlungen bis hin zur Personenidentität von Mitgliedern des Vorstands der Muttergesellschaft in den Geschäftsführungen der Tochtergesellschaften.[474] Diese Form der Holdingbildung bietet sich für die Diakonie aufgrund ihrer oft in Unternehmensverbünden gegebenen vielen kleinen Organisationseinheiten in der Fläche bzw. in den verschiedenen Sparten bzw. Hilfefeldern an.

Finanzholding: Die Holdingzentrale erhebt keinen Führungsanspruch und beschränkt sich auf Finanzierungs- und Portfolio- bzw. Vermögensverwaltungsfunktionen. Die Finanzholding ist in der Diakonie kaum möglich, da allein zur Sicherstellung der Organschaft und der Gemeinnützigkeit die Muttergesellschaft auch operative Zuständigkeiten behalten muss. Holdingkonstruktionen, in denen das Management des Vermögens die wesentliche Funktion der Holding ist, sind hingegen denkbar.

Zu 3.:
Die Managementholding erhebt einen Führungs- und Steuerungsanspruch gegenüber den Tochterunternehmen

- nur in strategischer Hinsicht durch die Vorgabe einer Schirmstrategie und der Budgetierung (strategische Managementholding) oder

---

473 Vgl. die Ausführungen zum Beispiel der Dachstiftung Diakonie-Gruppe zu Ziff. 1. ff.
474 Vgl. auch Haas (2012), S. 213 f., Lutter, a.a.O., S. 14 f.

- in strategischer und operativer Hinsicht durch weitergehende Einflussnahme auf das Tagesgeschäft (operative Managementholding).[475]

Hier lassen sich nun je nach Unternehmensgruppe eine Vielzahl von Gestaltungsmöglichkeiten denken, die jedes Unternehmen für sich selbst definieren muss. Je größer eine Unternehmensgruppe ist, umso stärker wird sich die Managementholding vermutlich als strategische Holding aufstellen, da die Kapazitäten eines Vorstandes zur operativen Gestaltung der einzelnen Tochterunternehmen allein rein zeitlich beschränkt sind.

Die Managementholding hat somit die Aufgaben der Konfiguration, der Koordination, der Kontrolle und als besonderes Spezifikum diakonischer Unternehmen der Integration:

- **Konfiguration:** Die Holding definiert die strategischen Geschäftsfelder und setzt diese zu bestehenden bzw. zu gründenden Unternehmen in Beziehung.

- **Koordination:** Die Holding entwickelt ein (strategisches) »Gesamtbild« der Gruppe und sichert durch entsprechende Ausdifferenzierungsprozesse der Vernetzungen zwischen Tochtergesellschaften wie auch ggf. der Unterdrückung von Partikularinteressen dessen Erhalt und gestaltet die Diakoniegemeinde.

- **Kontrolle:** Die Holding überwacht die Kongruenz der Teilstrategien der selbstständigen Tochtergesellschaften mit der Gesamtstrategie und sorgt für den Erhalt bzw. die Mehrung des (Stiftungs-)Vermögens und der Diakoniegemeinde.

- **Integration:** Diakonische Unternehmen haben nicht nur historisch bedingt einen einheitlichen Unternehmenszweck und damit verbundene Unternehmensphilosophie. Diese müssen sie nicht nur aus Satzungsgründen, sondern oft auch aufgrund der Unterscheidbarkeit des jeweiligen Unternehmens im regionalen Markt erhalten. Gerade ihre

---

475 In der Aufbauphase einer Holding besteht die Tendenz besonders in der Führung und den Aufsichtsgremien, Typ b) zu favorisieren, um mögliche Risiken möglichst frühzeitig zu erkennen. Mittelfristig erfolgreich kann nach Meinung des Verfassers wohl nur Typ a) sein, zumal er den Anforderungen einer netzwerkgebundenen Kommunikationsstruktur nur gerecht werden kann.

lange Geschichte schafft ihnen ihre (oft regional wirksame) Marke, die ihnen z.B. in der Belegung von Angeboten Marktvorteile schafft, die es zu erhalten gilt.[476]

In der Diakonie und andernorts werden folgende Begründungen angeführt, eine Holding als Organisationsform für das eigene Unternehmen aufzubauen:[477]

- **Beschränkung des Haftungsrisikos:** Die Holdingstruktur ermöglicht es, das Haftungsrisiko auf einzelne Hilfe- bzw. Geschäftsfelder zu minimieren, ohne dass gleich das Gesamtunternehmen in Gefahr geraten muss (vgl. Exkurs).

Exkurs: Praxisbeispiel zur Schaffung einer Holdingstruktur

Bei der Zusammenführung des Diakonische Heime in Kästorf e.V. (DHK) und des Stephansstifts zur Dachstiftung Diakonie-Gruppe (DD) wurde bewusst daher die Managementholding Dachstiftung Diakonie in der Rechtsform der Stiftung von beiden Partnern neu gegründet: Diese Rechtsform ist auf »Ewigkeit« angelegt, womit auch der Wille der Stifter auf eine zuverlässige, langfristig orientierte Ausrichtung Ausdruck finden sollte.[478] Des Weiteren ist die Satzung so gefasst, dass sie explizit die Aufnahme weiterer Partner zulässt, diese sich dann aber mit der Entscheidung zur Aufnahme auch in die einheitliche Struktur der DD-Gruppe integrieren müssen.

---

476 Die Unternehmensgruppe des Verfassers, die Dachstiftung Diakonie, betreibt im Jahr 2014 z.B. Altenheime an verschiedenen Standorten unter unterschiedlichen Markennamen mit mehr als 1.000 Plätzen und hat mit der Belegung der Einrichtungen, anders als die Konkurrenz, bisher weniger Probleme gehabt aufgrund ihrer langjährigen Präsenz an den verschiedenen Standorten.
477 In den weiteren Ausführungen zur Holding und ihren spezifischen Ausformungen folgen wir, sofern nicht andere Literaturangaben gemacht werden, im Wesentlichen der Darstellung Haas (2012), S. 211 ff., die durch eigene Erfahrungen des Verfassers am Beispiel des Holdingbildungsprozesses des Stephanstiftes und des Diakonische Heime Kästorf e.V. zur Dachstiftung Diakonie-Gruppe in den Jahren 2008 bis 2013 ergänzt werden.
478 Vgl. Anhang 2: Holdingbildung der Dachstiftung Diakonie-Gruppe, S, 239 f. (Organigramme)

Zeitlich parallel zur Stiftungsgründung erfolgten folgende Maßnahmen:[479]

Beide Partner gliederten ihr gesamtes operatives Geschäft, in der Rechtsform der GmbH als reine Betriebsgesellschaften im Zeitraum 2008 bis 2010 geordnet nach Sparten – z.B. Jugendhilfe, Qualifizierungshilfe, Wohnungsnotfallhilfe - bzw. nach lokal vertretenen Marken, z.B. Corneliuswerk bzw. Diakonische Altenhilfe Mittelweser GmbH (DAM), aus. Die bisherigen Marken der Partner, Stephansstift und Diakonische Heime Kästorf, wurden in den Namen der Betriebsgesellschaften fortgeführt. Das bewegliche Anlagevermögen einschließlich aller Mitarbeitenden bzw. Assistenten der jeweils betroffenen Sparten ging von den Altträgern auf die Gesellschaften über, während die Altträger das unbewegliche Vermögen behielten, um dieses dann ab dem 01. Januar 2011 an die Betriebsgesellschaften zu vermieten bzw. verpachten zu können.[480]

Die Mitarbeitenden bzw. Assistenten der Zentralbereiche der Partner – Personalwesen, Buchhaltung, Controlling, Zentraleinkauf, Öffentlichkeitsarbeit, Kirchliche Arbeit, Fundraising, Liegenschaftsverwaltung, Qualitätsmanagement (QM), Informationstechnologien (EDV), Vorstand - wurden ab 01. Januar 2011 in der Dachstiftung Diakonie zur Managementholding zusammengeführt.

Der DHK e.V. wurde ab 01. Januar 2011 in eine Stiftung »überführt«, um eine einheitliche Führung und Aufsichtsstruktur der geplanten DD-Gruppe ab 2011 zu gewährleisten. Zugleich wurden hiermit die seit 125 Jahren bestehende Marke »Diakonische Heime Kästorf«, die seit über 135 Jahre bestehende Marke »Stephansstift« und die Marke »Stiftung Wohnen und Beraten« in der Rechtsform der Stiftung erhalten. Die bisherigen Vereinsmitglieder des DHK e.V. wurden zum Stiftungsbeirat der Stiftung DHK.

---

479 Begleitend wurde eine verbindliche Auskunft über das zuständige Finanzamt eingeholt, zumal die parallel vollzogene Liquidation des DHK e.V. und die damit notwendige Überführung des Vermögens vom DHK e.V. auf die neugegründete Stiftung Diakonische Heime Kästorf wirtschaftlich nur vertretbar war ohne die Zahlung der Grunderwerbssteuer.

480 Ein solcher Zusammenschluss mit damals rd. 2.000 Mitarbeitenden ist wahrscheinlich in einem derartig kurzen Zeitraum erfolgreich nur möglich, wenn (1) zwischen den Vorständen *von Anfang an Einigkeit* besteht, was aus den handelnden Personen des Vorstandes *nach* dem Zusammenschluss geschieht, (2) die Aufsichtsgremien der Partner den Zusammenschluss wollen und (3) die Mitarbeitervertretungen der Partner den Zusammenschluss aktiv unterstützen.

4. Diakonische Unternehmen als Diakoniegemeinde und kommunikatives System

> Stephansstift und Stiftung DHK wie auch die Stiftung Wohnen und Beraten wurden zeitlich parallel zu Förderstiftungen der DD-Gruppe ab 01. Januar 2011 umgewandelt.
> Zum 01. Januar 2011 wurden sämtliche Gesellschaftsanteile der Tochtergesellschaften und damit das gesamte operative Geschäft auf die neu gegründete Dachstiftung Diakonie überführt. Die Vorstände der insgesamt vier Stiftungen der DD-Gruppe sind personenidentisch, ebenso die Aufsichtsgremien. Somit ist eine Führung der Gruppe »aus einer Hand« gewährleistet.
> Eine Beschränkung des Haftungsrisikos ist durch diese Struktur in mehrfacher Hinsicht gewährleistet:
>
> - Da die Dachstiftung Diakonie mit ihren Tochtergesellschaften konsolidiert wird und somit einen Konzern bildet, sind die Vermögen der übrigen (Förder-)Stiftungen geschützt; aus einzelnen Sparten-GmbHs bzw. regional tätigen GmbHs kann sich die DD-Gruppe bei Bedarf zurückziehen;
>
> - zudem können lokale Partner als Mitgesellschafter aufgenommen werden;
>
> - die Betriebsgesellschaften wiederum sind vor ggf. bestehenden Immobilienrisiken geschützt.

- **Sicherstellung einer einheitlichen (strategischen und/oder operativen) Führung**, besonders in Komplexeinrichtungen: Die Holdingstruktur ermöglicht die Integration von unterschiedlichen Geschäftsfeldern unter einer Führung.[481]

- **Gewährleistung einer möglichst hohen Nähe zu Klienten- bzw. Nächsten**: Diakonische Einrichtungen sind Dienstleister, für die die Nähe zu hochdifferenzierten Klienten- bzw. Nächstengruppen wichtig ist. Die Entscheidungsprozesse sollten entsprechend dicht an den Leistungsprozessen ausgerichtet sein.
  Die Holding mit selbstständigen Tochtergesellschaften ermöglicht es, Unternehmensgröße mit der Nähe zum einzelnen Klienten/Nächsten zu verbinden. Wird dies verbunden mit einer möglichst

---

481 Vgl. die Ausführungen zum Beispiel der Dachstiftung Diakonie-Gruppe (Exkurs)

tiefstufigen Delegation von Entscheidungsbefugnissen und Ergebnisverantwortung, kann die Motivation von Führungskräften und Mitarbeitenden bzw. Assistenten gesteigert werden. – In der DD wird versucht, dies über eine entsprechende Budgetverantwortung mit einer vergleichsweise hohen freien Budgetverantwortungsausgabekompetenz über alle Entscheidungsebenen hinweg in den einzelnen Tochtergesellschaften kombiniert mit klaren Zielvereinbarungen im Rahmen einer BSC zu gewährleisten.

- **Förderung der Integration neuer Unternehmen/Einrichtungen in einen Verbund**: Dieser Prozess lässt sich in einer Holding unabhängig von Rechtsform (mit Ausnahme der Stiftung) und Beteiligungsgrad leichter bewerkstelligen. Schmal aufgestellte Zentralbereiche führen dabei im Idealfall auch durch Skalierungseffekte und (Prozess-)Standardisierung zu Einsparungen und flachen Hierarchien.[482]

- **Förderung des internen Wettbewerbs zwischen den Tochtergesellschaften**: Es werden interne Benchmarks geschaffen, durch die Optimierungspotenziale schneller identifiziert und gehoben werden können. Zudem kann hierdurch eine höhere Markttransparenz für die Gruppe geschaffen werden. Im Falle der DD konnte diese Erfahrung für die bei beiden Partnern gleichen Sparten Altenhilfe und Jugendhilfe festgestellt werden. Zu beachten hierbei ist aber auch, dass aufgrund der sehr unterschiedlich gewachsenen Unternehmenskulturen diese Vergleiche nur bedingt aussagefähig sind, denn Kulturen lassen sich nicht von heute auf morgen verändern.

- **Sicherstellung der kirchlich-diakonischen Ausrichtung**: Die Umsetzung von zentralen Funktionen wie Controlling, Buchhaltung, Einkauf, Personalwesen, Fort- und Weiterbildung der Mitarbeiter, Cash Pooling, Qualitätsmanagement und nicht zuletzt des kirchlichen Dienstes kann bedarfsgerecht durch entsprechende Ausgestaltung der Geschäftsbesorgungsverträge zwischen Holding und Tochtergesell-

---

482 Vgl. die Ausführungen zum Beispiel der Dachstiftung Diakonie-Gruppe (Exkurs). Auch können Tochtergesellschaften vergleichsweise einfach integriert werden durch Übernahme entsprechender Anteile am Gesellschaftskapital.

4. Diakonische Unternehmen als Diakoniegemeinde und kommunikatives System

schaften zur Sicherstellung der kirchlich-diakonischen Ausrichtung der Unternehmensgruppe genutzt werden.[483]

- **Angemessene Vertretung der Mitarbeiterschaft in den Aufsichtsorganen**: Die Bewältigung der Komplexität der Aufgaben diakonischer Unternehmen erfordert eine adäquate Einbindung nicht nur der Führungskräfte in die Entscheidungsprozesse, sondern der Mitarbeiterschaft insgesamt durch ihre gewählten Organe.[484] Die Holding lässt dies an zentraler Stelle zu, gerade auch bei unterschiedlichen Unternehmenskulturen holdingangehörender Tochterunternehmen bzw. Unternehmensteile.-

In der DD gibt es eine Gesamtmitarbeitervertretung, die auch im Aufsichtsgremium neben den leitenden Mitarbeitern vertreten ist. Eine Einigung über diesen Punkt war im Rahmen der Zusammenführung der beiden Partner sehr umstritten, da der eine Partner die Mitarbeiter

---

483 Ergänzt sei an dieser Stelle: Die bisherigen Erfahrungen in der Dachstiftung Diakonie-Gruppe sind zwiespältig: einerseits haben Geschäftsbesorgungsverträge zu einer höheren Leistungs- und Kostentransparenz insbesondere auf Seiten der Tochtergesellschaften gegenüber den Zentralbereichen geführt. Andererseits erweist sich die Matrixstruktur in einer Komplexeinrichtung wie der DD, die bis auf Krankenhäuser (SGB V) mehr oder minder alle Hilfefelder der deutsche Sozialgesetzbücher anbietet, als zu starr und damit auch zu kostenintensiv. Hinzu kommen die relativ hohen Kosten für ein für die Gruppe einheitliches Qualitätsmanagement, dass an vielen Stellen zu einer Bürokratisierung führt, die in dieser Form dann wieder die Organisation unbeweglich macht gegenüber den Anforderungen vor Ort.
Die heute oft übliche Ausgestaltung der Organisation in Form einer Matrixstruktur entspricht nicht den Anforderungen einer Netzwerkstruktur, wie sie heute notwendig ist (vgl. Kap. 4.4 Diakonische Unternehmen als komplexe kommunikative Organisation, S. 180 ff.). Dieses Problem ist über EDV-gestützte, standardisierte Abwicklungssoftware wohl weitgehend lösbar, aber dann wiederum auch kostenintensiv in der Einführungsphase (Anschaffungskosten, Einführungs- und Schulungskosten, EDV-Hardware und -Unterhaltungskosten).
484 Hierbei wird unterschieden in der Diakonie zwischen einer »Gemeinsamen Mitarbeitervertretung« (gebildet aus den einzelnen Mitarbeitervertretungen der konzernangehörenden Unternehmen) und der »Gesamtmit-arbeitervertretung« (eine Konzernmitarbeitervertretung, die aus den Belegschaften der einzelnen Unternehmensteile gebildet wird), vgl. Kirchengesetz über Mitarbeitervertretungen in der Evangelischen Kirche in Deutschland (Mitarbeitervertretungsgesetz der EKD – MVG.EKD) vom 6. November 1992 (ABl. EKD 1992, S. 445) in der Fassung der Bekanntmachung vom 1. Januar 2004 (ABl. EKD 2004, 7), zuletzt geändert durch Kirchengesetz vom 29. Oktober 2009 (ABl. EKD 2009, S. 349) http://www.ekd.de/MAV_EKD_2010.pdf (abgerufen am 24.03.2014)

4. Diakonische Unternehmen als Diakoniegemeinde und kommunikatives System

schon seit vielen Jahrzehnten erfolgreich als im Aufsichtsgremium vertreten in seiner Kultur mitbrachte, während der andere Partner hier schlechte Erfahrungen gemacht und keine Vertretung der Mitarbeitenden bzw. Assistenten im Aufsichtsgremium mehr hatte und entsprechend dies nicht unterstützte.[485]

- **Förderung des Unternehmertums (Intrapreneure) des Vorstandes und der Geschäftsführungen** durch die Entlastung von der strategischen Konzernplanung, der einen unternehmerischen Freiraum in den Tochtergesellschaften schafft, der wiederum Ideen und Innovationen fördert.

Für die Phase des Aufbaus einer Managementholding lässt sich diese These zumindest für die DD so nicht unmittelbar belegen: Die Zusammenführung unterschiedlicher Unternehmenskulturen bedarf eines Zeitraums von sicherlich fünf bis sieben Jahren und ist besonders kostenintensiv, da beispielsweise vorhandene Doppelstrukturen erst erkannt, in Diskurs miteinander gesetzt und dann auch nur schrittweise abgebaut werden können. Gleichwohl kann festgestellt werden, dass nach dieser Phase sehr wohl bei einer entsprechenden Führungskultur Unternehmertum in der Gruppe gefördert und das damit einhergehende Umsatzwachstum und höhere Cashflow-Margen realisiert werden können.

- **Steuervorteile, effizientes Cash-Management, Sicherstellung der Gemeinnützigkeit oder klare Reportingsysteme** werden des Öfteren als Gründe genannt, sind aber nicht an das Organisationsmodell der Holding gebunden und greifen zumindest bzgl. der Steuervorteile in der Diakonie nicht.[486]

---

[485] Die Mitarbeitervertretung dieses Partners wollte selbstverständlich wieder im Aufsichtsgremium vertreten sein.

[486] In der Dachstiftung Diakonie konnten hier klare Vorteile generiert werden über die Einführung eines zentralen Cash-Managements und klarer Reportingsysteme. Unterschätzt werden darf auch nicht die Qualitätssteigerung in der Arbeit, die eine größere Holding durch entsprechendes Fachpersonal in der Sicherstellung von spezifischen Know-how mit sich bringt, das bei vielen kleineren Trägern wie auch Kirchenverwaltungen oft fehlt.

4. Diakonische Unternehmen als Diakoniegemeinde und kommunikatives System

Ab einer bestimmten Unternehmensgröße weisen Holdings für diakonische Unternehmen somit Vorteile auf, denen aber auch Nachteile und Probleme gegenüberstehen:

In börsennotierten Unternehmen werden Holdingstrukturen bei deren Gründung oft mit Bewertungsabschlägen von in Deutschland 5-10%, bei europäischen Unternehmen bis zu 20% versehen. Empirische Forschungen belegen, dass oft allein Prozessstandardisierung und Aufgabenbündelung einer Holding nicht ausreichende Effizienzsteigerungen erbracht haben, um einen hinreichenden Wertbeitrag zu leisten. Die Holding vernichtet eher Vermögenswerte.[487]

Daneben stehen folgende Beobachtungen: Viele kleinere diakonische Unternehmen leiden heute an einer geringen Eigenkapitaldecke. Hinzu kommt in diesen Einrichtungen oft eine Ausrichtung der Geschäftsführungen ausschließlich auf den lokalen Markt, so dass Veränderungen im Marktumfeld zu spät bzw. gar nicht wahrgenommen werden.[488]

Zentral ist somit, welcher Wertschöpfungsbeitrag in einer Holding durch den Umfang der übernommenen zentralen Funktionen (Vertrieb, Marketing, Personalwesen, Öffentlichkeitsarbeit, Finanzen, IT, QM usw.), die Art der Steuerung der dezentralen Einheiten sowie die oft mit der Eingliederung einhergehende größere finanzielle Sicherheit gewonnen wird. Daneben ist für Diakonie und Kirche nicht zu unterschätzen, dass die mit der Bildung bzw. Integration in eine Holding einhergehende Professionalisierung bisher bestehende Qualitätslücken und damit einhergehende, nicht unerhebliche Risiken beim aufzunehmenden Unternehmen beseitigen kann.[489]

---

487 Vgl. Zeiss (2006), S. 3 ff. und die Ausführungen zum Beispiel der Dachstiftung Diakonie-Gruppe zu Ziff. 1. ff.
488 Für diakonische Einrichtungen besonders in der Altenhilfe lässt sich dies heute gut belegen. Nicht umsonst hat die Ev.-lutherische Kirche Hannovers 2013 einen Diakoniefonds aufgelegt, der Zusammenschlüsse kleinerer diakonischer Unternehmen besonders in der Altenhilfe fördert und als eigenkapitalersetzende, sehr zinsgünstige Darlehen ausreicht. Die entsprechende Förderrichtlinie ist zu beziehen über das Diakonische Werk in Niedersachsen, vgl. http://www.diakonie-in-niedersachsen.de/pages/index.html (abgerufen am 29.03.2014)
489 Um ein Beispiel aus dem Zeitraum 2010 bis 2013 zu nennen: Alle von der Dachstiftung Diakonie-Gruppe aufgenommenen integrierten kleineren Einrichtungen wiesen z.B. Probleme in der Handhabung steuerlicher Zweckbetriebe auf und die sich daraus ergebenden umsatzsteuerlichen Risiken waren vor Ort oft nicht bekannt, so die Erfahrung des Verfassers.

4. Diakonische Unternehmen als Diakoniegemeinde und kommunikatives System

Die Ausführungen zu den Erfahrungen bei der Bildung der DD-Gruppe zeigen, dass die Managementholding, trotz aller bestehenden Nachteile in der Gründungsphase, besonders für Komplexeinrichtungen mittelfristig eine sinnvolle Organisationsform darstellt.

Je nach Ausrichtung eines Unternehmens müssen aber auch typische Problemfelder in Blick genommen werden (Beispiele hierfür in Tab. 6).

4. Diakonische Unternehmen als Diakoniegemeinde und kommunikatives System

Problem-feld	Muttergesellschaft	Tochtergesellschafts	Mögliche Lösungs-ansätze
Gemeinsame Konzernstrategie	Gesamtkonzern im Blick	Fixierung auf eigenes Geschäftsfeld/Region	Förderung der Dienstgemeinschaft; gemeinsame Führungskultur
Kosten	Bei Gründung wie auch darüber hinaus zusätzliche Kosten (z.B. externe Prüfungskosten, höhere Prozesskosten)	Die in der Konzernumlage abgebildeten zentral erbrachten Leistungen müssen nicht unbedingt marktfähig sein	Höhere Kosten müssen über Effizienzsteigerungen tatsächlich realisiert werden
Kompetenzverteilung Mutter-/Tochterunternehmen	Tendenz zur Zentralisierung	Tendenz zur Selbstständigkeit	Schaffung eines ausbalancierten Verhältnisses zwischen dem Mutter- und den Tochterunternehmen zur Vermeidung zerschleißender interner Entscheidungsprozess und abnehmender Motivation der geschäftsführenden Managementebene
Interner Wettbewerb der Tochterunternehmen	gewollt, um höhere Markttransparenz zu gewinnen	schafft hohen Aufwand und Kosten zur Förderung von Kooperation und konzernweiter Projekte	

223

4. Diakonische Unternehmen als Diakoniegemeinde und kommunikatives System

Prob-lemfeld	Muttergesell-schaft	Tochtergesell-schafts	Mögliche Lösungs-ansätze
Zielpla-nung	Steuerungslogik der Holding orientiert sich im Rahmen eines Bottom-up-Zielplanungsprozesses an den eigenen Budgetvorgaben der Töchter, die dann nur eine Binnensicht und keine Wettbewerbsdynamik fördern	Bestreben zu einer risikoaversen Bottom-up-Planung, um gesetzte Zielvorgaben dann auch gut erreichen zu können	Förderung des externen Vergleichs durch Netzwerkbildung auf Vorstands- bzw. Ebene der Zentrale
Problem-feld	Muttergesellschaft	Tochtergesell-schafts	Mögliche Lösungsansätze
Finanza-llokation	Verteilung der Mittel zur Sicherstellung eines gewissen Proporzes zwischen den Töchtern und nicht Steuerung der Investitionsmittel nach einer übergeordneten Strategie	Sicherstellung von möglichst hohen Investitions- und Projektmitteln zur Weiterentwicklung des eigenen Unternehmens	Festlegung von klaren Kennzahlen z.B. im Rahmen einer Balanced Scorecard (BSC)
Marken-entwick-lung/-erhalt	Sicherstellung eines oder mehrerer Markenkerne	Sicherstellung der Marke des Unternehmens (ggf. im regionalen Markt)	

Tabelle 6: Typische mögliche Problemfelder einer Managementholding

Zusammenfassend kann somit festgestellt werden, dass es keine spezifische Organisationsform für diakonische Unternehmen gibt, die sich genuin aus seinem Selbstverständnis heraus ergibt. So muss jedes Unternehmen aus der eigenen Zwecksetzung und strategischen Ausrichtung heraus die passende Organisationsform finden. Für eine sozialraum- und an der örtlichen Gemeinde orientierte Organisationsform bietet sich aus Sicht des Verfassers die Managementholding an.

5. Ergebnis und Ausblick: Perspektiven der unternehmerischen Diakoniegemeinde

Diakonische Unternehmen sind als Diakoniegemeinde Dienstleistungsunternehmen mit spezifischen Charakteristika. Die Konstitution von Gemeinde vollzieht sich als Kommunikationsprozess, so dass auch ein diakonisches Unternehmen als kommunikativ-konstruktivistisches System gedacht werden muss. Hierzu bedarf es eines theoretisch begründeten Unternehmensverständnisses, dass in diesem Kapitel entwickelt und begründet wurde: Diakonische Unternehmen sind als Diakoniegemeinde Teil der evangelischen Kirche. Alle Mitarbeitenden bzw. Assistenten der Diakoniegemeinde verstehen sich als Teil einer Dienstgemeinschaft von Glaubenden und ggf. nichtkirchlich gebundenen Mitarbeitenden bzw. Assistenten. Alle Mitarbeitenden bzw. Assistenten wissen sich einem übergeordneten Unternehmenszweck verpflichtet, der durch eine vornormative spirituelle Dimension, den trinitarischen Gott, begründet ist.

Ein diakonisches Unternehmen ist als Sozialunternehmen ein komplexes kommunikatives System:

- Im Wesentlichen ist es ein Dienstleistungs- und kommunikationsbasiertes Unternehmen.

- Als Social-profit-Organisationen organisiert es den Hilfebedarf der hilfebedürftigen und leidenden Nächsten in einem als Assistenz organisierten, partizipativen Koproduktionsprozess. Zwecksetzung des Dienstleistungsprozesses ist eine möglichst weitgehende Heilung bzw. Inklusion des hilfebedürftigen bzw. leidenden Nächsten bzw. einer Gruppe hilfebedürftiger bzw. leidender Nächster in die Gesellschaft.

- Diakonische Unternehmen kombinieren Produktionsfaktoren und Wissen in einem planvollen Prozess und

- sind insoweit gewinnorientiert, wie es zum Unternehmenserhalt und der Weiterentwicklung des Hilfeangebotes (Innovation) notwendig ist.

Diakonische Unternehmen sind vor diesem Hintergrund als kommunikative Prozessorganisation zu verstehen. Um Diakoniegemeinde im Unternehmen als Dienstgemeinschaft und Kirche auszugestalten, bedarf es einer

5. Ergebnis und Ausblick: Perspektiven der unternehmerischen Diakoniegemeinde

spezifischen Verbindung von diakonischer Tätigkeit im Unternehmen mit den Mitarbeitenden bzw. Assistenten im Rahmen eines *kontinuierlichen Diskursprozesses*, dessen mögliche Struktur hier entwickelt wurde und der als offener Wertediskurs ausgestaltet ist. Dieser kontinuierliche Diskurs bildet die theologische Achse eines diakonischen Unternehmens und gestaltet damit wesentlich auch den normativen Managementprozess.

Die Managementholding kann für ein diakonisches Unternehmen ein sinnvolles Organisationsmodell sein, um die Komplexität des Unternehmensgegenstandes als Komplexeinrichtung und die spezifischen Anforderungen, die sich aus der Geschichte der Diakonie in Deutschland ergeben, bewältigen bzw. miteinander verbinden zu können.

Aus dieser Basis ergibt sich ein diakoniegemeindliches Managementverständnis, das neben dem entwickelten Unternehmensverständnis Grundlage für eine Weiterentwicklung zu einer Theorie diakonischer Unternehmen sein kann und das enge Bezüge zum Neuen St. Galler Managementmodell (NSGMM) aufweist.

Diakonische Unternehmen weisen alle notae ecclesia im Sinne Luthers auf. Zugespitzt formuliert: Sie könnten somit selbstständig evangelische Kirche sein und bedürften streng genommen der verfassten evangelischen Kirche nicht. – Doch zu einem Schisma soll es gar nicht kommen. Vielmehr wurde theologisch versucht zu begründen, warum diakonische Unternehmen selbstverständlich Kirche sind und als eigenständige Gemeindeform von den evangelischen Kirchen anerkannt werden sollten. Dies wäre ein wesentlicher Schritt, um die historisch entstandene Kluft zwischen verfasster Kirche einerseits und diakonischen Unternehmen andererseits (endlich) zu überwinden.

Mit Selbstbewusstsein können diakonische Unternehmen, die heute die Diakoniewirklichkeit der evangelischen Kirche in Deutschland dominierend prägen, diese Anerkennung als Diakoniegemeinde einfordern. Doch sie sind auch in einer »Bringepflicht« – sich als Diakoniegemeinde und damit substanzieller als ein Subsystem der evangelischen Kirche zu organisieren, was nicht ohne eigene finanzielle und organisatorische Aufwendungen gehen wird.

Wie die theologische Achse eines diakonischen Unternehmens als Kommunikationsprozess ausgestaltet werden muss, wird in dieser Arbeit entwickelt und begründet. Dieses Unternehmensverständnis wirkt sich auch aus auf das Selbstverständnis diakonischer Unternehmen: Mitarbeitende werden zu Assistent, »Kunden« werden zum Nächsten.

Daneben wird ein Residual der diakoniewissenschaftlichen Forschung versucht zu schließen: die Begründung eines in sich geschlossenen diakonischen Unternehmensbegriffs. Dieses Unternehmensverständnis wird verbunden mit einem diakoniegemeindlichen Unternehmensmanagementmodell in Anlehnung an das Neue St. Galler Managementmodell (NSGMM), um hiermit einen Beitrag für weitere diakoniewissenschaftliche Forschungen zu leisten.

Begleitet werden sollte dieser Prozess der Bildung von unternehmerischen Diakoniegemeinden auf der Ebene der Landeskirchen wie auch der Evangelischen Kirche in Deutschland (EKD) durch die dringend notwendige Aufwertung des Diakons gegenüber dem Theologen, z.B. im Rahmen einer Reform des Pfarrdienstgesetzes der EKD.[490]

Und somit bleibt den geneigten Leser weiterhin die Aufgabe der Diakonie in den Worten R. Turres gestellt: »Die Diakonie hat unter Beachtung des christlichen Menschenbildes den Schutz des schwachen leidenden, gestörten und alternden Menschen zu sichern. Sie wird mit Nachdruck zu vertreten haben, dass Leiden, Schmerz und Armut Bewährungsfälle des Lebens sind und nicht seine Beendigung rechtfertigen. In der Tat wird sie *nur theologisch* die unantastbare Würde des Menschen als Geschöpf Gottes und für seine Ewigkeit bestimmt begründen können. Das muss sie aber auch in einer Gesellschaft unbeirrbar tun, für die die religiöse Dimension weithin nicht mehr bestimmend ist.«[491]

---

490 Pfarrdienstgesetz der EKD in der Fassung vom 10. November 2010, vgl. http://www.kirchenrecht-ekd.de/showdocument/id/14992, (abgerufen am 29.03.2014)
491 Zit. Turre (2001), S. 195 (Hervorhebung durch den Verfasser)

Anhang 1: Auswertung der Evangelischen Kirchenverfassungen in Deutschland

Jede evangelische Landeskirche in Deutschland, sei sie nun lutherisch, reformiert oder uniert, baut sich nach ihrem Selbstverständnis auf der örtlichen Gemeinde nach dem Territorialprinzip auf, wobei der Wohnsitz des Kirchenmitglieds im Regelfall Grundlage der Zuordnung ist.[492] Ein Pfarramt wird der Gemeinde zugeordnet.

Dies zeigt eine kurze Auswertung der zwanzig Verfassungen bzw. Grundordnungen der evangelischen Kirchen in Deutschland, die als Gliedkirchen die Evangelische Kirche in Deutschland (EKD) bilden:[493]

§ 1 in Verbindung mit § 5 der Verfassung der Evangelischen Landeskirche Anhalts legt fest, dass sich die Landeskirche auf der Gemeinde aufbaut und jeder Kirchengemeinde mindestens ein Pfarramt zugeordnet ist. § 5 lässt die Einrichtung von Kirchengemeinden nach einem Personenkreis (Personalgemeinde) wie auch von Anstaltsgemeinden zu;[494]

Art. 5 in Verbindung mit Art. 16 bzw. Art. 23 und 26 der Grundordnung der Evangelischen Landeskirche in Baden[495] bestimmt, dass sich die Landeskirche auf der Gemeinde aufbaut und jede Kirchengemeinde vom Ältestenrat geleitet wird, der wiederum aus den Kirchenältesten und dem Gemeindepfarrer(n) gebildet wird. § 10 Abs. 2 und Art. 30 lassen neben der Ortsgemeinde andere besondere Gemeindeformen zu, wenn »... ein

---

492 Viele Verfassungen der Gliedkirchen der EKD lassen bzgl. des Wohnsitzes und der Zuordnung des Gemeindemitglieds aber – je spezifische – Ausnahmen zu, die in der nachfolgenden Ergebniszusammenfassung der Verfassungen bzw. Grundordnungen zwecks Übersichtlichkeit nicht im Einzelnen dargestellt werden.
493 In folgender Auswertung ist mit »Kirche« immer die jeweilige »verfasste Kirche« gemeint.
494 Germann (2012), S. 2 f.; Germann kommt das Verdienst zu, sämtliche Kirchenverfassungen in einem Werk auf neuestem Stand publiziert zu haben, was ihn aufgrund seiner Tätigkeit als Mitglied der 11. Synode der Evangelischen Kirche in Deutschland und Mitglied des Rechtsausschusses (seit 2009) wie auch als Inhaber des Lehrstuhls für Öffentliches Recht, Staatskirchenrecht und Kirchenrecht an der Juristischen Fakultät der Martin-Luther-Universität Halle-Wittenberg besonders qualifiziert. Daher wird nur auf diese Quelle zurückgegriffen, zumal die hierfür alternativ einschlägigen Internetauftritte der einzelnen Landeskirchen auch auf einem unterschiedlichen zeitlichen Bezug aufsetzen.
495 Germann (2012), S. 24 ff.

Anhang 1: Auswertung der Evangelischen Kirchenverfassungen in Deutschland

bestimmter Personenkreis, ein besonderer Auftrag oder eine besondere örtliche Bedingung die Errichtung auf Dauer rechtfertigt, und die Zahl der Gemeindemitglieder ein eigenständiges Gemeindeleben erwarten lässt.«[496] Gemäß Art. 4 in Verbindung mit Art. 20 (2) sowie Art. 22 und 23 der Kirchenverfassung der Evangelisch-lutherischen Kirche in Bayern sind Gemeinde und (Pfarr-)Amt einander zugeordnet und der/die Pfarrer/in hat die Leitung des Kirchenvorstandes als gemeindeleitendes Gremium qua Amt inne. Art. 24 in Verbindung mit Art. 37, 37a und 37b lassen die Einrichtung von besonderen Gemeindeformen als Personalgemeinden oder als Gemeinden in diakonischen Einrichtungen zu;[497]

Dem Grundartikel Abschnitt I, Ziff. 5 und 6, Abschnitt II, Ziff. 2, Art. 1 (3) in Verbindung mit Art. 12 (1), 16 (1) und 22 (1) der Grundordnung der Evangelische Kirche Berlin-Brandenburg-schlesische Oberlausitz folgend, wonach sich die Landeskirche auf der Gemeinde nach dem Wohnsitzprinzip aufbaut, jede Kirchengemeinde vom Gemeindekirchenrat geleitet wird, der wiederum aus den Kirchenältesten und dem Gemeindepfarrer(n) gebildet wird und ein/e Pfarrer/in immer die stellvertretende Leitung wahrnimmt. Art. 12 (2) lässt die Einrichtung von Kirchengemeinden nach einem Personenkreis (Personalgemeinde) wie auch die Einrichtung von Anstaltsgemeinden zu;[498]

Art. 27 (1) in Verbindung mit Art. 30 (1) sowie Art. 33 und 34 der Kirchenverfassung der Evangelisch-lutherischen Kirche in Braunschweig, wonach Gemeinde und (Pfarr-)Amt im Regelfall einander zugeordnet sind

---

[496] Jörg Winter weist darauf hin, dass es sich hinsichtlich der Zulassung von Personalgemeinden in tatsächlicher Hinsicht wohl nur um die Kapellengemeinde in Heidelberg gehandelt haben kann, die als einzige Personalgemeinde bei der Verabschiedung der badischen Grundordnung in den 1950ziger Jahren bestand, vgl. (Winter 2003), S. 193.
Art. 30 (1), Germann, a.a.O., 31. Auf Art. 30 baut das »Kirchliche Gesetz über besondere Gemeindeformen und anerkannte Gemeinschaften (Personalgemeindengesetz - PersGG)« vom 25. Oktober 2007 (GVBl. S. 188) der badischen evangelischen Landeskirche auf, auf das wir nachfolgend noch zurückkommen werden.

[497] Germann (2012), 58 ff.; Art. 8 (1) der Kirchenverfassung definiert als Rechtspersönlichkeit nach kirchlichem Recht ausdrücklich auch rechtlich selbständige kirchliche Anstalten und kirchliche Stiftungen gleichberechtigt zu Gemeinden und Dekanaten sowie aufgrund Kirchengesetzes errichteter kirchlicher Körperschaften. In Bayern sind eine Vielzahl diakonischer Einrichtungen als Anstalten bzw. kirchliche Stiftungen organisiert.

[498] Germann (2012), S. 82 ff.

und der/die Pfarrer/in Teil des Kirchenvorstandes ist.[499] § 27 (1) lässt ausnahmsweise die Einrichtung von Kirchengemeinden nach einem Personenkreis zu (Personalgemeinde), Abs. 2 die Einrichtung von Anstaltsgemeinden;

Gemäß § 1 (1) der Verfassung der Bremischen Evangelischen Kirche besteht die Kirche aus ihren selbstständigen Gemeinden, die ihre herkömmliche Selbstständigkeit und Selbstverwaltung gemäß § 2 (2) behalten und die über die Aufnahme von Mitgliedern unabhängig vom Wohnsitz entscheiden können.[500] Die Gemeinden wiederum berufen ihren Pfarrer selbst. In den entscheidenden Ausschüssen stellen die Pfarrer gemäß § 9 (2) ein Drittel der Mitglieder. Somit sind Personalgemeinden und Anstaltsgemeinden möglich;

Gemäß § 4 (1) der Verfassung der Evangelisch-reformierten Kirche ist die Kirche synodale Gemeinschaft ihrer selbstständigen Gemeinden.[501] § 4 Ziff.4 in Verbindung mit § 6 legt fest, dass die Gemeinden selbstständig sind und ihre/n Pfarrer/in selbst wählen. Die Einrichtung von Personalgemeinden und Anstaltsgemeinden sind somit möglich;

Nach Art. 5 (1) in Verbindung mit Art. 23 sowie Art. 40 und 41 der Kirchenverfassung der Evangelisch-lutherischen Landeskirche Hannovers bilden alle getauften evangelischen Christen gemäß ihrem Wohnsitz die Kirche und deren (Orts-) Gemeinden, denen ein (Pfarr-)Amt zugeordnet ist.[502] Der Pfarrer ist gesetztes Mitglied des Kirchenvorstandes einer Gemeinde. Art. 23 Abs. 2 lässt ausnahmsweise die Einrichtung von Kirchengemeinden nach einem Personenkreis zu, Art. 24 unter bestimmten Voraussetzungen die Einrichtung von Anstaltsgemeinden; Art. 25 lässt die Gründung von Einrichtungen für »evangelische Christen außerhalb des Verbandes einer Kirchengemeinde« durch das Landeskirchenamt zu;[503]

Art. 2 (1) in Verbindung mit Art. 9, 13 (4) und 15 (1) der Kirchenordnung der Evangelischen Kirche in Hessen und Nassau legen fest, dass alle getauften evangelischen Christen im Regelfall gemäß ihrem Wohnsitz die Kirche und deren (Orts-)Gemeinden bilden, denen ein (Pfarr-)Amt zuge-

---

499 Germann (2012), S. 122 ff.; Art.27 (2) der Kirchenverfassung definiert als Rechtspersönlichkeit nach kirchlichem Recht ausdrücklich auch Personalgemeinden und Anstaltsgemeinden.
500 Germann (2012), S. 141 ff.
501 Germann (2012), S. 150 f.
502 Germann (2012), S. 183 ff.
503 Die einzige als Körperschaft öffentlichen Rechts anerkannte Personalgemeinde ist die Militärkirchengemeinde in Münster; vgl. im Übrigen Ders., a.a.O., S. 187

ordnet ist. Art. 9 (1) lässt ausdrücklich zu, dass Kirchengemeinden aus Kirchenmitgliedern »… eines örtlich oder anderweitigen Bereichs« gebildet werden können – die Errichtung von Personal- und Anstaltsgemeinden sind somit möglich.[504] Der Pfarrer ist gesetztes Mitglied des Kirchenvorstandes einer Gemeinde und leitet gemeinsam mit dem Kirchenvorstand die Gemeinde;

Art. 5 (1) der Grundordnung der Evangelischen Kirche von Kurhessen-Waldeck bilden alle getauften evangelischen Christen, die Mitglieder einer Gemeinde im Regelfall gemäß ihrem Wohnsitz und die gemäß Art. 13 (3) ein (Pfarr-)Amt finanzieren.[505] Der/die Pfarrer sind gemäß Art. 14 gesetzte Mitglieder des Kirchenvorstandes einer Gemeinde. Art. 9 (1) lässt die Bildung von Gemeinden »… bei Vorliegen besonderer Umstände nach Maßgabe eines Kirchengesetzes« zu, so dass auch hier Personal- und Anstaltsgemeinden zulässig sind;[506]

Nach Art. 4 in Verbindung mit Art. 14 (1) der Verfassung der Lippischen Landeskirche bilden alle getauften reformierten und lutherischen Christen gemäß ihrem Wohnsitz die Kirche und deren Kirchen- und Anstaltsgemeinden bzw. als Personalgemeinde die Militärkirchengemeinde Augustdorf, denen ein bzw. mehrere (Pfarr-)Ämter zugeordnet sind.[507] Nach Art. 36 (1) ist der/die Pfarrer/in gesetztes Mitglied des Kirchenvorstandes einer Gemeinde und leitet diese gemeinsam mit den Kirchenältesten;

Nach Art. 3 in Verbindung mit Art. 9 der Kirchenverfassung der Evangelischen Kirche in Mitteldeutschland bilden alle getauften reformierten bzw. lutherischen Christen gemäß ihrem Wohnsitz die Kirche sowie deren Kirchen- bzw. Personalgemeinden bzw. deren Gemeinden, die in Anbindung an eine rechtlich selbstständige diakonische Einrichtung bestimmt werden können.[508] Art.21 (1) lässt die Einrichtung von Kirchengemeinden nach einem Personenkreis (Personalgemeinde) oder in Anbindung an eine rechtlich selbstständige diakonische Einrichtung nach Maßgabe eines Kirchengesetzes zu. Den Gemeinden sind ein bzw. mehrere (Pfarr-)Ämter

---

504 Germann (2012), S. 212 ff.; Art.30 der Kirchenverfassung erklärt auch Dekanate, weitere kirchliche Körperschaften, Anstalten und Stiftungen auf ihrem Gebiet zu ihren Mitgliedern. Vgl. auch a.a.O., 214
505 Germann (2012), S. 235 ff.
506 A.a.O., S. 236
507 Als Besonderheit wird im gleichen Art. als Personalgemeinde die Militärkirchengemeinde Augustdorf genannt, a.a.O., S. 269
508 Germann (2012), S. 302 ff.

zugeordnet. Gemäß Art. 23 (1) und 25 (1) ist der/die Pfarrer/in gesetztes Mitglied des Gemeindekirchenrates (bzw. Presbyteriums).

Art. 3 (1) in Verbindung mit Art. 19 und 23 der Verfassung der Evangelisch-lutherischen Kirche in Norddeutschland bilden alle getauften evangelischen Christen gemäß ihrem Wohnsitz die Kirche und deren Kirchengemeinden, denen ein oder mehrere Pfarrstellen zugeordnet sind.[509] Art. 21 lässt »andere Kirchengemeindeformen«, insbesondere Personal- und Anstaltsgemeinden zu.[510] Der/die Pfarrer/in ist nach Art. 30 (1) gesetztes Mitglied des Kirchengemeinderates;

Nach Art. 4 (1) und 5 der Kirchenordnung der Evangelisch-lutherischen Kirche in Oldenburg sind Gemeinde und Amt einander zugeordnet. Gemäß Art. 8 und 9 bilden alle getauften evangelischen Christen gemäß ihrem Wohnsitz die Kirche und deren Gemeinden.[511] Nach Art. 18 obliegt dem/der Pfarrer/in die Leitung der Gemeinde gemeinsam mit dem Gemeindekirchenrat. Personal- bzw. Anstaltsgemeinden sind nicht zulässig;

Nach Art. 5 in Verbindung mit Art. 7 (2) sowie Art. 10 und 13 der Verfassung der Evangelischen Kirche der Pfalz (Protestantische Landeskirche) bilden alle getauften evangelischen Christen gemäß ihrem Wohnsitz die Kirche und deren (Orts-)Gemeinden, denen ein (Pfarr-)Amt zugeordnet ist.[512] Der/die Pfarrer/in leiten gemeinsam mit dem Gemeindevorstand (Presbyter) die Kirchengemeinde. Personal- bzw. Anstaltsgemeinden sind nicht zulässig;

Gemäß Art. 5 in Verbindung mit Art. 10 und 13 sowie Art. 15, 17 und 21 der Kirchenordnung der Evangelischen Kirche im Rheinland bilden alle getauften reformierten und lutherischen Christen gemäß ihrem Wohnsitz die Kirche und deren Gemeinden, denen ein (Pfarr-)Amt zugeordnet ist.[513] Der/die Pfarrer/in leiten gemeinsam mit dem Gemeindevorstand (Presbyter) die Kirchengemeinde; Art. 12 erlaubt die Einrichtung von Gemeinden bei selbstständigen diakonischen Einrichtungen wie auch von Personalgemeinden;[514]

Art. 4 (1) in Verbindung mit Art.9 und Art. 11 der Verfassung der Evangelisch-Lutherischen Landeskirche Sachsens folgend bilden alle getauften evangelischen Christen gemäß ihrem Wohnsitz die Kirche und de-

---

509 Germann (2012), S. 302 ff.
510 Germann (2012), S. 343
511 Germann (2012), S. 378 ff.
512 Germann (2012), S. 404 ff.
513 Germann (2012), S. 428 ff.
514 Germann (2012), S. 430

ren Gemeinden, denen ein (Pfarr-)Amt zugeordnet ist.[515] Der/die Pfarrer/in leiten gemeinsam mit dem Kirchenvorstand die Kirchengemeinde. § 10 (4) lässt die Einrichtung von Kirchgemeinden »unabhängig von räumlichen Grenzen« [und damit von Personalgemeinden bzw. Anstaltsgemeinden] zu;[516]

Art. 7 in Verbindung mit Art.12 (1) sowie Art. 15, 17 und 19 (5) Verfassung der Evangelisch-lutherischen Landeskirche Schaumburg-Lippe folgend bilden alle getauften evangelischen Christen gemäß ihrem Wohnsitz die Kirche und deren (Orts-)Gemeinden, die einem (Pfarr-)Amt zugeordnet sind.[517] Der/die Pfarrer/in leiten gemeinsam mit dem Kirchenvorstand die Kirchengemeinde. Personal- und Anstaltsgemeinden sind somit nicht explizit ausgeschlossen;

Gemäß Grundartikel und Art. 6 in Verbindung mit Art. 13, 55 und 18 Kirchenordnung der Evangelischen Kirche von Westfalen bilden alle getauften reformierten, unierten und lutherischen Christen gemäß ihrem Wohnsitz die Kirche und deren Gemeinden, denen ein (Pfarr-)Amt zugeordnet ist. Der/die Pfarrer/in leiten gemeinsam mit dem Gemeindevorstand (Presbyter) die Kirchengemeinde;[518] Art. 5 erlaubt die Einrichtung von Anstaltsgemeinden im Bereich einer kirchlichen Gemeinde;[519]

Gemäß Art. 4 Kirchliches Gesetz betreffs die Verfassung der Evangelischen Landeskirche in Württemberg (Kirchenverfassungsgesetz) bilden alle getauften evangelischen Christen gemäß ihrem Wohnsitz die Kirche und werden von 60 Laien und 30 Theologen sowie einem Synodalen als Vertreter der Universität in der Landessynode vertreten.[520] Der Gemeinde ist im Regelfall ein (Pfarr-)Amt zugeordnet. Da es keine kirchenverfassungsrechtliche Regelung bzgl. einer räumlichen Begrenzung der Gemeinde gibt, sind grundsätzlich unterschiedliche Gemeindeformen und somit auch Personal- und Anstaltsgemeinden zulässig. Der/die Pfarrer/in leiten gemeinsam mit dem Gemeindevorstand die Kirchengemeinde.

Art. 1 (4) der Grundordnung der Evangelischen Kirche in Deutschland legt fest, dass alle getauften evangelischen Christen gemäß ihrer Mitgliedschaft in einer Gliedkirche zugleich Mitglied der Evangelischen Kirche in

---

515 Germann (2012), S. 474 ff.
516 Ders., a.a.O., S. 476
517 Germann (2012), S. 492 ff.
518 Germann (2012), S. 506 ff.
519 Germann (2012), S. 507
520 Germann (2012), S. 557 ff.

Deutschland sind.[521] Im Rahmen der Gesetzgebungskompetenz nach Art. 10a (2) in Verbindung mit Art. 26a (1) können neue Gemeindeformen durch die Synode grundsätzlich beschlossen werden, sofern die Gliedkirchen, für deren Bereich die Regelung gelten sollen, zustimmen.

Fassen wir zusammen: Siebzehn von zwanzig Verfassungen – die Ausnahmen sind die oldenburgische, die schaumburg-lippische und die pfälzische Grundordnung bzw. Verfassung – lassen die Einrichtung von Personal- bzw. Anstaltsgemeinden zu. Darüber hinaus können in der Mehrheit der Landeskirchen auch weitere (neue) Gemeindeformen rechtlich zugelassen werden.

---

521 Germann (2012), S. 565 ff.

Anhang 2: Holdingbildung der Dachstiftung Diakonie-Gruppe

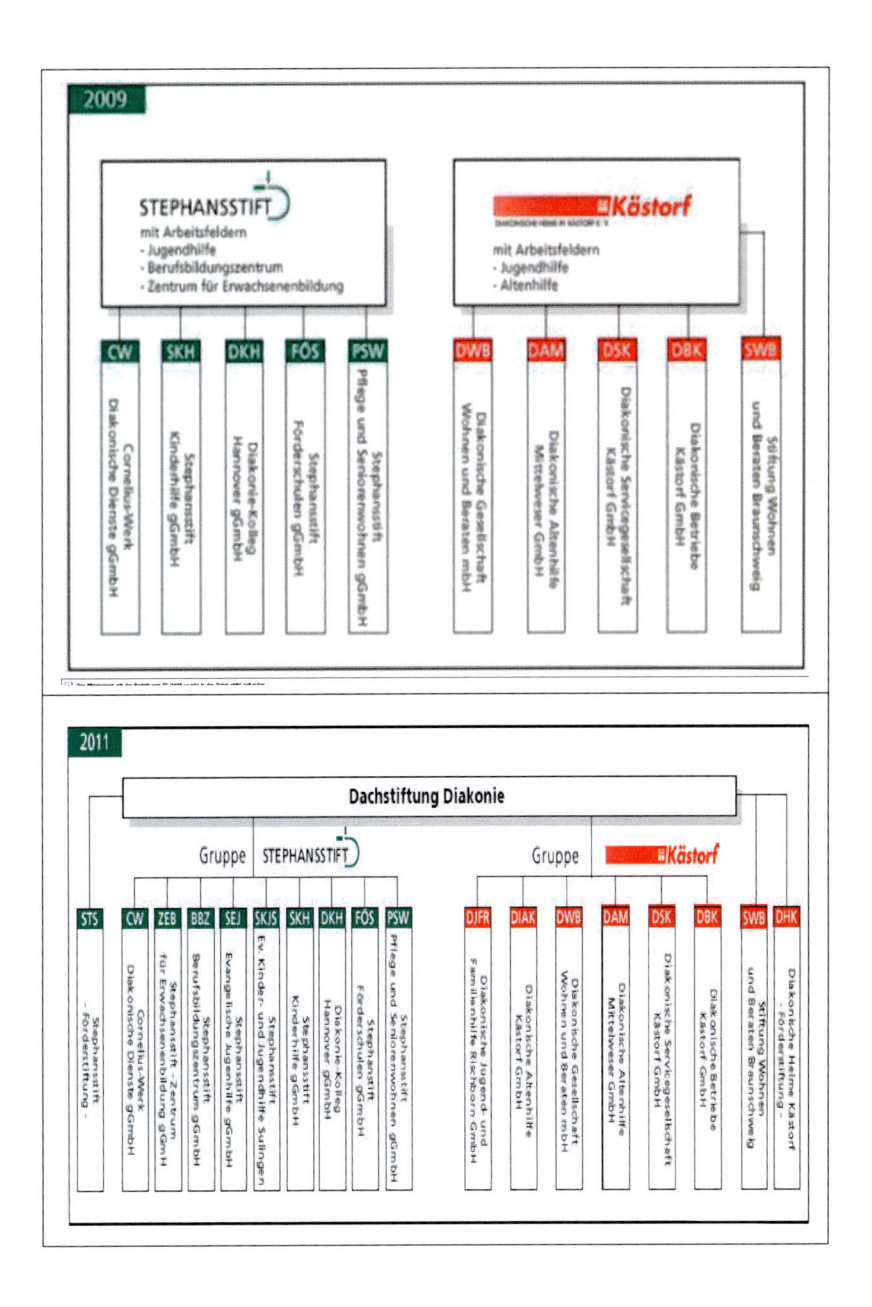

Anhang 2: Holdingbildung der Dachstiftung Diakonie-Gruppe

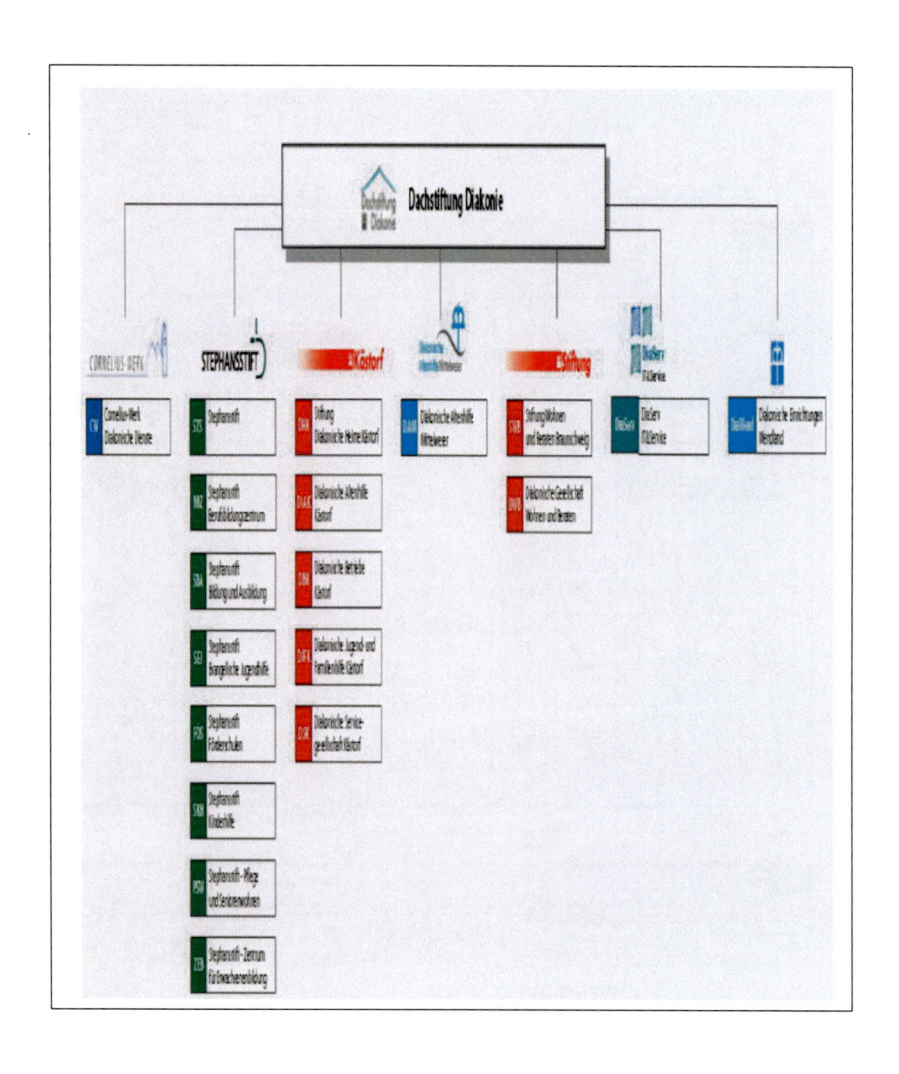

Literaturverzeichnis

(DWEKD), Diakonisches Werk der Ev. Kirche in Deutschland e.V., Leitbild Diakonie – damit Leben gelingt. Angenommen von der Diakonischen Konferenz der EKD am 15. Oktober 1997 in Bremen, Stuttgart 1997

Allmendinger, Jutta/Hinz, Thomas (Hgg.), Organisationssoziologie, Wiesbaden 2002

Amt der Vereinigten Evangelisch-Lutherischen Kirchen Deutschlands (VELKD) (Hg.), Unser Glauben. Die Bekenntnisschriften der evangelisch-lutherischen Kirche. Ausgabe für die Gemeinde, Gütersloh 2013, 6. Aufl.

Anselm, Reiner/Hermelink, Jan (Hgg.), Der dritte Weg auf dem Prüfstand. Theologische, rechtliche und ethische Perspektiven des Ideals der Dienstgemeinschaft in der Diakonie. 6. Kästorfer Management-Symposium, Göttingen 2006

Arrow, Kenneth Joseph, The Limits of Organization, New York/London 1974

Auffarth, Christoph/Bernard, Jutta/Mohr, Hubert (Hgg.),, Metzler Lexikon Religion Bd. 2, Stuttgart 1999

Badische Kirche, , Personalgemeindengesetz - PersGG, 2007

Baecker, Dirk, Organisation und Management, Frankfurt/M. 2003

Baecker, Dirk, Studien zur nächsten Gesellschaft, Frankfurt/M. 2007

Baecker, Dirk, Organisation als System, Frankfurt/M. 1999

Baecker, Dirk, Die Form des Unternehmens, Frankfurt/M. 1999

Baetge, Jörg. Systemtheorie. Kapitel von Handwörterbuch der Wirtschaftswissenschaften (HdWW), Bd. 7, von Willi u.a. (Hgg.) Albers, 510-534. Stuttgart/New York/Tübingen, 1988.

Barth, Hans-Martin, Dogmatik. Evangelischer Glaube im Kontext der Weltreligionen, Gütersloh 3. aktualisierte und ergänzte Auflage 2008

Bateson, Gregory, Ökologie des Geistes, Frankfurt/M. 1985

Baumgartner, Edgar, Assistenzdienste für behinderte Personen – Sozialpolitische Folgerungen aus einem Pilotprojekt, Bern 2002

Beck, Ulrich, Risikogesellschaft. Auf dem Weg in eine andere Moderne., Frankfurt/M. 1986

Becker, Uwe (Hg.), Perspektiven der Diakonie im gesellschaftlichen Wandel, Neukirchen-Vluyn 2011

Literaturverzeichnis

Becker, Horst/Langosch, Ingo, Produktivität und Menschlichkeit. Organisationsentwicklung und ihre Anwednung in der Praxis, Stuttgart 2002, 5. Aufl.
Beese, Dirk, Glauben leben. Skizzen zur Sozialgestalt der Evangelischen Kirche, Berlin 2009
Bendixen, Peter, Fundamente der Ökonomie. Ökologie und Kultur, Wiesbaden 1991
Berger, P./Luckmann,Th., Die gesellschaftliche Konstruktion der Wirklichkeit, Frankfurt 5. Auflage 1969/2012
Berger, Klaus, Kommentar zum Neuen Testament, Gütersloh 2011
Bergner, Christoph, Die Kirche und das liebe Geld. Ein Plädoyer für verantwortliches Handeln, Stuttgart 2009
Brecht, Martin (Hg.), Berg, Johannes van den, Der Pietismus vom siebzehnten bis zum frühen achtzehnten Jahrhundert in: Geschichte des Pietismus, Bd. 2, Göttingen 1993
Bibel, Die Bibel nach der Übersetzung Martin Luthers, Stuttgart 1997
Bischofskonferenz, Deutsche, Katholische Kirche in Deutschland – Zahlen und Fakten 2011/12, Arbeitshilfen 257, Bonn 2012
Bleicher, Knut, Das Konzept integriertes Management, Bern 7. Auflage 2004
Bleicher, Knut, Meilensteine der Entwicklung eines integrierten Managements, Künzelsau 2005
Boehm, Andreas/Mengel, Andreas/Muhr, Thomas, Texte verstehen: Konzepte, Methoden, Werkzeuge, Konstanz 1994
Bogner, Alexander/Littig, Beate/Menz, Wolfgang (Hgg.), Das Experteninterview. Theorie, Methode, Anwendung, Wiesbaden 2. Auflage 2005
Bonhoeffer, Dietrich, Sanctorum communio. Eine dogmatische Untersuchung zur Soziologie der Kirche, in: C. Gremmels/W. Huber (Hg.), D. Bonhoeffer Auswahl, Bd. 1, Gütersloh 2006
Bonhoeffer, Dietrich, Die Kirche vor der Judenfrage, in: C. Gremmels/W. Huber (Hg.), D. Bonhoeffer Auswahl, Bd. 2,, Gütersloh 2006a
Bonhoeffer, Dietrich, Akt und Sein, Gütersloh 2006
Bonhoeffer, Dietrich, Entwurf einer Arbeit in ders.: Widerstand und Ergebung: Briefe und Aufzeichnungen aus der Haft. Bethge, Bernhard (Hg.), Berlin 1977
Bonhoeffer, Dietrich, Ethik, Gütersloh 2. Auflage 2006
Bornemann, Wolfgang, Einführung in die evangelische Missionskunde im Anschluss an die BAsler Mission, Tübingen-Leipzig 1902

Brodbeck, Karl-Heinz, Die fragwürdigen Grundlagen der Ökonomie. Eine philosophische Kritik der modernen Wirtschaftswissenschaften, Darmstadt 1998

Broll, Berthold, Steuerung kirchlicher Wohlfahrtspflege durch die verfassten Kirchen, Gütersloh 1999

Bruhn, Manfred, Qualitätsmanament für Dienstleistungen. Grundlagen, Konzepte, Methoden, Heidelberg 2001, 3. Aufl.

Bruhn, Manfred/Rechwald, Ralf. »Führung, Organisation und Kommunikation. «. « zfo Zeitschrift Führung + Organisation, 2005, 74 (3) 132-139.

Brunnen Verlag Gießen, Bremer Biblische Handkonkordanz oder Aphabetisches Wortregister der Heiligen Schrift, Gießen 2006

Budde, Burkhard, Christliches Management profilieren, Berlin 2009

Bude, Heinz/Willisch, Andreas (Hgg.), Das Problem der Exklusion. Ausgegrenzte, Entbehrliche, Überflüssige, Hamburg 2006

Büscher, Martin, Marktwirtschaft und kontextuelle Ökonomie. Wirtschaftsetthische Grundlagen zur Weiterentwicklung der Ordnungspolitik, Wiesbaden 2000

Büscher, Martin, Marktwirtschaft als politische Gestaltungsaufgabe. Ethische Dimensionen einzel- und gesamtwirtschaftlicher Ökonomie, Marburg 2008

Calvin, Johannes, Unterricht in der christlichen Religion (Institutio Christianae Religiones, II, 12,1, Neukirchen-Vluyn 2008

Campus-Verlag (Hg.), Management, Bd. 1 und 2, Frankfurt/Main 2003

Chopra, D./Mlodinow, L., Schöpfung oder Zufall? Wie Spiritualität und Physik die Welt erklären. Ein Streitgespräch, München 2012

Cobb, John B. Jr./Griffin, David R., Prozess-Theologie. Eine einführende Darstellung, Göttingen 1979

Coenen-Marx, Cornelia, Die Seele des Sozialen. Diakonische Energien für den sozialen Zusammenhalt, Neukirchen-Vluyn 2013

Collins, John Neil, Diakonia: Re-interpreting the Ancient Sources, Oxford 2009

Conzelmann, Hans/Lindemann, Andreas, Arbeitsbuch zum Neuen Testament, Tübingen 14. Auflage 2004

Corsten, Hans/Gössinger, Ralf, Dienstleistungsmanagement, München/Wien 2007

Dabrock, Peter. Die Gabe der Dienstgemeinschaft und die Aufgabe ihres Managements. Kapitel von Diakonische Einblicke, von DWI-Jahrbuch 41, 204-230. Heidelberg, 2011.

Dahlgrün, Corinna, Christliche Spiritualität. Formen und Traditionen der Suche nach Gott., Berlin 2009

Degen, Johannes, Diakonie als soziale Dienstleistung, Gütersloh 1994

Deutsche Bibelgesellschaft, Lutherbibel nach der Übersetzung Martin Luthers mit Bildern von Marc Chagall, Stuttgart 1997

Diakonisches Werk der Ev. Kirche in Deutschland e.V. (DWEKD), Leitbild Diakonie – damit Leben gelingt. Angenommen von der Diakonischen Konferenz der EKD am 15. Oktober 1997 in Bremen, Stuttgart 1997

Diakonisches Werk der Ev.-luth. Kirche Hannovers e.V. (DWH), Diakonie – eine starke Marke, Überlegungen zur Schärfung ihres Profils, Diakonie 2003, Hannover 2003

Diekmann, Andreas (Hg.), Methoden der Sozialforschung. Sonderheft 44/2004 der KZfSS, Wiesbaden 2006

Diller, Hermann (Hg.), Vahlens Großes Marketinglexikon, Bd. 1 und 2, München 2. Auflage 2001

Dittmar, Norbert, Transkription. Ein Leitfaden mit Aufgaben für Studenten, Forscher und Laien, Wiesbaden 3. Auflage 2009

Doppler, Klaus/Lauterburg, Christoph, Change Management. Den Unternehmenswandel gestalten, Frankfurt/New York 2009 (1994)

Drechsler, Jürgen (Hg.), Rechtssammlung der Evangelisch-lutherischen Landeskirche Hannovers, Hannover seit 1969

Dressler, Axel von, Diakonie und Spiritualität. Impulse aus der Welt der Kommunitäten, Neukirchen 2006

Drucker, Peter F., Die Zukunft der Industriegesellschaft, Düsseldorf 1967

Drucker, Peter F., Management im 21. Jahrhundert, Berlin 4. Auflage 2005

Dubs, Rainer, Einführung in die Managementlehre 1, Bern/Stuttgart/Wien 2004

Einführung in die Managementlehre 1, Bern/Stuttgart/Wien 2004

Dübs, Rolf/Euler, Dieter/Rüegg-Stürm, Johannes/Wyss, Christina E. (Dübs u.a.), Einführung in die Managementlehre; Bd 1-5, Bd. 1, Bern 2004

EFQM, Homepage der Deutschen Gesellschaft für Qualität e.V., Gefunden Mai 2013 unter http://www.deutsche-efqm.de/pages/ efqmmodell_frm_html Mai 2013

Eicken, Joachim/Schmitz-Veltin, Ansgar, Statistisches Amt der Landeshauptstadt Stuttgart, Die Entwicklung der Kirchenmitglieder in Deutschland - Statistische Anmerkungen zu Umfang und Ursachen des Mitgliederrückgangs in den beiden christlichen Volkskirche, Bd. Wirtschaft und Statistik 6/2010, Wiesbaden 2010

Einig, Adreas, Wie im Himmel so auf Erden. Spiritualität als vornormative Dimension der Personal- und Organisationsentwicklung diakonischer & caritativer Unternehmen: Grundlagen - Elemente - Instrumente, Bonn 2012, unveröffentlichte Dissertation

Elias, Norbert/Scotson, John L., Etablierte und Außenseiter, Frankfurt/M. 1993

Elias, Norbert, Über die Zeit, Frankfurt/M. 1994

Eurich, Johannes (Hg.), Diakonische Orientierungen in Praxis und Bildungsprozessen, Bd. DWI-Info Nr. 37, Heidelberg 2005

Eurich, Johannes (Hg.), Diakonisches Handeln im Horizont gegenwärtiger Herausforderungen, Bd. DWI-Info Nr. 38, Heidelberg 2006

Eurich, Johannes, Diakonie. Reformation heute, Hannover 2014

Ev. Kirche im Rheinland, , Anstaltskirchengemeindegesetz, 1985

Ev. Kirche in Deutschland (Hg.), Die Bekenntnisschriften der evangelisch-lutherischen Kirche, Göttingen 1998

Evangelische Kirche in Deutschland (EKD), Richtlinie des Rates der Evangelischen Kirche in Deutschland nach Art. 9 Buchst. b Grundordnung über die Anforderungen der privatrechtlichen beruflichen Mitarbeit in der Evangelischen Kirche in Deutschland und des Diakonischen Werkes, Hannover 2005

Evangelische Kirche in Deutschland (EKD), Evangelische Kirche in Deutschland - Zahlen und Fakten zum kirchlichen Leben, Hannover 2012

Evangelscihe Kirche in Deutschland (EKD), Engagement und Indifferenz. Kirchenmitgliedschaft als soziale Praxis. V. Erhebung über Kirchenmitgliedschaft, Hannover 2014

Evers, M./Gotsch, W.. Institutionenökonomische Theorien der Organisation. Kapitel von Organisationstheorien, von Kieser/Evers (Hgg.), 247-308. Stuttgart, 6. Auflage 2006.

Faber, Roland, Gott als Poet. Anliegen und Perspektiven der Prozesstheologie, Darmstadt 2. Auflage 2004

Feist, Michael, Die rechtliche Situation der Evangelischen Studentengemeinden, Frankfurt a.M. 1982

Fischer, Johannes, Theologische Ethik. Grundwissen und Orientierung, Stuttgart-Berlin-Köln 2002

Flick, Uwe/von Kardoff, Ernst/Steinke, Ines (Hg.), Qualitative Forschung. Ein Handbuch, Reinbek bei Hamburg 6. Auflage 2008

Literaturverzeichnis

Forschungsgruppe Weltanschauungen in Deutschland (Forschungsgruppe), Entwicklung der Kirchenmitgliederzahlen, Katholiken, Evangelische, Deutschland 1950 - 2011, Berlin 2012

Frankena, William K., Analytische Ethik. Eine Einführung, München 1972

Franzen, Axel/Freitag, Markus (Hgg.), Sozialkapital. Grundlagen und Anwendungen, Wiesbaden 2007

Frerk, Carsten, Violettbuch Kirchenfinanzen, Wie der Staat die Kirchen finanziert, Aschaffenburg 2010

Friedag, Herwig R., Die Balanced Scorecard als ein universelles Managementinstrument, Hamburg 2005

Friedag, Herwig R./Schmidt, Walter, My Balanced Scorecard. Das Praxishandbuch für Ihre individuelle Lösung, Freiburg/Br. 2001

Gabler-Verlag, , Gabler-Wirtschafts-Lexikon: classic. Taschenbuch-Kasette mit 8. Bd., 13. Auflage, Wiesbaden 1993

Gaitanides, Michael, Prozessorganisation, München 2007

Gern, Wolfgang/Renn, Herbiert/Segbers, Franz, Es sollte überhaupt kein Armer unter Euch sein. Die Umstrukturierungen des Sozialstaats und die Diakonie, 139-155, in: Dungs, Susanne/Gerber, Uwe/Schmidt, Heinz/Zitt, Renate, Soziale Arbeit und Ethik im 21. Jahrhundert. Ein Handbuch, Leipzig 2006

Geiss, Rainer, Personalkirchengemeinde, in: Helmut Burkhardt, Uwe Swarat (Hg.), Evangelisches Lexikon für Theologie und Gemeinde, Bd. 2, , Wuppertal 1998

Germann, Michael (Hg.), Verfassungen der evangelischen Kirchen in Deutschland, Textsammlung,, Halle an der Saale 2012

Giddens, A., Die Konstitution der Gesellschaft, Frankfurt 3. durchgesehene Auflage 1984/1997

Gläser, Jochen/Laudel, Grit, Experteninterwies und qualitative Inhaltsanalyse, Wiesbaden 4. Auflage 2010

Goltzen, Herbert. »Ich glaube (an) die heilige katholische Kirche. «. « Quatember, 3 1972.

Gomez, P., Modelle und Methoden des systemorientierten Managements, Bern 1981

Gomez, P., Frühwarnung in Unternehmen, Bern 1983

Gomez, P., Wertmanagement, Düsseldorf 1993

Gomez, P./Probst, G., Die Praxis des ganzheitlichen Problemlösens, Bern 3. Auflage 1999

Götzelmann, Arnd (Hg.), Diakonische Kirche. Anstöße zur Gemeindeentwicklung und Kirchenreform. Festschrift für Theodor Strohm, Norderstedt 2. Auflage 2009

Grimm, Jacob und Wilhelm von, Deutsches Wörterbuch (DWB). 16 Bde. in 32 Teilbänden. Leipzig 1854-1961, Leipzig 1971

Großbölting, Thomas, Der verlorene Himmel. Glaube in Detuschland seit 1945, Göttingen 2013

Güntert, Bernhard J./Kaufmann, Franz-Xaver/Krolzik, Udo (Hgg.),, Freie Wohlfahrtspflege und europäische Integration. Alfred Jäger zum 60. Geburtstag, Gütersloh 2002

Gutenberg, Erich, Grundlagen der Betriebswirtschaftslehre, Bd. 1: Die Produktion, Berlin, Göttingen, Heidelberg 1976, 22. Aufl.

Haas, Hanns-Stephan, Theologie und Ökonomie, ein Beitrag zu einem diakonierelevanten Diskurs, Gütersloh 2006

Haas, Hanns-Stephan, Diakonie Profil. Zwischen Tradition und Innovation, Gütersloh 2004

Haas, H.-S., Unternehmen für Menschen. Diakonische Grundlegung und Praxisherausforderung, Stuttgart 2012

Haas, Hanns-Stephan/Krolzik, Udo (Hgg.), Diakonie unternehmen. Alfred Jäger zum 65. Geburtstag, Stuttgart 2007

Haas, Hanns-Stephan/Starnitzke, Dierck (Hgg.), Diversität und Identität. Konfessionsbindung und Überzeugungspluralismus in caritativen und diakonischen Unternehmen, Stuttgart 2015

Hähner, Ulrich/Niehoff, Ulrich/Sack, Rudi/Walther, Helmut (Hgg.), Vom Betreuer zum Begleiter: Eine Neuorientierung unter dem Paradigma der Selbstbestimmung, Marburg 4. Auflage 2003

Haid, Dirk, Corporate Entrepreneurship im strategischen Management: Ansatz zur Implementierung des Unternehmertums im Unternenehmen, Wiesbaden 2004

Hammann, Konrad, Rudolf Bultmann. Eine Biografie, Tübiingen 2012, 3. Aufl.

Hammer, M., Das prozesszentrierte Unternehmen: Die Arbeitswelt nach dem Reenginering, Frankfurt 1997

Handelsblatt (Hg.), 100 Kennzahlen der Balanced Scorecard, Wiesbaden 2011

Hanselmann, Paul G., Qualitätsentwicklung in der Diakonie. Leitbild, System und Qualitätskultur, Stuttgart 2007

Häring, Hermann, Glaube ja - Kirche nein? Die Zukunft christlicher Konfessionen, Darmstadt 2002

Härle, Wilfried, Dogmatik, Berlin 2007

Literaturverzeichnis

Härle, Wilfried, Kirche VII in Theologische Realenzyklopädie Band XVIII, Müller, Gerhard (Hg.), Berlin, New York 1989

Haslinger, Herbert, Diakonie. Grundlagen für die soziale Arbeit der Kirche, Paderborn 2009

Heinemann, Wolfgang/Maio, Giovanni (Hg.), Ethik in Strukturen bringen. Denkanstöße zur Ethikberatung im Gesundheitswesen, Freiburg im Breisgau 2010

Helfferich, Cornelia, Die Qualität qualitativer Daten: Manual für die Durchführung qualitativer Interviews, Wiesbaden 2005

Heller, Andreas/Krobath, Thomas, Organisationsethik. Organisationsentwicklung in Kirchen, Caritas und Diakonie, Freiburg im Breisgau 2003

Herbst, Michael/Laepple, Ulrich (Hg.), Das missionarische Mandat der Diakonie. Impulse Johann Hinrich Wicherns für eine evangelisch profilierte Diakonie im 21. Jahrhundert, Neukirchen-Vluyn 2009

Hergesell SJ, Johannes, Das Christentum im Konzert der Weltreligionen. Ein Beitrag zum interreligiösen Vergleich und Dialog, Regensburg 2011

Herrmann, Volker/Hoburg, Ralf/Evers, Ralf/Zitt, Renate (Hgg.), Theologie und Soziale Wirklichkeit. Grundbegriffe, Stuttgart 2011

Herrmann, Volker (Hg.), Diakoniewissenschaft im Dialog, Heidelberg 2004

Heussi, Karl, Kompendium der Kirchengeschichte, Tübingen 1930

Hirsch, Emanuel, Hilfsbuch zum Studium der Dogmatik. Die Dogmatik der Reformatoren und der altevangelischen Lehrer quellenmäßig belegt und verdeutlicht, Berlin, Leipzig 1951

Honecker, Martin, Kirche VIII in Theologische Realenzyklopädie Band XVIII, Müller, Gerhard (Hg.), Berlin, Ney York 1989

Horváth, Péter/Reichmann, Thomas (Hgg.), Vahlens Großes Controllinglexikon, München 2. Auflage 2003

Industrie- und Handelskammer Nürnberg für Mittelfranken (Hg.), , GmbH-Geschäftsführer Rechte und Pflichten, 2013 Nürnberg

Jäger, Alfred, Diakonie als christliches Unternehmen, Gütersloh 1984

Jäger, Alfred, Diakonische Unternehmenspolitik. Analysen und Kozepte kirchlicher Wirtschaftsethik, Gütersloh 1992

Jenssen, Hans-Hinrich/Trebs, Herbert (Hgg.), Theologisches Lexikon, Berlin 1981

Joas, H., Glauben als Option, Freiburg i. B. 2012

Kaiser, Josef-Christian, Innere Mission und Diakonie, in: Röpper, Ulrich/Jüllig,Christiane (Hgg.), Die Macht der Nächstenliebe, 14-45, Stuttgart 2. Auflage 1998

Kaplan, Robert S./Norton, David P., Balanced Scorecard. Strategien erfolgreich umsetzen, Stuttgart 1997

Kaplan, Robert S./Norton, David P., The Balanced Scorecard. Translating Strategy into Action, Boston MA 1996

Kaplan, Robert S./Norton, David P., Die Strategiefokussierte Organisation. Führen mit der Balanced Scorecard, 2001 Stuttgart

Kaufmann, Franz-Xaver, Varianten des Wohlfahrtsstaates. Der deutsche Sozialstaat, Frankfurt/M. 2003

Klare, Jörn, Was bin ich wert? Eine Preisermittlung, Berlin 2011

Klein, Michael. Der Beitrag der protestantischen Theologie zur Wohlfahrtstätigkeit im 16. Jahrhundert. Bd. 1, Kapitel von Die Entstehung einer sozialen Ordnung Europas. Historische Studien und exemplarische Beiträge zur Sozialreform im 16. Jahrhundert, von Theodor, Klein, Michael (Hgg.), Strohm, 146-179. Heidelberg 2004.

Kneer, Georg. »Organisation und Gesellschaft. Zum ungeklärten Verhältnis von Organisations- und Funktionssystemen in Luhmanns Theorie sozialer Systeme.«.« Zeitschrift für Soziologie, Dezember 2001, Jg. 30, Heft 6, 407-428.

Koch, Klaus/Otto, Eckart/Roloff, Jürgen/Schmoldt, Hans (Hgg.), Reclams Bibellexikon, Stuttgart 7. Auflage 2004

Kolbeck, Rosemarie, Unternehmen, in: Handwörterbuch der Wirtschaftswissenschaften (HdWW), Bd. 8, Stuttgart, München, Tübingen 1988, 65-71

Korff, Wilhelm u.a. (Hgg.), Handbuch der Wirtschaftsethik, Band 1-6, Berlin 2009

Korff, Wilhelm (Hg.), Wirtschaftsethik, Bd. 1-6, Gütersloh 2009

Krainer, Larissa/Heintel, Peter, Prozessethik. Zur Organisation ethischer Entscheidungsprozesse, Wiesbaden 2010

Kretschmar, Gerald/Pohl-Patalong,Uta/Müller,Christoph (Hgg.), Kirche Macht Kultur. Veröffentlichungen der Wissenschaftlichen Gesellschaft für Theologie, Bd. 27, München 2006

Kuckartz, Udo, "Computerunterstützte Analyse qualitativer Daten" in Diekmann, Andreas (Hg.), Methoden der Sozialforschung, Sonderheft 44/2004, KZfSS, Wiesbaden 2006

Kuckartz, Udo, Einführung in die computergestützte Analyse qualitativer Daten, Wiesbaden 2. aktualisierte und erweiterte Auflage 2007

Literaturverzeichnis

Kühn, Ulrich, Kirche, in: Carl H. Ratschow/Ulrich Kühn (Hg.), Handbuch Systematische Theologie, 18 Bde., Bd.10, Kirche, Gütersloh 1990
Kühn, Ulrich, Kirche VI in Theologische Realenzyklopädie Bd. XVIII, Müller, Gerhard/Krause, Gerhard/Balz, Hoerst Robert (Hgg.), Berlin, New York 1989
Kühn, Ulrich, `Kirche´ in Fahlbusch, Erwin/Lochman, Jan Milic/Mbiti, John/Pelikan, Jaroslav/Vischer, Lukas (Hgg.), Evangelisches Kirchenlexikon. Internationale theologische Enzyklopädie, Bd. 2, Göttingen 1989
Küng, Hans, Credo. Das Apostolische Glaubensbekenntnis-Zeitgenossen erklärt, München 5. Auflage 2005
Künkel, Christoph. Loyalität. Müssen Mitarbeitende der Diakonie Mitglieder der Kirche sein?. Kapitel von Profil. Positionen. Perspektiven, von Diakonisches Werk der Ev.-luth. Landeskirche Hannovers e.V., 2-54. Hannover, 2013.
Leibfried, Stephan/Voges, Wolfgang, Armut im modernen Wohlfahrtsstaat, Sonderheft der KZfSS 32/1992, Opladen 1992
Lindemann, Gesa, Das Soziale von seinen Grenzen her denken, Weilerswist-Metternich 2009
Lohmann, David, Das Bielefelder Diakonie-Management-Modell, Gütersloh 2003
Löhner, Michael, Führung neu denken. Das Drei-Stufen-Konzept für erfolgreiche Manager und Unternehmen, Frankfurt/M. 2005
Lohse, Eduard, Die Entstehung des Neuen Testaments, Stuttgart 5. Auflage 1991
Luhmann, Niklas, Die Religion der Gesellschaft, Frankfurt/Mi. 2002
Luhmann, Niklas, Die Wirtschaft der Gesellschaft, Frankfurt/M. 1994
Luhmann, Niklas, Die Wissenschaft der Gesellschaft, Frankfurt/M. 1992
Luhmann, Niklas, Die Politik der Gesellschaft, Frankfurt/M. 2002
Luhmann, Niklas, Die Gesellschaft der Gesellschaft, Frankfurt/M. 1997
Luhmann, Niklas, Das Erziehungssystem der Gesellschaft, Frankfurt/M. 2002
Luhmann, Niklas, Das Recht der Gesellschaft, Frankfurt/M. 1995
Luhmann, Niklas, Organisation und Entscheidung, Opladen/Wiesbaden 2000
Luhmann, Niklas, Soziale Systeme. Grundriß einer allgemeinen Theorie, Frankfurt/M. 4. Auflage 1991
Luhmann, Niklas, Soziologische Aufklärung 3. Soziales System, Gesellschaft, Organisation, Wiesbaden 4. Auflage 2005

Literaturverzeichnis

Luther, Martin, Der kleine Katechismus Dr. Martin Luthers, in: Evangelischer Erwachsenen Katechismus, Hannover 2010
Luther, Martin, Von den Konzilen und der Kirche (1539), Göttingen 2003
Luther, Martin, Martin Luther: Der große Katechismus (1529), 130, Göttingen 2003
Luther, Martin, Dr. Martin Luthers Sämtliche Schriften 1740-53, Gross-Oesingen 1987
Luther, Martin, Von den Konzilen und der Kirche (1539), in: Digitale Bibliothek Bd. 63: Martin Luther (vgl. Luther-W Bd. 6,34), Göttingen 2003
Luther, Martin, Von der Freiheit eines Christenmenschen (1520), in: Digitale Bibliothek Band 63: Martin Luther, 1491 (vgl. Luther-W Bd. 2, 251), Göttingen 2006
Lutter, Marcus (Hg.), Holding-Handbuch. Recht-Management-Steuern, Köln 1995
Mackie, John Leslie, Ethik. Auf der Suche nach dem Richtigen und Falschen, Stuttgart 1981
Malik, Fredmund, Führen Leisten Leben. Wirksames Management für eine neue Zeit, Frankfurt/New York 2009 (2006)
Malik, Fredmund, Systemisches Management, Evolution, Selbstorganisation. Grundprobleme, Funktionsmechanismen und Lösungsansätez für komplexe Systeme, Bern 5. Auflage 2009
Malik, Fredmund, Die richtige Corporate Governance, Frankfurt-New York 4. Auflage 2008
Marti, Kurt, Schöpfungsglaube. Die Ökologie Gottes, Freiburg i.Br. 1993
Maschke, Heike, Beurteilung und Steuerung der Wierschaftlichkeit in der Freien Wohlfahrtspflege am Beispiel der Diakonischen Altenhilfe in Sachsen. Analyse der Ist-Situation und Ableitung von Handlungsempfehlungen mit Hilfe des Instruments Benchmarking , Chemnitz 2009
Maturana, Humberto R./Varela, Francisco J., Der Baum der Erkenntnis. Die biologischen Wurzeln menschlichen Erkennens, Frankfurt/M. 2009
Mead, Georg Herbert, Die soziale Identität in ders., Gesammelte Aufsätze, Bd. 1., herausgegeben von Hans Joas, Frankfurt/M. 1987, 241 - 249
Meffert, Heribert, Marketing-Management. Analyse-Strategie-Implementierung, Wiesbaden 1994
Metaxas, Eric, Bonhoeffer. Pastor, Agent, Märtyrer und Prophet, Holzgerlingen 4. Auflage 2012

Literaturverzeichnis

Meuser, Michael, Nagel, Ulrike, ExpertInneninterviews - veilfach erprobt, wenig bedacht, in: Garz, Detlev/Kramer, Klaus (Hg.), Qualitativ-empirische Sozialforschung. Konzepte, Methoden, Analysen., Opladen 1991

Meuser, Michael, Nagel, Ulrike, ExpertInneninterviews - vielfach erprobt, wenig bedacht. Ein Beitrag zur qualitativen Methodendiskussion in: Bogner, Alexander/Littig, Beate/Menz, Wolfgang (Hg.), Das Experteninterview. Theorie, Methode, Anwendung, Wiesbaden 2005

Meyer-Najda, Burkhard, Diakonischer Corporate Governance als unternehmenstheologische Gestaltungsaufgabe, Uchte 2012

Michell-Auli, Peter/Schwemmle, Martin, Integriertes Management mit der Balanced Scorecard. Ein Praxisleitfaden für Sozialunternehmen, Stuttgart 2008

Miebach, Bernhard, Prozesstheorie. Analyse, Organisation und System, Wiesbaden 2009

Mintzberg, Henry, Managen, Offenbach 2. Auflage 2011

Moltmann, Jürgen, Theologie der Hoffnung. Untersuchungen zur Begründung und zu den Konsequenzen einer christlichen Eschatologie, München 1965

Müller, Wolfgang Erich, Evangelische Ethik, Darmstadt 2001

Niehoff, Ulrich, Grundbegriffe selbstbestimmten Lebens, in: Hähner, Ulrich et al. (Hg.), Vom Betreuer zum Begleiter. Eine Neuorientierung unter dem Paradigma der Selbstbestimmung., Marburg 4. Auflage 2003, 53-64

Nissing, Hanns-Georg/Müller, Jörn (Hgg.), Grundpositionen philosophischer Ethik. Von Aristoteles bis Jürgen Habermas, Darmstadt 2009

Noller, Annette/Eidt, Ellen/Schmidt, Heinz (Hgg.), Diakonat-theologische und sozialwissenschaftliche Perspektiven auf ein kirchliches Amt, Stutgart 2013

Nunner-Winkler, Gertrud, "Moralische Integration" in Friedrichs, Jürgen/Jagodzinski, Wolfgang (Hg.), Soziale Integration, Sonderheft 39/1999 KZfSS, Wiesbaden 1999

Ohlemacher, Jörg, Das Reich Gottes bei Wichern, in: theologische beiträge, 39. Jahrgang, 92-108, Witten 2008

Ökumenischer Rat der Kirchen, Die Kirche für andere und die Kirche für die Welt im Ringen um Strukturen missionarischer Gemeinden : Schlussberichte der Westeuropäischen Arbeitsgruppe und der Nordamerikanischen Arbeitsgruppe des Referats für Fragen der Verkündigung, Genf 1967

Ökumenischer Rat der Kirchen, Die Kirche: Auf dem Weg zu einer gemeinsamen Vision. Studie der Kommission für Glauben und Kirchenverfassung No. 214, Genf 2013

Opielka, Michael, Sozialpolitik. Grundlagen und vergleichende Perspektiven, Reinbek 2. Auflage 2008

Paugam, Serge, Die elementaren Formen der Armut, Hamburg 2008

Pauly, Wolfgang (Hg.), Geschichte der christlichen Theologie, Darmstadt 2008

Personalgemeindengesetz, »Kirchliches Gesetz über besondere Gemeindeformen und anerkannte Gemeinschaften (Personalgemeindengesetz - PersGG) vom 25. Oktober 2007. «. « Gesetz- und Verordnungsblatt der Ev. Landeskirche in Baden, 2007, 188 f..

Philippi, Paul, Diakonie I, Bd. 8, Berlin 1981

Philippi, Paul, Christozentrische Diakonie. Ein theologischer Entwurf, Stuttgart 2. Auflage 1979

Picot, A./Dietl, H./Franck, E./Fiedler, M./Royer, S., Organisation. Theorie und Praxis aus ökonomischer Sicht, Stuttgart 6. Auflage 2012

Poensgen, Otto Herbert. Kommunikation. Kapitel von Handwörterbuch der Wirtschaftswissenschaften (HdWW), Bd. 4, von Willi u.a. (Hgg.) Albers, 466-478. Stuttgart/New York/Tübingen, 1988.

Poensgen, Otto H.. Kommunikation. Kapitel von Handwörterbuch der Wirtschaftswissenschaften (HdWW), Bd. 4, von Albers/Willi u.a. (Hgg.), 466-478. Stuttgart/New York/Tübingen, 1988.

Pohl-Patalong, Uta, Kirchliche Strukturen im Plural. Analysen, Visionen und Modelle aus der Praxis, Schenefeld 2004

Pohl-Patalong, Uta, Von der Ortskirche zu kirchlichen Orten. Ein Zukunftsmodell, Göttingen 2006

Raithel, Jürgen, Quantitativbe Forschung. Ein Praxiskurs, Wiesbaden 2. Auflage 2008

Rannenberg, Werner, Tagesordnungspunkt Diakonie, Hannover 1996

Rat der Ev. Kirche in Deutschland (EKD), Richtlinie des Rates der Evangelischen Kirche in Deutschland nach Art. 15 Abs. 2 Grundordnung der EKD über Zuordnung diakonischer Einrichtungen zur Kirche – Zuordnungsrichtlinie - vom 8. Dezember 2007, 2007

Rat der Evangelischen Kirche Deutschlands (Hg.), Kirche der Freiheit - Perspektiven für die Evangelische Kirche im 21. Jahrhundert, Ein Impulspapier des Rates der EKD, Hannover 2006

Rat der Evangelischen Kirche in Deutschland (Hg.), Unternehmerisches Handeln in evangelischer Perspektive. Eine Denkschrift des Rates der Evangelischen Kirche in Deutschland (Hg.), Gütersloh 2008
Ratzinger, Josef (Benedikt XVI.), Jesus von Nazareth, Freiburg 2006
Rich, Arthur, Wirtschaftsethik I. Grundlagen in theologischer Perspektive, Gütersloh 1991, 4. Aufl.
Rich, Arthur, Wirtschaftsethik II. Marktwirtschaft, Planwirtschaft, Weltwirtschaft aus sozialethischer Sicht, Güthersloh 1990
Riesener, Dirk, Volksmission zwischen Volkskirche und Republik. 75 Jahre Haus kirchlicher Dienste - früher Amt für Gemeindedienst - der Evangelisch-lutherischen Landeskirche Hannovers, Hannover 2012
Rohls, Jan, Protestantische Theologie der Neuzeit, Bd. 2. Das 20. Jahrhundert, Tübingen 1997
Rückert, Markus, Diakonie und Ökonomie: Verantwortung, Finanzierung, Wirtschaftlichkeit, Gütersloh 1990
Ruddat, Günter/Schäfer, Gerhard K. (Hg.), Diakonisches Kompendium, Göttingen 2005
Rüegg-Stürm, J., Das Neue St. Galler Management-Modell. Grundkategorien einer integrierten Managementlehre. Der HSG-Ansatz, Bern Stuttgart Wien 2. durchgesehene Auflage 2005
Rüegg-Stürm, J., Organisation und organisationaler Wandel. Eine theoretische Erkundung aus konstruktivistischer Sicht, Wiesbaden 2. durchgesehene Auflage 2003
Sachße, Christoph/Tennstedt, Florian, Geschichte der Armenfürsorge in Deutschland, Band 1: Vom Spätmittelalter bis zum 1. Weltkrieg, Stuttgart-Berlin-Köln 2. verbesserte Auflage 1998
Sachße, Christoph/Tennstedt, Florian, Geschichte der Armenfürsorge in Deutschland, Band 3: Der Wohlfahrtsstaat im Nationalsozialismus, Suttgart Berlin Köln 1992
Samuelson, Paul A./Nordhaus, William D., Volkswirtschaftslehre. Gurndlagen der Makro- und Mikroökonomie, Bd. 1 und 2, Köln 1987
Schäfer, Gerhard K., in Schibilsky, Michael/Zitt, Renate (Hg.), Theologie und Diakonie, 407-418, Gütersloh 2004
Schibilsky, Michael/Zitt, Renate (Hgg.), Theologie und Diakonie, Gütersloh 2004
Schlingensiepen, Ferdinand, Dietrich Bonhoeffer 1906-1945. Eine Biographie, München 2. durchgesehene Auflage 2006
Schmalen, Helmut, Grundlagen und Probleme der Betriebswirtschaft, 1993 Köln

Schmidt-Lauber, Hans-Christoph, Martyria - Leiturgia - Diakonia in: Quatember, Jg. 1981, 160-172, Hannover 1981

Schoenhauer, Hermann (Hg.), Spiritualität und innovative Unternehmensführung, Stuttgart 2012

Schöneck, Nadine M./Voß, Werner, Das Forschungsprojekt. Planung, Durchführung und Auswertung einer quantitativen Studie, Wiesbaden 2005

Schuster, Norbert, Theologie der Leitung. Zur Struktur eines Verbundes mehrerer Pfarrgemeinden, Mainz 2001

Seipel, Christian/Rieper, Peter, Integrative Sozialforschung. Konzepte und Methoden der qualitativen und quantitativen empirischen Forschung, Weiinheim, München 2003

Simon, Fritz B., Einführung in Systemtheorie und Konstruktivismus, Heidelberg 4. Auflage 2009

Simon, Fritz B., Einführung in die systemische Organisationstheorie, Heidelberg 2. Auflage 2009

Singer, Peter, Praktische Ethik, Stuttgart 1984

Sprenger, Reinhard K., Mythos Motivation. Wege aus einer Sackgasse, Frankfurt/New York 2009 (1991)

Springer Gabler Verlag (Hg.), Gabler Wirtschaftslexikon, Wiesbaden 2010, 17. Aufl.

Stählin, Wilhelm, Symbolon, vom gleichnishaften Denken, zum 75. Geburtstag im Auftrag der Ev. Michaelsbruderschaft mit einem GEleitwrot herausgegeben von Adolf Köberle, 1958 Stuttgart

Starnitzke, Dierk, Diakonie als soziales System. Eine theologische Grundlegung diakonischer Praxis in Auseinandersetzung mit Niklas Luhmann, Stuttgart-Berlin-Köln 1996

Starnitzke, Dierk, Diakonie in biblischer Orientierung. Biblische Grundlagen. Ethische Konkretionen. Diakonisches Leitungshandeln, Stuttgart 2011

Stegner, Erik, Die Haftung der GmbH--Gesellschafter wegen Unterkapitalisierung, Norderstedt 2007

Steinkamp, Hermann, Diakonie - Kennzeichen der Gemeinde. Entwurf einer praktisch-theologischen Theorie, Freiburg i.B. 1985

Strauss, Anselm Leonhard, Grundlagen qualitativer Sozialforschung - Datenanalyse und Theoriebildung in der empirischen soziologischen Forschung, München 1991

Strauss, Anselm/Corbin, Juliet, Basics of Qualitative Research.Techniques and Procedures for Developing Grounded Theory., Thousand Oaks 2008, 3rd. Edition.

Literaturverzeichnis

Strauss, Anselm Leonhard, Qualitative Analysis für Social Scientist, Cambrigde 1987
Strecker, Georg, Theologie des Neuen Testaments, Berlin, New York 1995
Strohm, Thomas, Diakonie und Sozialethik, G.K. Schäfer/K. Müller (Hgg.), Heidelberg 1993
Strohm, Theodor/Klein, Michael (Hgg.), Die Entstehung einer sozialen Ordnung Europas. Historische Studien und exemplarische Beiträge zur Sozialreform im 16. Jahrhundert, Bd. 1, Heidelberg 2004
Strohm, Theodor/Klein, Michael (Hgg.), Die Entstehung einer sozialen Ordnung Europas. Europäische Ordnungen zur Reform der Armenpflege im 16. Jahrhundert, Bd. 2, Heidelberg 2004
Trinczek, Rainer, Wie befrage ich Manager? Methodische und methodologische Aspekte des Experteninterwies als qualitativer Menthode empirischer Sozialforschung in: Bogner, Alexander u.a. (Hg.), Das Experteninterview, 209-222, Wiesbaden 2005, 2. Aufl.
Turre, Reinhard, Diakonische Einsichten. Theologische Impulse und ethische Reflexionen, Stuttgart, Berlin, Köln 2001
Uhlhorn, Gerhard, Die christliche Liebestätigkeit, Neukirchen 1959
Ulrich, Hans, Management, Bern 1984
Ulrich, Hans, Die Unternehmung als produktives soziales System. Grundlagen einer allgemeinen Unternehmenslehre, Bern/Stuttgart 1970
Ulrich, H./Krieg, W., St. Galler Management-Modell, Bern 3. Auflage 1974
Ulrich, H./Probst, G., Anleitung zum ganzheitlichen Denken und Handeln, Bern 4. Auflage 1988/2001
Ulrich, Hans, Unternehmenspolitik, Bern-Stuttgart 2. Auflage 1987
Ulrich, Peter, Integrative Wirtschaftsethik. Grundlagen einer lebensdienlichen Ökonomie, Bern, Stuttgart, Wien 3. Auflage 2001
Ulrich, Hans, Unternehmenspolitik, Bern-Stuttgart 2. Auflage 1987
Ulrich, H./Probst, G., Anleitung zum ganzheitlichen Denken und Handeln, Bern 4. Auflage 1988/2001
Ulrich, Peter, Integrative Wirtschaftsethik. Grundlagen einer lebensdienlichen Ökonomie, Bern, Stuttgart, Wien 3. Aufl. 2001
Unger, Günter, Das Glaubensbekenntnis am Neuen Testament kritisch erklärt, Stuttgart 2009
VERBI Software. Consult. Sozialforschung. GmbH, MAXQDA10, The Art of Text Analysis, Marburg 2011

Vereinigte Evangelisch-Lutherische Kirche Deutschlands (VELKD), Evangelsicher Erwachsenen Katechismus, Hannover 2012
Vollmuth, Hilmar/Zwettler, Robert, Kennzahlen, Freiburg 2011
Weber, Otto, Grundlagen der Dogmatik, Neukirchen 1962
Weber, Max, Wirtschaft und Gesellschaft: Grundriß der verstehenden Soziologie, Tübingen 1980
Weber, Max, Religion und Gesellschaft. Gesammelte Aufsätze zur Religionssoziologie, Frankfurt 2000
Weick, Karl E., Der Prozeß des Organisierens, Frankfurt/M. 1998
Wenz, Günther, Theologie der Bekenntnisschriften der evangelisch-lutherischen Kirche: eine historische und systematische Einführung in das Konkordienbuch, Bd. 1-2, Berlin - New York 1996
Whitehead, Alfred N., Wie entsteht Religion?, Frankfurt/M. 1990 (1926)
Wichern, Johann Hinrich, Die Rede auf dem Wittenberger Kirchentage 1848, in: Friedrich Nahling (Hg.), Gesammelte Schriften Johann Hinrich Wicherns, Bd. 3, Hamburg 1902
Wichern, D.Johann Hinrich, Prinzipielles zur inneren Mission, in: Gesammelte Schriften D.Johann Hinrich Wicherns III, Bde.1-5, Hamburg 1902
Wilhelm, Rodolf, Prozessorganistion, München 2007
Will, Markus, Wertorientiertes Kommunikationsmamagement, Stuttgart 2007
Winter, Jörg. Personalgemeinden im Recht der Evangelischen Landeskirche in Baden. Kapitel von Bürgerliche Freiheit und christliche Verantwortung, Festschrift für Christoph Link zum 70. Geburtstag, von Heinrich de Wall/Michael Germann (Hgg.), 181-195. Tübingen, 2003.
Wöhe, Günther/Döring, Ulrich, Einführung in die Allgemeine Betriebswirtschaftslehre, München 23. Auflage 2010
Wünsch, Georg, Evangelische Wirtschaftsethik, Tübingen 1927
Yunus, Muhammad, Social Business. Von der Vision zur Tat., München 2010
Zeiss, Helmut, Die Management-Holding. Anspruch, Wirklichkeit und Weiterentwicklung, Aachen 2006